U0797173

中国人民银行干部培训翻译教材丛书

各国如何管理储备资产

罗伯特·普利格（Robert Pringle）
尼克·卡夫（Nick Carver）
著

张 伟 史 祎 等译

中国金融出版社

责任编辑：董　飞
责任校对：李俊英
责任印制：尹小平

图书在版编目（CIP）数据

各国如何管理储备资产（Geguo Ruhe Guanli Chubei Zichan）/罗伯特·普利格（Robert Pringle）、尼克·卡夫（Nick Carver）著；张伟、史祎等译.—北京：中国金融出版社，2010.6
（中国人民银行干部培训翻译教材丛书）
ISBN 978－7－5049－5496－1

Ⅰ.①各…　Ⅱ.①普…②卡…③张…　Ⅲ.①中央银行—外汇储备—经济管理—世界—教材　Ⅳ.①F830.31

中国版本图书馆 CIP 数据核字（2010）第 080585 号

出版
发行　中国金融出版社
社址　北京市丰台区益泽路 2 号
市场开发部　(010)63272190，66070804（传真）
网 上 书 店　http：//www.chinafph.com
　　　　　　(010)63286832，63365686（传真）
读者服务部　(010)66070833，62568380
邮编　100071
经销　新华书店
印刷　保利达印务有限公司
尺寸　169 毫米×239 毫米
印张　20
字数　310 千
版次　2010 年 6 月第 1 版
印次　2010 年 6 月第 1 次印刷
印数　1—3090
定价　52.00 元
ISBN 978－7－5049－5496－1/F.5056
如出现印装错误本社负责调换　联系电话（010)63263947

Preface

译者序

近年来，全球主要经济体尤其是新兴市场国家和发展中国家的储备资产迅速增加。国际货币基金组织（IMF）编制的国际金融统计数据显示，全球国际储备由2002年末的18 936亿份特别提款权（SDRs）增加到2009年11月末的51 010亿份，在短短的7年时间里，全球国际储备增加了32 074亿份SDRs，在原本已经很高的水平上又快速增长了近170%。其中，新兴市场国家和发展中国家国际储备的增长速度远远高于发达国家，它们的国际储备由2002年末的7 474亿份SDRs增加到2009年11月末的31 934亿份，增长了近330%。就中国而言，国际储备增长得更快。数据显示，中国的国际储备由2002年末的2 148亿份SDRs增加到2009年10月末的14 757亿份，增长了近590%。

《各国如何管理储备资产》原书尽管出版于2002年，但是却精准地预见了全球储备资产迅速增加的趋势。《各国如何管理储备资产》是一本少见的专门探讨储备资产管理的实用性书籍，它阐释了众多学者、评论家、政策制定者和储备管理者关于储备资产管理的经验和思想。为了更加深刻地理解本书有关储备资产管理的思想，我们有必要弄清楚两个实质性问题。

首先，面对国际储备的迅速增加，我们应该有一个正确的态度。在我国改革开放初期直至20世纪90年代，我国的国际储备相对不足，尤其是1997年爆发东南亚金融危机，使得我们必须重视积累外汇储备，比如，实行强制性结售汇制度，大多数人倾向于外汇储备“多比少好”。然而，进入21世纪以来，我国国际收支持续多年双顺差，外汇储备急速增加，不仅导致流动性过剩，使得货币政策制定和实施的难度加大，而且使得经济增长和物价波动加剧。此外，突如其来的巨额外汇储备，还使储备资产管理者面对巨大的压力和挑战，一方面要保证储备资产保值增值，另一方面还必须保证储备资产运用安全稳健。从理论上讲，一个国家到底应该保留多少外汇储备，应该与其经济发展水平、经济总量、经济结构、本位币的国际地位等因素有关，应该存在一个适度的外汇储备水平，尽管测算这个水平是一件很困难的事情。

更为重要的是，我们要清楚地认识到国际储备为什么会迅速增加。只要简单分析一下美国货币政策与全球国际储备之间的关系，这个问题就不难回答。2001 年以来，美国为了走出“网络泡沫破灭”和“9·11”恐怖袭击事件的阴影，以房地产市场为经济增长点，连续 13 次降低利率，实行宽松的货币政策以促进经济发展。房地产的过度开发必须有需求来消化，于是就产生了所谓的“次级抵押贷款”，即向那些收入低无法偿还贷款的居民发放的一种抵押贷款。贷款机构之所以放心地向这些低收入人群发放贷款，在于它们认为“房地产价格一直会上涨”的逻辑假定是成立的。伴随这个过程，包括中国在内的发展中国家由于美国经济的繁荣而出现前所未有的繁荣，美国“输出”美元，形成其他国家或地区的外汇储备，导致全球通货再度膨胀。这些外汇储备大部分体现为外汇储备国对美国的债权。然而，从较长时期来看，美国拖欠全世界的债务，尤其是当美元霸权地位逐步衰落甚至不复存在时，美元注定将成为一张空头支票。

但是，“房地产价格一直会上涨”的逻辑假定并不成立。2003 年以来，为了防止经济过热，美国联邦储备委员会连续 17 次上调利率，联邦基金利率由 2003 年 6 月的 1% 快速上升至 2006 年 6 月的 5.25%。在强有力的信用紧缩背景下，美国房地产价格上涨乏力并出现下跌，这就直接导致了 2007 年次贷危机的爆发，引发了由次级抵押贷款打包而衍生出来的各类资产证券化产品违约，通过连锁反应进而引发了全球金融危机。在这场危机中，遭受损失最严重的是那些与美国次级抵押贷款相关的各种金融衍生产品的最终投资者即美国的债权国。不难看出，之所以爆发次贷危机，根本原因在于美国企图通过实行紧缩的货币政策引发全球金融危机，使其债权国资产缩水，从而变相地减轻自己的债务负担。

《各国如何管理储备资产》阐释了储备资产管理在国际金融体系中所扮演的重要角色，指出了储备资产管理面临的压力和挑战，并详细阐述了储备资产管理采用的各种技术性手段和措施。本书还特别提到，为了应对储备资产管理的压力和挑战，储备管理者必须提高操作水平，采用先进的建模技术，使用新型的金融产品，并建立恰当的治理机制和管理程序。

全书共分十六章，探讨的问题非常广泛，主要涉及为什么需要持有储备资产、储备资产货币构成的现状和趋势、储备资产风险管理、储备资产投资组合构建、黄金储备在储备资产中的地位、储备资产的会计处理等方面的内容。此外，本书还专门介绍了加拿大等发达国家、瑞士和印度等发展中国家储备资产管理的做法与经验。

本书内容丰富，实践性强，对当前外汇储备资产管理的制度设计、技术与手段的选择、方法与策略的制定具有较强的指导意义，适合中央银行、外汇管理部门以及商业性金融机构从事外汇储备资产管理相关工作的在职人员和金融、经济管理专业高年级在校本科生阅读。

本书由张伟、史祎、李霄、何杨捷等多名同志翻译，张伟同志对全书翻译进行了审校。由于时间仓促，难免出现错误与遗漏，诚挚地欢迎读者提出宝贵意见。

译者

2010年6月

Contents

目　　录

Preface

前　　言

在全球储备资产持续大幅增长之际，本书揭示了学者、评论家、政策制定者和储备管理者自身关于储备管理实践及其在国际金融体系中的角色等方面的最新思想。

与许多经济学家的预测相反，国家储备多年来不断增加，正如本书中的调查所证实的一样，储备管理者预期其将继续增加。随着这种上升趋势不断持续，中央银行储备管理一直经历着巨大变化。储备管理者面临新的压力和要求。他们承受着提高所持有资产收益率的压力，但是又不能吸收那些可能损害他们所管理的资产的风险。他们必须时刻准备干预，但是，他们所操作的市场，已经习惯了各国政府和中央银行采取的势不可当的抵御措施。

中央银行如何回应这些压力呢？储备管理者必须提高操作的熟练程度，采用建模技术和金融产品，这些技术和产品先前为私人部门银行所保留，现在已经被广泛使用了。他们正分散化投资于新的资产类型。他们正在建立新的管理程序和报告流程。董事会层面的高级投资委员会不得不承担最终责任。然而，仍然存在实际的日复一日的两难困境。储备管理部门必须在公众注目下，实现日益增多的常常互相矛盾的目标，因为他们要遵守国际信息披露准则。

公共部门资产负债管理也受到了国家层面的政治监督和国会监督。英国的资产出售、瑞士处置黄金的公众投票、日本中央银行购买股票以及欧元区巨额储备的未来，都证实了储备、储备的分配甚至是储备的存在都具有政治敏感性。高质量的资产负债管理能防止危机或降低危机给国民经济所带来的成本，也能够降低国家外部借款成本。

本书阐述了各中央银行正在如何面对这些挑战。在说明储备管理、储备充足率、干预、资产配置和多样性以及管理程序等包罗万象的问题的同时，本书还借鉴了不同经济区域中央银行储备管理实践者的专业知识，他们有着不同的、有时甚至是相反的观点。

感谢本书作者呕心沥血的工作，感谢为本书第一章调查报告作出贡献的储备资产管理者。本书的任何错误和纰漏由编辑组承担。

最后对苏格兰皇家银行的赞助表示衷心的感谢。

中央银行出版社编辑组

2002 年 11 月

Chapter 1

第一章

各国如何管理储备资产问卷调查

Robert Pringle，Nick Carver
中央银行出版社

本章报告是我们在2002年夏天开展的中央银行储备管理调查的结果。没有这些中央银行的合作，本研究是不可能完成的。参与这次调查的中央银行管理着全世界一半左右的总外部储备。调查问卷是在匿名的条件下进行的，因此问卷回答者或中央银行的名字都不会被公开。

第一节　内容提要

一、储备大幅增长

在开展这次调查的时候，中央银行储备管理者正在努力应对周边环境中发生的具有深远影响的变化。这些变化是由最近的灾难性事件（特别是2001年9月11日美国恐怖袭击）以及诸如阿根廷政府违约和安然公司倒闭等金融市场危机引起的。恐怖袭击的间接后果是从根本上改变了它们的世界：美国联邦支出大幅度增长，财政赤字再次出现，并最终使美国政府债券市场面临“饥荒”威胁。部分由于上述事件的影响，部分由于许多国家主观上阻止本币对美元的汇率升值，导致全球总储备持续大幅度上升。这次调查得到一个明确的信号：在可预见的将来，全球总储备将继续大幅度增长。

二、恢复更加保守的投资政策

这种普遍的不确定性和对风险敏感性的增强所产生的另外一个结果，是各国中央银行恢复更加保守的资产管理政策，以及回到高质量的固定利率主权债券。因此，美国国债的需求和供给同时增加了。

大多数接受调查的人相信，最近几个月发生的事件，从“9·11”恐怖袭击到安然公司倒闭，将对储备管理政策产生永久性影响。尽管一些人认为，这些事件仅仅会产生暂时性的影响。

三、对收益和回报的担忧仍然存在

同时，利率的长期下降对中央银行储备管理部门造成极大的压力，它们要从其投资组合中赚取可观的回报，这是大多数中央银行的主要收入来源。持有储备从根本上必须证明是合理的，从经济角度而言，必须证明有能力赚取与安全性和流动性相一致的回报，因为持有储备存在机会成本，即储备被投资于国内经济，可能取得更高的实际回报率。一些中央银行认为，一旦最近一年左右发生的冲击被吸收之后，以强调收益为特征的 20 世纪 90 年代的储备管理模式将会重现。那些强调回报的中央银行已经采取了一系列措施，以实现这个目标。

四、储备充足目标

在众多问题中，被调查者作出最多评论和分析的，是那些询问他们如何判断储备是否充足的问题。很显然，这是一个使他们中的许多人都感到不安的问题。在大部分实行浮动汇率制或弹性汇率制的国家，中央银行确定了储备充足的目标。但是，在决定或应该决定储备目标的因素方面存在着广泛的观点，而且，对于过去曾使用的或建议使用的判断储备充足的原则，也存在很大程度的质疑。

几位管理者报告，他们使用一整套储备原则。影响储备目标水平最重要的因素是债务偿还义务，然后是进口额、资本流动的规模和波动率。

五、货币构成——欧元会逐渐被接受吗

总体而言，货币构成表现稳定。除了欧元资产占 50% 的欧洲之外，对于所有的受访者而言，美元资产仍然处于支配地位。1/4 的受访者表示，其货币构成在 2001 年发生了重大变化。欧元资产在份额上有缓慢上升的趋势，然而，只有 20% 的受访者预期在不远的将来，该趋势将进一步延续。

六、资产种类有限多元化

在目前的环境下，超越传统资产类别的资产多元化仍然受到限制。仅有 23% 的受访者表示可以投资公司债券，同时只有 12% 的受访者表示可以投

资发达市场的股票。一半的受访者表示由于各种不同的原因，包括对冲以改变货币、利率和久期敞口以及战术组合管理，而选择衍生产品。然而，就未来资产类别而言，41%的受访者表示，他们今后将分散投资于公司债券，其中绝大部分将提高机构票据和证券化资产的投资权重。一些受访者希望投资于对冲基金、新兴市场债券和发达市场股票。

七、治理方式的变化

在储备职能的治理中，绝大多数的实践是为了满足中央银行委员会制定的方针和目标。在1/3的国家中，这些方针和目标是由投资委员会制定的。近一半的受访者见证了过去三四年里其所在国家的中央银行在治理方式和报告安排上发生的变化，同时也体验到来自绩效评估方面更大的压力。

八、更多的信息披露

在信息披露政策上，绝大多数受访者表示，他们现在披露货币构成。近五成受访者采用多种方式披露储备基金的业绩，采用各种方法报告业绩数据。但这些衡量指标在各中央银行之间并不具有可比性。

九、业务外包——混合观点

超过一半的受访者拥有将业务外包给外部基金管理人的经验，但是，其中只有约一半的受访者对这种经历作出了积极评价。然而，一些受访者认为，这样做并没有增加任何价值，而且在管理时间方面也是昂贵的。至于将来，超过3/4的受访者希望中央银行能够聘用更多的外部经理人或保持目前的聘用数量。

十、黄金的地位

黄金仍然被预期具有作为储备资产的价值。据调查，赞成持有黄金储备的最主要的论点是，黄金可以为潜在危机或灾难提供保障，并且该资产不是任何国家的负债。而反对者的主要观点是，黄金借贷的回报率相对较低。没有人预期各中央银行会加速黄金销售，但一些人预测会有些中央银行购买黄金。大多数观点认为，各中央银行将按照近几年的速度继续销售黄金。

十一、主要结论

- 预期外部储备总额将快速增长。
- 储备管理者仍然处于提高收益率的压力之中，但是却被更高的风险意识所约束。
- 中央银行的储备管理职能正在不断升级。
- 50% 的中央银行努力达到储备充足的目标水平（以总储备来衡量）。
- 全球储备结构主要依赖于占主导地位的储备货币。
- 近期的一系列事件可能会导致回归到“追求收益”模式。
- 随着业绩评估压力的加大，治理模式正在改变。
- 一半的受访者披露了业绩。
- 针对业务外包，受访者报告了不同经验，然而，这种实践还在继续。
- 资产类别的多元化程度仍然受到限制。
- 只有 50% 的中央银行使用了衍生工具。
- 黄金仍然具有作为储备资产的价值。
- 中央银行将继续按照与最近几年相同的速率销售黄金。

第二节　受访者简介

我们向 140 个国家发出了调查表，收回了 54 份。在收回的 54 份中，有 24 位或 44% 的受访者还回复了 1999 年由中央银行出版社发起的一项关于储备管理者的早期调查。我们没有邀请欧元区国家的中央银行参与，因为随着单一货币的使用，其储备管理环境发生了重大改变。它们的操作与那些发行自己的货币并管理其汇率的中央银行没有可比性。

这些中央银行持有的储备从 5 700 万美元到 4 000 亿美元不等，亚洲国家也在这一范围内。受访者持有的储备价值平均为 202 亿美元。受访者持有的储备总价值刚好低于 11 000 亿美元，根据国际货币基金组织的统计，这正好代表了全世界总储备的一半。如果将欧元区国家持有的储备排除，这些国家并没有参与此项调查，那么受访者的储备总价值占全球的 55%。各地区中央银行的平均储备持有额如下表所示。亚洲国家中央银行迄今持有最多的储备，由于调查未包括欧元区国家的中央银行，故欧洲地区的储备相对较低。

地 区	受访者数量	占比（%）
美 洲	12	22
非 洲	10	19
欧 洲	20	37
亚 洲	8	15
中 东	1	2
加 勒 比	1	2
太平洋沿岸	2	4
总 计①	54	100

国家类型②	受访者数量	占比（%）
发展中国家	20	37
新兴市场国家	19	35
工业国家	8	15
转型国家	7	13
总计	54	100

十亿美元	受访者数量
<0.5	16
0.5～1	4
1～2	5
2～5	6
5～10	5
10～20	6
20～30	4
30～75	5
>75	3

① 百分数可能因为四舍五入加总不等于1。

② 依照国际货币基金组织最新关于第四款监管（Article IV supervision）的报告将国家划分为四种类型，新兴市场国家几乎都是中等收入国家。

地 区	平均储备持有额（十亿美元）	储备持有总额（十亿美元）
美 洲 储 备	14.2	169.8
非 洲 储 备	1.4	14.4
欧 洲 储 备	9.2	185.6
亚 洲 储 备	86.9	695.6
中 东 储 备	24.3	24.3
加勒比地区储备	0.4	0.4
太平洋沿岸储备	1.5	2.9
总 计	20.2	1 093

第三节 储备的现状调查

一、传统上，中央银行追求三大目标即流动性、安全性和收益性之间的平衡。在过去的三四年间，这三大目标的相对重要性是否发生了改变？

答案	国家数量	占回复者比例（%）
是	14	26
否	40	74
总计	54	100

少数却占重要地位的中央银行表示，在过去的三四年里，他们的目标发生了改变。然而，这部分中央银行持有的储备占本次调查的储备总值的49%。在这些中央银行中，许多受访者对更加强调储备组合的回报率或收益率作出了评论。一家来自非洲地区的中央银行表示："优先考虑收益目标，其他目标紧随其后。"一家欧洲地区的中央银行则表示："收益越发重要，而流动性和安全性的重要性却降低了。"一家美洲地区的中央银行的评论也印证了这个观点。他们表示，他们愿意为了获得高收益而接受较低的流动性和略低的信用品质。

几位受访者强调虽然收益目标的重要性提高了，但这仅仅是针对一个既定的储备水平或者一定的资产安全性而言的："在一个足够高而稳定的储备金水平下，对收益的考虑变得更加重要。”一家南美地区的中央银行总结了投资组合管理重心的改变导致的直接结果，即对于那些预期不会用于干预的储备，要求其有更高的回报率：

“基于更高的准备充足率目标和浮动汇率策略，一部分资金被用来处理一年之内发生的低概率事件，而这些资金本来是用做提高投资组合中政府债券的回报的。”

即使有些中央银行持相反的观点，评论也表明现在的中央银行正在把注意力转向提高回报率上。一家欧洲地区的中央银行评论说：“虽然流动性、安全性和回报率仍然是最重要的目标，但我们已经更多地将目光转向期限更长的基准收益率。”

二、如果目标体系发生了改变，更强调银行的收益，你将如何应对这一变化？

备选答案	被选择次数	占总答复数比例（%）
加强储备管理力度	8	31
改变久期	8	31
使用外部管理者	8	31
将储备分配管理	7	27

把重点放在提高回报率上的中央银行采取了以下措施来达到这一目的：改善储备的管理功能、变更久期和聘用外部人员进行管理，这三项分别被8位受访者提到。同时，几家中央银行还把储备分为了几个“部分”，这样更利于取得较高的投资回报。虽然提到这几项的中央银行的数目相同，也都关注提高投资回报率，但他们所持有的储备金数量却不相同，一家聘用了外部管理人员的中央银行只有640亿美元的储备金，但另一家改善了储备金管理的中央银行持有的储备金是4 040亿美元。

在“其他”项目下被提到最多的是资产多样性，多家中央银行，包括非政府组织和机构部门以及一家欧洲地区的中央银行，都提到了把持有资产范围扩大到股票。这些中央银行提到了一个转变，即不再“总是投资高流动性资产”。列在“其他”项目中的条目还有：改变风险管理的地位、管理投资组合的久期，以及更多地利用数量工具设定基准。

三、在你看来，同时管理外部资产和外部负债是否合适？

答案	国家数量	占比（%）
是	40	80
否	10	20
总计	50	100

回答这个问题的大多数受访者同意“中央银行希望同时管理资产和负债”的说法。这一结果令人惊讶，因为虽然很多发达国家的中央银行都是这么做的，但这一行为并不普遍。最近的金融危机和不可持续负债的灾难性结果可以解释这一现象。金融产品可以用来匹配资产与负债的期限和构成、提高本国资产负债表的地位（由于透明化政策正受到日益加强的市场和官方部门的监督）。结论是引人注目的，因为在过度的资产负债管理会导致中央银行资产负债表的大幅波动，引发中央银行利润留存问题，以及损害中央银行的独立性等问题上存在较大的争论。

四、对于高负债国家而言，你认为储备管理能降低外部债务融资的成本吗？如果可以，将会通过何种方式呢？

答案	国家数量	占比（%）
是	35	81
否	8	19
总计	43	100

绝大多数受访者认为，储备管理可以降低偿还外债的成本。充足的储备可以“提高声誉”、“防止不良后果蔓延”、“控制风险”、“减少汇率和利率的敞口暴露”、“帮助还本付息”，并且当资产收益上升时，也可以为中央银行带来更多的收益。东南亚中央银行“通过投资高收益证券以减少消极持有”的实践即为此例。

南非中央银行的一位银行家说，储备“可以在国家资本市场失灵时提供一个缓冲”。而对于另一家欧洲地区的中央银行来讲，储备的作用则是方便常规债务偿还计划：“良好的储备管理可以让我们准确地偿还外债，从而避免支付违约费用。”而南美的一家中央银行认为，储备的作用在于改善中央银行的信誉（几家欧洲地区的中央银行也同意这一说法）以及减轻金融危机蔓延的威胁。

“在机构和国际金融机构对一国进行风险建模时，它的外汇流动性是个重要因素。良好的流动性政策同时也减轻了危机蔓延的危险①。”

一个前共产主义国家的中央银行评论说：“是的，我们是通过减少集资成本和资产收益之间的利差达到这一目的的。”然而几家中央银行也提到，储备管理应该遵循“保守”的方式，以“稳妥的政策”来执行。一家欧洲地区的中央银行表示：“这样做应该防止已经高负债的国家承担更大的风险，因为它们会因此遭受高额损失。”

一家中东地区的中央银行的受访者则更为慎重：“我们认为，任何用储备来降低偿付外债成本的做法都让储备承担了风险，因为储备本应是由中央银行独立控制、不受外界干扰的。不过，储备持有会间接地降低一国筹集资本的成本，因为储备可以被看做是金融稳定的重要指标。”

五、您认为多少储备才是“充足的”？或者说，对于储备占总负债和/或净负债的比例，你有一个目标吗？

答案	储备占总负债比例目标		储备占净负债比例目标	
	有/无	占比（%）	有/无	占比（%）
有	24	44	14	26
无	19	35	24	44
弃权	11	20	16	30
总计	54	100	54	100

① （原书）12 页会详细阐述这一结果。

储备金如何防止金融风暴蔓延

很多储备金管理者都注意到了 IMF 的 Bussière 和 Mulder 最近发表的一篇论文。这里是这篇论文的大意。

在他们的论文中，Bussière 和 Mulder 考察了 1994 年墨西哥的“龙舌兰风暴”（“tequila” crisis）、1997 年的亚洲金融危机和 1998 年的俄罗斯危机*。他们使用了“危机指数”，这个指数是指一个国家危机期间汇率和储备损失额的加权平均数。作者认为，这三场危机可以用一个包括了以下核心因素的简单方程来解释：汇率的高估、经常账户的赤字以及与流动性相关的变量。作者测试了几种流动性测量方法，发现用储备和短期负债的比值来测量最合适。经过计算，这一比值可以用来说明外部脆弱性，比如，危机指数为零就说明“可以防止大规模的金融风暴”。

因此，一个赤字和真实汇率适度的国家可以选择一个流动性水平，来提高它对金融风暴影响的抵抗能力。作者指出，这正是 1999 年阿兰·格林斯潘的观点。他们认为这种关系说明了流动性和脆弱性之间的权衡，从而让基础薄弱的国家通过提高储备水平来得到一个分数相对低或者“适中”的危机指数。作者列出了几组能防止危机的储备、实际汇率和经常账户赤字的组合，也就是说这些组合可以让危机指数达到 10%。作者称各国不必对短期负债严加控制，只需建立储备就行了，“储备持有量越高，国家越不容易受到金融风暴袭击”。

* Bussière，M. 和 Mulder C.（1999），《新兴市场经济外部脆弱性：高流动性如何抵消脆弱的基本面和传染影响》（*External Vulnerability in Emerging Market Economies: How High Liquidity Can Offset Weak Fundamentals and the Effects of Contagion?*），IMF 待发表论文，WP/99/98，华盛顿：IMF。

超过一半的受访者说他们国家的中央银行确实有一个总储备的目标值，但只有 37% 的中央银行有净储备的目标值，这反映出借贷政策总体上是由政府而非中央银行决定的。在 14 个有净储备目标值的国家中，大部分（占 64%）实行浮动汇率制度。

多数采用浮动汇率制度国家的受访者声称，他们也有自己认为“充足”的储备指标。

以总储备为目标	汇率制度				
	固定	管理浮动	浮动	弃权	总计
是	5	10	9	0	24
否	5	5	8	1	19
总计	10	15	17	1	43

以净储备为目标	汇率制度				
	固定	管理浮动	浮动	弃权	总计
是	3	2	9	0	14
否	4	9	10	1	24
总计	7	11	19	1	38

受访者的评论表明，各国对储备是否充足的判断标准仍有较大的差异，甚至有的国家对自己的标准都不是很确定。一家欧洲地区的受访者就说：“我判断储备是否充足的唯一标准就是若干月份的进口额。不过我不觉得这个标准有足够的说服力。”几位受访者还提到了以 3 个月到 4 个半月的进口额或资金流出为标准。很少的国家以偿还负债为标准，一家南非地区的中央银行采用的是充足性的综合标准：“一年内公共/私人外债的预计应付本金和摊还利息，加上与经常账户相关的资金流出的准备金（相当于长期负债部分的波动），这两者之和的最小值即为我们的参考标准。”一家前共产主义国家的中央银行也是采用“3 个月规则”和“圭多蒂规则”（guidotti rule）相结合的标准，即：“目标水平 =3 个月的进口额 +12 个月的外债偿还额”。而一位来自欧元区国家的中央银行人员则说：“要确定一个储备充足率的标准真的很难，因为没有可以参考的规则可用。”有两家中央银行确定充足的标准更加宽泛，提到了金融危机的作用，其中一家中东地区的中央银行受访者认为：

“总的来说，我们觉得储备充足与否要依据本国的经济规模、国际开放程度以及人力资本与物质资本存量变化，考虑最重要的因素，再以金融危机中国家经济所受的损失为参照，然后才能确定。”

这一说法得到了一家非洲地区中央银行的赞同：

“理想状态下，储备充足与否是经济结构决定的，经济结构多样化的国家就可以保持较低的储备水平。另一方面，经济结构较单一且负债较多的国家就需要更高的外汇储备，以应对外来的冲击。”

六、如果存在一个充足的储备水平，那么，最重要的影响因素是什么？

影响因素	被选择次数	占比（%）
债务偿还	26	63
进口额	24	59
资本流动规模	12	29
资本流动波动率	10	24
货币供给	8	20
其他	6	15

注：包括多选情形。

最能影响储备充足率的因素是债务偿还义务，然后是进口额、资金流动的规模和波幅。选择了债务偿还项的中央银行的储备总和是 72 亿美元，远低于调查所得的平均水平。很多发展中国家（14 个）把进口额列为重要的选择项，而这项只被 6 家来自新兴市场的中央银行选择，这一群体的平均储备持有额甚至低于 43 亿美元。

七、你们目前实行什么汇率制度？

对第七个问题的回答表明各国的汇率政策差别很大。极端的汇率政策（浮动汇率制或固定汇率制）都不被看好。1/3 的国家选择了“管理浮动”，1/5 不到的国家选择了盯住一种或一篮子货币，只有超过 40% 的受访者把他们国家的汇率政策说成是独立浮动制。

备选答案	国家数量	占受访国比例（%）
独立浮动	22	41
管理浮动	18	33
盯住一篮子货币	5	9
货币局制度	4	7
盯住美元	3	6
盯住欧元	1	2
弃权	1	2
总计	54	100

八、您认为过去几个月发生的事件，如“9·11”恐怖袭击、反恐战争、阿根廷危机和安然公司倒闭，会对储备政策产生永久性的影响吗？如果会，将通过何种方式产生这种影响？

答案	国家数量	占比（%）
是	29	57
否	22	43
总计	51	100

对这个问题的回答表现出了最近的大事件对储备管理者的影响。大部分受访者认为这些事件会对储备政策有永久性的影响。一家地中海地区的中央银行说：“考虑到‘压力测试’、‘持续的信贷分析’和‘市场风险’，还有很多事要做。”这种影响同样会体现在操作程序上，一家南美地区的中央银行认为，影响在自身体现为“与委托保管经常账户服务的单边相关度在降低，而更多的是应用紧急程序”。对于另一家南美地区的中央银行来说，这些事件当即导致了变革：“‘9·11’事件之后，我们就采取了措施，建立了综合的应急预案以使操作风险最小化，以及保证有足够的支付资金。”

受访者提出存在流动性管理的大趋势，即对流动性管理的重视。一家东南亚地区的中央银行观察到“储备管理者现在更关注风险和流动性管理了”。这也许是最近几年进行的风险重估的结果。正如一家中东地区的中央银行提到的：

“日益增大的金融不确定性会减缓或者逆转中央银行如降低信贷标准或者扩大许可资产类别等‘寻求收益’的趋势。”

这一观点得到了来自南美和中欧地区中央银行的赞同："中央银行会更谨慎地对待投资政策。"一家非洲地区的中央银行指出，"中央银行可能被迫采用传统的储备金管理方式"。这一观点被另一家中央银行表达为：

"没错，中央银行越来越愿意调低风险和回报预期，并把风险较大的资产排除出投资策略。'9·11'事件、安然事件和世通事件之后，中央银行理事会开始审视非政府债券资产——甚至包括高评级的公司债券。"

这样做的后果就是资产的多样性会降低，但中央银行有更周全的考虑："地缘政治不确定性的增加会鼓励中央银行持有多样的资产、改善中央银行的应急机制。"

一些受访者觉得这些事件的影响只是暂时的。一家东欧地区的中央银行指出，不断提高的风险意识是这些事件的最大影响，"当国际金融市场重拾信心时，大家就都不会那么着急想找到一个避风港了"。几家中央银行不承认永久性影响这一说法，一家中央银行说："过去世界上也有过类似的事件。"

九、你们披露本国外汇储备的货币构成吗？

答案	国家数量	占受访国比例（%）
是	33	61
否	21	39
总计	54	100

与几年前相比，公布本国储备货币构成的国家有了大幅增加，占到了大多数，包括所有的工业国家（持有 4 240 亿美元储备）。在所有回答"是"的 33 个国家中，只有不到一半的国家签署了国际货币基金组织的数据公布特殊标准（Special Data Dissemination Standard，SDDS），这一标准中有一条要求签约国公布其储备的货币构成。

十、如果上题回答"是"的话，那么，贵国目前外汇储备（即不包括黄金）由哪些货币构成？请用百分比表示。

储备持有总价值达 4 350 亿美元的 36 个国家提供了它们储备货币构成的详细资料，其中 3 个国家甚至将其公之于众。

答案	国家数量	占受访国比例（%）
提供数据	36	67
不提供数据	18	33
总计	54	100

储备的各币种所占百分比（按地区划分）

币种	所有地区	欧洲	美洲	非洲	亚洲	加勒比海地区	太平洋地区
美元	57	39	77	62	60	100	60
欧元	29	50	14	18	6	0	40
瑞士法郎	1	1	0	1	0	0	0
英镑	5	6	2	13	6	0	0
日元	3	2	7	2	1	0	0
其他	4	3	1	5	27	0	0
总计	100	100	100	100	100	100	100

储备百分比数据（按地区划分）

	美元持有区间	平均美元持有量	欧元持有区间	平均欧元持有量
美洲	0～100	77	0～50	14
非洲	40～100	62	0～30	18
欧洲	1～80	39	11～98	50
亚洲	24～85	60	0～16	6
所有地区	0～100	57	0～98	29

本次调查显示，自1999年的那次调查后，受访者的欧元平均持有率显著提升，从19%上升到将近29%。美元平均持有率几乎增加了一倍，达57%。

亚洲地区的国家对美元仍强力持有，美元持有率平均达到60%以上，而对欧元的持有率仍然维持在上次调查的水平，仅有6%。非洲地区中央银行的欧元持有率也几乎与上次调查水平相当，即18%。美洲地区中央银行的欧元持有率平均为14%，比1999年报告时的数据高出一倍多。

十一、在过去的一年或三年中，储备资产的币种构成有显著变化吗？

答案	1年	占比（%）	3年	占比（%）
是	13	27	15	34
否	35	73	29	66
总计	48	100	44	100

约1/4的受访者表示其币种构成在去年发生过变化，超过1/3的国家在近三年内发生了变化。在13个报告去年币种构成发生变化的国家中，5个是发展中国家，5个是新兴市场国家，2个来自工业国家，1个来自转型国家。在15个三年内发生显著变化的国家中，4个来自工业国家，6个来自发展中国家，4个是新兴市场国家，另外1个是转型国家。

十二、近期，您会增加对欧元的敞口或投资吗？或者，您打算在未来的12个月内这么做吗？

答案	持续增加欧元（时期）			
	过去		未来	
	受访者数量	占比（%）	受访者数量	占比（%）
是	21	42	8	20
否	29	58	32	80
总计	50	100	40	100

借助欧元来使储备多元化是一个渐进的过程。超过40%的受访者表示他们在过去的12个月中增加了欧元的敞口头寸。在这21家中央银行中，9家来自欧洲，5家来自非洲，4家来自亚洲，2家来自美洲，剩下的1家来自太平洋沿岸，其储备总价值达到2 890亿美元。然而，只有20%的受访者（储备总价值为150亿美元）表示，他们未来12个月内会增加对欧元的持有，这表明在欧元增持上受访者热情不足。

十三、您有权投资下列哪类资产？

这一问题的答案显示，对传统资产类别如短期国库券、银行存款和储备中心国的政府债券持有的多元化仍意外地被限制。确实，除这些传统资产之外，只有一种资产类别包括在大多数受访者的资产组合中，这就是“机构票据”（即由美国官方机构（如美国联邦政府承担着隐性担保职责的房利美）发行的有价证券），而“证券化资产”则在受访者的授权资产中达37%。其他所有“替代”资产都没有入选大部分中央银行储备持有的范围，即都是不合格的投资类别。

授权投资方向	被选择次数	占比（%）	占授权资产类别投资的受访者总数的比例（%）
机构票据	35	45	81
证券化资产	16	21	37
公司债券	10	13	23
发达市场股权	5	6	12
股票指数	4	5	9
新兴市场政府债券	4	5	9
新兴市场股权	1	1	2
对冲基金	1	1	2
大宗商品（黄金除外）	1	1	2
总计	77	100	NA

注：包括多选情形。

只有不到1/4的受访者认为，他们能够投资公司债券，欧洲、非洲、美洲各有3家中央银行受访者表达了这一观点。5家中央银行受访者表示，其正被授权投资发达市场股票，其中2家来自欧洲，2家来自非洲。约10%的受访者被授权投资股票指数，有同样比例的人被授权投资新兴市场债券。

十四、如果有的话，贵国中央银行使用哪些衍生工具？出于何种目的？

衍生工具使用	国家数量	占比（%）
是	23	52
否	21	48
总计	44	100

对衍生工具的使用在官方储备管理者那里逐渐普及，因为在初始的谨慎和怀疑之后，该工具的积极特性（谨慎使用的情况下）已被广泛认可。平均储备持有量约160亿美元的受访者都对这一工具说“是的”，而平均储备量只有约60亿美元的受访者不使用衍生工具。大多数受访者表示他们使用衍生工具，其中有来自20个新兴市场国家的12家中央银行，6家中央银行来自工业国家，5家来自发展中国家。7家来自转型国家的中央银行中，没有1家使用衍生工具。

衍生品使用	提及次数
掉期交易	24
期货交易	18
远期合约	10
期权交易	9
其他	5

目前，使用最普遍的衍生工具仍然是基本的“简易兰花式”（plain vanilla）货币和利率掉期。与外汇相关的衍生工具被提及17次，而与利率相关的衍生工具则被提及13次。

产生收益和增加回报被包含在亚洲新兴市场国家的评价当中：“沽出期权（option writing）——为了产生收益”。一些受访者提及了一些方法的使用，例如，对冲、改变资产组合的货币构成和在资产组合管理背景下获取被允许的货币头寸敞口。一个储备管理者评论道：

“许可的标的资产（例如，政府债券、银行存款、外汇）的衍生工具可能会被用于‘战略性’资产组合管理，如收益率曲线，但是不能被用于资产组合的杠杆效应中。”

一家中欧的中央银行提供了一个更广泛的方法：

“我们被允许利用利率期货和场外债券期权交易来微调久期敞口。我们使用货币和利率掉期交易来管理资产负债表敞口。同时，衍生工具还被用来提高收益。”

通过对数据的分析，我们得出一个结论：在使用衍生工具的23家中央银行中，只有不到一半的中央银行对问题2进行了回答，这表明他们将重点放在了收益率上。

一些中央银行使用掉期交易减少黄金敞口。一家新兴市场国家的中央银行利用黄金掉期交易“创造一个虚假的以美元计价投资，该投资比黄金具有更好的信贷和流动特性。这延伸了我们的投资久期，由此带来了更高的收益”。

第四节　管理调查

一、谁制定储备管理的总方针和目标？

答案	提及次数	占54位参与者的比例（%）
理事会	34	63
投资委员会	17	32
其他	6	11
财政部	4	7
行长	4	7

注：11个中央银行受访者给出两个答案。

较通常的做法是，中央银行的理事会或其与投资委员会联合来决定制定储备管理的基本方针和目标。而在一些个案中，方针和目标则由一个监事会、管理委员会或是副行长决定。通过数据分析表明，根据储备的平均持有量的不同，决策者也不同。就储备持有量较少的中央银行而言，决定权掌握在董事手中，随着储备持有量的增加，决定权的大小按投资委员会、理事会和财政部的顺序依次排列。

二、货币与资产的构成目标由哪个管理层次设定?

在理事会没有决定权时，通常会由内部的投资委员会或高级管理部门进行决策。一些中央银行这样论述理事会和投资委员会的关系：前者作原则性和战略性的决定，后者则作战术性的决定。一家南美地区的中央银行则宣称他们的目标与战略分为不同的时间阶段和不同的水平："理事会决定货币限制、最低评级、久期以及资产构成；而投资委员会则决定季度策略；国际操作管理部门执行策略。"

答案	国家数量	占提供答案受访者比例（%）
理事会	21	39
投资委员会	15	28
高级管理层	8	15
董事	6	11
副董事	3	6
弃权项	2	4
储备委员会	1	2
财政部部长	1	2
货币委员会	1	2
财政部	1	2
金融大臣	1	2
部委	1	2
政策理事会	1	2
总计	62	NA

注：8 位受访者给出了两个答案。

三、在过去的 3 ~ 4 年中，制度安排（管理方式）和报告层级有变化吗?

答案	国家数量	占比（%）
是	23	44
否	29	56
总计	52	100

将近一半的受访者宣称，其中央银行的管理方式在过去 3 ~ 4 年间有所改变。在这 23 个曾有变化的中央银行中，大多数参与了“在 3 ~ 4 年内是否调整过流动性、安全性与收益性三者相对重要性”问题的回答，且答案为“是”。这一问题得到的结论是，根据相关目标和动机各国会改变管理方式。

很多受访者都强调对回报率的度量。一家南美地区的中央银行表示，其管理方式的改变是为了“满足风险和投资组合的回报度量的新要求”。另一家南美地区的中央银行对其管理层级进行了新的调整：“内部储备委员会的创立，是要为储备管理设立操作程序，该管理层由副总经理、货币与储备管理执行副主席和储备部门主管组成。”一家非洲地区的中央银行受访者称，“我们现在正式成立了一个报告执行管理情况的投资委员会”。另一家南美地区的中央银行受访者则称，在 2000 年“理事会为国际储备设立了基准、误差限制和积极管理方针。他们还决定对季度收益率作出评估报告”。一家欧洲新兴市场的中央银行表示，“理事和执行理事会主席均是投资委员会成员，他们每星期都会碰头”。但并非所有中央银行都有如此组织严密的参与人员；一家工业国家中央银行声称“……将更多管理职能委托给金融市场人员”。

四、您是否为单一资产类型或整个资产组合设定了比较基准？

答案	国家数量	占比（%）
整个投资组合	22	43
两者都有	21	41
单独的资产类别	8	16
总计	51	100

2/3 的受访者对个别资产使用基准，然而有近 85% 的受访者对整个组合使用基准。对于 51 家使用基准的中央银行来说，其中近 85% 的中央银行的基准由内部设定（详见下文）。有 2 家中央银行称他们并不使用基准；而有 1 家中央银行回应说基准尚在建立的过程中。这 3 家中央银行均来自发展中国家。

五、您衡量风险使用的主要技术是什么？

答案	提到技术手段的国家数量	占比（%）
比较基准	43	80
计算在险价值（value-at-risk）	20	37
压力测试	12	22
其他	9	17
外部统计模型	4	7

注：包含多选情形。

风险量度与管理的最常见方法是，简单地要求管理者盯住规定的基准，有时也会结合在险价值分析的方法。14 个受访者利用了两个主要的技术手段进行风险管理，最流行的是在险价值和基准分析相配合。总共有 9 家中央银行利用在险价值和压力测试进行评估，通常还配合其他技术手段。例如，信用评级机构，追踪误差，久期与资产—负债匹配技术。1 家新兴市场国家的中央银行给出一种特别的评论：“为了评价信贷风险，我们运用了一个基于信用矩阵和默顿模型的专有模型。”

六、您的比较基准如何设定？

答案	被选择次数	占比（%）
内部设定	44	80
其他	6	11
基于商业银行构建的指数	4	7
财政部设定	1	2
其他政府部门设立	0	0
总计	55	100

注：有 3 位受访者提供两个答案。

绝大多数受访者声称他们的基准“由内部设定”，而且这是唯一的方式（共计有 42 家中央银行，占样本总数的 80%）。只有 1 家中央银行宣称他们的基准是由财政部门跟中央银行共同设立，但无证据显示有其他的管理机构涉入。受访者选择排在第二位的项目是“其他”，答案包括内部设定和商业银行构建指数组合的综合、以负债作基准以及以 BIS 构建指数作基准。被提及的商业银行指数多是美林和雷曼兄弟的相关指数。

七、您披露基金的业绩或者取得的回报吗?

答案	国家数量	占比（%）
是	28	53
否	25	47
总计	53	100

大部分受访者表示他们向公众披露基金回报率。回答“是”的28家中央银行来自各种类型的国家，他们的储备总计达到5 130亿美元，各自的储备量在7 800万美元至1 000多亿美元之间。其中9家来自新兴市场国家，8家来自发展中国家，4家来自工业国家，3家来自转型经济国家。与那些对问题2作出回答的受访者比较可以发现一个有趣的结论：其中央银行的收益率有了大幅增长。在对问题2作出回答的26家中央银行中，有14家宣称他们披露其基金收益。尽管一些中央银行向增长收益方向的转变清晰可见，但是向披露基金盈利业绩的转变似乎有一定的滞后性。

到目前为止，与国际货币基金组织的数据公布特殊标准相比，在储备基金的披露上没有一个国际性认可的标准，一项网络调查显示，能通过网络登录的28家中央银行里有24家以各种方式汇报其储备基金收益率。在这些中央银行中，大多数都将其基金收益率录入年报，并向议会报告，而且在某些情形下，该方面的专业信息可以从网络上获取，并提供及时更新。尽管有一半的中央银行用本币、美元或百分比来报出基金利润，但有时也仅是以基金价值的变化来衡量其收益。

八、比较基准偏离度是如何设定的?

答案	被提及次数	占比（%）
久期	31	70
其他	13	30
在险价值	7	16
总计	51	NA

注：7国中央银行给出两个答案。

大多数受访者认为久期是限制基准偏离的手段。1/4 的受访者选择“其他”，其中一家欧洲地区的中央银行选择了“货币构成类别”，南美洲的 1 家中央银行选择了误差跟踪和投资指导方针。一些中央银行选择了限制资产类别安排和市场安排。

九、贵国中央银行是否曾将基金管理外包给外部基金管理人?

答案	国家数量	占比（%）
是	32	59
否	22	41
总计	54	100

约 60% 的受访者表示他们有外包业务的经验，其中只有 10 个受访者通过对问题 2 的回答，指出他们的目标发生了改变，更注重交易的回报率。在接受调查的 32 个国家中，受访者的构成范围更广泛：15 个来自新兴市场国家（有超过 3/4 的国家参与了此项调查），11 个来自发展中国家，4 个工业国家和 2 个转型国家，其平均储备持有量为 160 亿美元。尽管储备持有处于中等水平（持有量在 100 亿 ~200 亿美元）的大多数受访者都将业务外包给外部管理人，但是外包经验似乎并不取决于储备持有水平。

储备持有量（十亿美元）	有外包经验的受访者数量	参与调查的受访者总数
<0. 5	7	16
0. 5 ~ 1	2	4
1 ~ 2	2	5
2 ~ 5	5	6
5 ~ 10	3	5
10 ~ 20	6	6
20 ~ 30	2	4
30 ~ 75	3	5
>75	2	3
总计	32	54

十、您怎样评价这一做法？

答案	被选择次数	占比（%）（总数：32）
提供了有用的信息	17	53
有利可图	13	41
没有增加价值	8	25
十分耗费管理时间	7	22

注：11 位受访者给出了两个答案，3 位受访者给出了 3 个答案。

受访者认为外部管理人的经验好坏兼有，但总的来说评价是积极的。参与该问题的受访者中，恰好过半的中央银行用“提供了有用的信息”来描绘他们的外包经验。其他中央银行描述为“有利可图的”，25% 的受访者认为两者兼而有之。然而，25% 的受访者将外包交易形容为“无增值”，同时，其中 8 位受访者（另外还有 4 位）觉得它“增加了管理时间成本”。来自转型经济国家的有外包经验的受访者中，没有一位认为其“有利可图”。

答案	外包业务评价国 平均储备持有量（十亿美元）
提供了有用信息	8.2
有利可图	15.6
没有增加价值	7.0
十分耗费管理时间	26.4

十一、与外部基金管理人签订的薪酬协议是怎样的？

答案	国家数量	占比（%）
固定费用	13	41
与业绩挂钩	6	19
两者兼而有之	13	41
总计	32	100

统计显示，多数中央银行受访者选择固定支付报酬，有时会与绩效考核付薪相结合。一些中央银行似乎对支付固定报酬的方式满意程度很高，这样的 13 个受访者中，有 10 个认为外包可以提供有用的信息，6 个认为外包有利可图。只有 3 个表示外包无增值或者也增加管理成本。只有不到 1/5 的受访者采用绩效考核付薪的方式，这种方式似乎也被很好地接受，因为在 6 个实践国中，只有一国对其作出了否定的评价。在 13 家认为外包业务有利可图的中央银行中几乎一半采用固定支付薪酬的形式，此外还有 5 家采取组合付薪的方式。有 11 家中央银行对外包业务作出了否定的评价，其中大多数都采用组合付薪的方式，这表明超过一半的受访者使用该种方式支付薪酬。

第五节　储备管理的未来趋势调查

一、您认为中央银行未来会聘用更多还是更少的外部管理人?

在 52 位受访者中，超过 3/4 的人认为，未来中央银行在聘用外部管理人上要么保持目前水平要么会有所增加，其中甚至包括认为外包实践“管理时间成本太高”的受访者。这些受访者大多数都从中受益，他们认为中央银行未来将聘用更多的外部管理人，只有两位受访者建议中央银行减少聘用数量。其中 3/4 的受访者认为应减少聘用数量的中央银行来自发展中国家。由于 11 个中央银行对其外包经验作出了更为消极的评价（参见上文），因此下表对中央银行未来聘用预测的三个选项设计存在疏漏。

答案	国家数量	占比（%）
聘用更多	21	40
聘用更少	12	23
保持现有水平	19	37
总计	52	100

二、您计划怎样分散储备？

答案	国家数量	占比（%）
机构票据	17	63
证券化资产	14	52
公司债券	11	41
新兴市场政府债券	4	15
对冲基金	4	15
发达市场股权	3	11
股票指数	2	7
大宗商品	2	7
新兴市场股权	1	4

无论是现状还是未来的计划，受访者答案的重点仍是有限的资产类别多样化。只有 3 家来自非工业国家的中央银行计划投资发达资本市场股票。事实上，更多中央银行选择了多项回答，这显示，一些中央银行正在寻求储备的多样性而不仅仅将其局限于传统政府债券的范畴。其中，欧洲一个新兴市场国家的中央银行计划通过涉入机构票据、公司债券、证券化资产、对冲基金和大宗商品来使其储备更加多样化。

新兴市场国家的 13 家中央银行、发展中国家的 8 家中央银行、工业国家和转型国家的各 3 家中央银行，共计 27 国的中央银行参与了该项问卷调查，他们的储备价值总计达 3 200 亿美元。此外，就问题 13 而言，“机构票据”仍然是普遍的选择，超过一半的中央银行都对此问题作出回答，这表明他们都有涉猎该资产的意图。在 17 个选择该答案的中央银行中，有 10 个来自新兴市场国家。就被选择次数而言，证券化资产和公司债券排在第二位和第三位，但是在这项调查中其所占比例极高。通过这一问题可以看出，超过一半的中央银行将投资证券化资产，而且其中有许多受访者还计划通过投资企业债券来使其储备多样化。

三、在汇率和资本流动持续波动和不确定的情况下，您认为大多数国家还会继续积累外汇储备吗？

答案	国家数量	占比（%）
是	43	88
否	6	12
总计	49	100

在回答该问题的49个答案中，大量肯定的回答显示出未来储备有继续增长的趋势。接近90%的受访者认为储备水平会继续增长，这一结果与我们1999年的调查相似。在参与该调查的20个发展中国家中，只有1个国家认为绝大多数国家的储备持有量不会继续增长。给出否定答案的6个国家中（其平均储备持有量为100亿美元），4个来自欧元区。

四、在您看来，哪些是支持和反对黄金作为储备资产的理由？

就支持持有黄金储备的观点而言，“黄金不是任何国家的负债”这项得到了最多票选，被认定是“最重要”的论据。但是，赞成持有黄金的最普遍的理由是它“为可能发生的危机和灾难提供了安全保障”。3/4的受访者把黄金的“安全保障”特性排在其偏好的前两位，这显示持有黄金的动机出于强烈的警戒性。只有超过1/3的受访者认为，黄金维持长期购买力的能力也很重要。这一观点在新兴市场国家中不受欢迎，17个受访者中只有一国认为长期购买力是最重要的。发展中国家认为“安全保障”和“长期购买力”这两个理由是最重要的，他们将这两者评级为“1”和“2”的次数几乎相当。3/4的受访者都将黄金的收益相对低于其他资产的理由评级为“5”（即持有黄金最不重要的理由），这反映出中央银行的普遍观点。

就反对持有黄金储备的观点而言，相对较低的名义贷出利率的评级最高，超过60%的受访者将其评级为“1”或“2”，紧随其后的反对理由得票率仅50%多。有趣的是，其他一些中央银行抛售黄金的行为没有成为反对持有黄金的重要理由，因为只有两个中央银行将这个理由评级为“最重要”，而超过50%的受访者将其认定为“4”或“5”。同样的得票率出现在“未来金价可能下跌”选项上，这或许支持了金价已经到底这一广泛的观点。

赞成或反对持有黄金的各种观点	受访者给出的各档评价频率					受访者数量
赞成黄金作为储备资产						
评级	1	2	3	4	5	
黄金资产不是任何国家的负债	12	6	6	7	5	36
金价不与美元挂钩，因而能够提供多样化	7	4	11	11	3	36
持有黄金能维持长期购买力	5	8	12	9	2	36
为可能发生的危机和灾难提供安全保障	11	16	5	4	0	36
黄金持有的前景比其他/货币资产有利	1	2	2	5	26	36
总计	36	36	36	36	36	
反对黄金作为储备资产						
评级	1	2	3	4	5	34
相对较低的名义贷出利率	13	8	5	4	4	34
最近20年收益率最低的资产	4	8	12	5	5	34
未来金价可能会继续下跌	3	7	5	10	9	34
一些中央银行在抛售黄金	2	5	8	9	10	34
其他资产类别/货币持有前景比黄金好	12	6	4	6	6	34
总计	34	34	34	34	34	

注：按重要性排序：1为最重要，5为最不重要。

新兴市场国家和发展中国家的中央银行在反对持有黄金的理由上表现出显著的差异。超过一半的新兴市场国家的中央银行认为，替代资产的吸引力是最重要的理由，并将其评级为“1”。然而11个发展中国家中只有2个对该理由评级很高，超过一半的国家都以“黄金名义贷出利率低”作为反对黄金持有的最重要论据。7个新兴市场国家认为其他中央银行抛售黄金是最不重要的理由，但是没有一个发展中国家持相同的观点。一名来自新兴市场国家的储备经理这样评价道：

“我们根本不喜欢把黄金当做一种资产，但是保持一定的黄金储备有积极的情感价值。尽管我们在资产负债表上反映黄金的持有，但是该资产没有经济敞口风险，因为我们已对其作了保值交易。我们还采取了黄金出借和利率掉期交易，其最终结果反映了一种综合的非黄金资产固定收入，实物黄金恰好就是其组成之一。我们认为其他中央银行或许也会采取相似的策略。”

五、下列哪一个观点最接近您对中央银行未来黄金储备的观点？

回答	答案被选次数	占比（%）
中央银行会以过去几年的速度继续销售黄金储备	28	62
一些中央银行会出售黄金，但另一些中央银行会购买黄金	15	33
中央银行会急剧削减黄金储备	2	4
总计	45	100

对问题30的回答显示了出人意料的结果：各中央银行预计中央银行不会加快黄金的销售速度。只有2家中央银行认为中央银行会“急剧地”削减黄金储备；超过半数认为中央银行会维持原有销售水平，1/3认为另一些中央银行的需求会抵消黄金销售。从问题27和问题29的答案中或许能看出导致这一结果的原因：黄金相对较低的收益和中央银行的资产多元化计划导致了黄金储备的逐渐下降。不过，黄金在危机和灾难中所体现的价值仍确保它将在中央银行的储备资产组合中占有重要地位。

Chapter 2

第二章
储备需求

David Williams
国际货币基金组织前财务主管（Treasurer）

关于国际储备有一套理念至今已被普遍接受——至少自 1873 年巴吉特（Bagehot）在其著作《伦巴第街》（*Lombard Street*）中阐释了这一理念后，它已成为盎格鲁—撒克逊中央银行业务的传统观念[①]，即国内货币体系的有效运作需要一套单一的储备体系，同时单一储备的持有人必须是最后贷款人而非“任何其他银行”。Stanley Fischer 在担任国际货币基金组织（IMF）副董事总经理时曾提出一个令人信服的实例：国际货币基金组织应以特别提款权（Special Drawing Rights，SDRs）为基础建立一套储备体系，并担当起国际性“最后贷款人”的角色[②]。货币体系中应对危机（无论是针对“本地性”危机还是“国际性”危机）实用政策的发展体现了“最后贷款人”理念的延续性。但是，随着资本跨国流动的自由化加深和中央机构干预货币体系能力的提高，这一特征正日渐模糊。对于正经历着危机的国家来说，本地性危机发展成国际性危机的概率越来越大。

在危机中，最后贷款人（其本身是一种尚不精确的业务概念）不可避免地要向货币体系提供流动性（储备），用公共资产替代市场中的私人资产，并适当设置严格的条件来保障该替代的有效性。对储备水平或充足率的探讨，可以归结为一国在启用有限制流动性前需要的保证金规模。一般来说，把自有储备设置为有限制储备更为合理，其保证金越多，一国政府在危机中调整货币、汇率安排并达成宏观政策目标的灵活性就越强。在任何情况下，一国有限制储备的潜在持有量不能代替其无限制储备。那么，影响一国储备持有量多少的主要因素有哪些呢？研究这一问题时应当注意的是国际货币体系本质上不是单一储备的中央集权体系，尽管国际货币基金组织具备一些作为“最后贷款人”的特性和功能。

---

① 《瓦尔特·巴吉特文集》（*The Collected Works of Walter Bagehot*），Norman St. John-Stevas 编，第九册，introduction by R. S. Sayers，33 页。

② 论文发表于美国经济协会与金融协会联合午餐会，纽约，1999 年 1 月 3 日。

尽管一国的汇率安排可能发生重要的、颠覆性的变化，但其持有并且名义上愿意长期增持储备的主要原因长期内没有明显改变。从历史演变来看，各国中央银行持有储备的早期目的是为了维持本国货币在固定汇率制度下的自由兑换。这种汇率制度逐渐演化成一种可调整的盯住汇率制度——即布雷顿森林体系——然后又发展为更加灵活的汇率制度安排，包括近些年开始使用的相对自由的浮动汇率制度。尽管固定汇率制已经成为历史，但各国对储备的需求仍在全球范围稳定增长。事实上，直至今日，仍没有证据显示一国的储备需求取决于其汇率安排。这一结论可以从当今各类国家的行为中推知：无论是新兴市场国家还是发达国家或发展中国家，各国的储备都保持增长态势。这还包括那些已从相对严格的盯住汇率制度转向更加灵活的甚至相对自由的浮动汇率制度的国家①。然而，在坚定这一结论之前②，我们应该记住：不仅近期存在着各国汇率制度安排的转变（从固定或可调整的汇率制度安排转向灵活的汇率制度安排），几乎在所有时期都存在着各国主动维护或管理其灵活的汇率制度，其干预手段与干预外汇市场以维持严格盯住汇率制度的手段如出一辙。

与其他一些以政策干预影响汇率走势的国家相比（如日本、澳大利亚等），发达国家或工业国家在维持汇率稳定上没有系统理论。同时，许多发展中国家和新兴市场国家发现，相对固定的汇率政策（甚至维持盯住汇率）不仅对其宏观经济政策有利，而且使其能在一定程度上参与国际金融市场。因而，这些国家都选择利用储备而不是更富弹性的汇率制度来抵御外部市场的冲击，这导致它们比发达国家需要更多的储备。没有证据表明，这些国家将采取更富弹性的汇率制度以抵御外部冲击；也没有证据表明，它们采取更

---

① 当然，一些仍采用强势货币盯住汇率制度（如货币局制度或半货币局制度）的国家的储备持有量必须大于等于其中央银行的货币负债，然而对于经济与美元挂钩的国家来说，如巴拿马和厄瓜多尔，它们没有持有中央货币储备的必要。此外，对于加入诸如欧元体系等货币联盟的国家来说，假定其他条件不变，它们的储备需求将比加入前更低，只有在区内交易有效消除和以各成员国货币干预外汇市场的需求消失之后，各成员国才有持有自有储备的需求。

② 近期一篇研究国际储备需求的文章得出一个结论："对于自 19 世纪 80 年代以来的浮动汇率制对储备持有行为产生了什么影响（如果真的存在）的问题，还需要做大量工作。"参见 Tweedie《论国际储备需求——文献回顾》（*The Demand for International Reserves – A Review of the Literature*）中"兼并方案配额的外部回顾"（External Review of Quota Formulas-Annex）第 7 页注释 2，2000 年 5 月 1 日，国际货币基金组织官方网站刊登。

加灵活的汇率制度的能力将影响其储备需求。事实上，各国汇率制度的灵活性可能在逐渐放宽，但其储备持有仍在不断增加。换句话说，当一国处于向浮动汇率制度转变的过程中，其中央银行先前的政策习惯跟不上汇率改革的步伐，产生了一种滞后性。所以，在自由浮动汇率制改革产生效果之前（几年前已经开始，现在已经实现），国家对国际储备的需求管理，尤其是中央银行利用储备对汇率市场的日常管理工作，都需要一个适应期。

从长期来看，尽管各国的储备需求与其汇率安排之间的关系还不确定，但各类型国家（包括发达国家、新兴市场国家和发展中国家）的储备总需求在过去的 25 年间却稳定增长。据国际货币基金组织统计，1975 年（此时，主要的工业国家完成了向浮动汇率制的转变）至 2001 年，各国官方储备总资产增长了 10 倍多，即每年保持约 10.2% 的增速[①]。只有在少数几年如 1987 年和 1998 年世界储备总量没有增长，这些年份恰好都出现了严重的金融危机。在危机中，国际金价、汇率严重下滑，各国在国际货币基金组织的相关资产（如储备头寸和特别提款权）发生显著变动。1975 ~ 1990 年，发达经济体的储备增长最快，在绝对数量和增速上均出现 5 倍的增长，同期，新兴市场国家和发展中国家的增长只有 2 倍多。然而，自 1990 年起，新兴市场国家和发展中国家的储备开始加速增加（增速分别为 4.5 倍和 3.5 倍多），发达经济体同期增速却不超过 2 倍。截至 2000 年底，工业国家占有全部非黄金储备（国外资产和国际货币基金组织相关资产）的 40%，其余由新兴市场国家和发展中国家共同占有。总之，在过去的 10 年中，国际储备的需求急剧增加，且几乎都表现为官方对外汇储备的增持，其中尤以发展中国家的增持最为显著。截至 2001 年底，仅发展中国家持有的外汇储备就占全球外汇储备的 62% 之多[②]，而 83% 的全球黄金储备仍继续掌握在工业国家手中。

---

① 该组数据是以国际货币基金组织成员国官方公布的储备资产持有量为基础测算的，包含 1975 年后新加入成员公布的持有量。

② 《国际货币基金组织年报》，101 页，2001。

第一节 持有储备的动机

各国长期增持国际储备，尤其增持外汇储备为主的趋势，不但反映了其国际贸易——包括经常账户交易和资本账户交易——的增长水平，同时也反映了各国对外支付手段的变化。通常，各国的储备持有量总是倾向于大于它们国际交易需求量与日常管理外汇市场需求量之和。这些储备不仅能在国际贸易条件急剧恶化或遭受意外冲击时提供缓冲，而且能满足资本急性外流造成的对外支付动荡，从而缓和或避免国家产出水平的下降[①]。传统上，一国储备的合理数量可以用该国的储备量与年进口总量的比率表示，以周进口量加以衡量。就发达工业国家而言，自 1980 年以来，尽管其储备额在某种程度存在波动，其储备量/进口量之比总相对稳定于 12 周进口量上。对于其他国家而言，尤其是新兴市场国家和发展中国家，自 1990 年以后，其储备出现了急剧的增长，平均来说，新兴市场国家约为 22 周进口量而发展中国家也几乎达到 18 周进口量的水平。就该比率长期上升的趋势来看，各国对储备长期需求的增长将随着经常账户交易的增长呈现线性增长趋势。

在过去的几年中，鉴于私人部门中的大规模资金流动，人们开始关注一国净负债、短期债务头寸及其对国家储备需求的影响。实际上，对一国储备合理水平的评估，开始越来越多地与该国外部债务偿还义务和整体外部债务相结合[②]。随着国际资本市场的多极化发展，对于发达国家集团之外的许多国家而言，相互传递外债增加了它们建立储备的需求。一国增持储备，不仅能防范经常账户冲击，而且能起到保护私人部门的作用，因为在某些情形下，私人部门参与国际资本市场的局限性，或其所在国还债义务的沉重负担，都会导致它们不能有效吸收冲击。因此，许多国家相信，大量的储备能

① 参见 Tweedie 近期对国际储备需求的杰出研究。

② 就此而言，在过去几十年中，国际信用评级机构的评级变得越发重要，因为信用评级被普遍接受，这使其成为一国在国际资本市场信用地位的象征。评级机构的主权评级是对一国政府借款资格和偿债意愿的评估，是一种将该国的经济、金融及政治等因素相结合用以评估其债务承受能力和偿债意愿的指标。该类评估不仅能用以考量一国进入国际资本市场的资格，也可以评估该国私有企业的参与资格，还能影响一国政府及其私有企业借款的成本及附加条款。然而，信用评级在预期外部金融环境疲软的情况下不是一种健全的贷款指标。

够抵御因资金流动变化和国际融资能力衰退引发的潜在剧变带来的冲击[①]。虽然新兴市场国家及发展中国家大量持有的储备本质上是借入储备，而且这些储备的获得给借款国造成实质性的借款成本，但是随着资本输入急转直下引发的危机情形的增加，各国仍然愿意维持高水平的储备数量。正如国际货币基金组织在2001年年报中指出的那样，“除了利用传统的以经常账户为基础的比率分析，各市场准入国也逐渐开始将资本账户作为分析衡量的基础，从而确定储备的合理数量”[②]。这表明，利用一国短期外债的剩余期限来衡量该国储备的合理数量是可行的。这意味着，正如国际货币基金组织2001年年报所述的那样，能够广泛参与资本市场的国家可以用（不能完全确定）储备—负债比率作为衡量其储备充足性的指标。从经验出发似乎能得出这样的结论：一国国际储备的合理数量应该等同于该国本年度的债务偿还量，尽管没有历史经验表明这一持有水平在任何情况下都是最佳的[③]。

第二节 衡量储备充足性

国际储备充足性的衡量标准，在重要性上，由先前的与经常账户相关的指标转变为与资本账户尤其是短期借款相关的指标。这一转变，不仅反映了国际货币基金组织成员国收支失衡时资本市场的作用越发明显，同时表明一国必须面对资本突然撤回，尤其是面对资本市场对该国及其私人借款者突然关闭的困境。自20世纪90年代以来，非黄金储备量—短期债务比率的上升表明，新兴市场国家与发展中国家对储备的需求急剧增加，也反映了它们偿

① 发达国家集团倾向于让本国私营部门无阻碍地进入国际资本市场，这有助于货币当局减少用来抵御外部冲击的储备。然而，这不仅意味着该国的汇率要足够灵活，而且在一般情况下，私营部门也能通过改变其本身的资产负债率在国际资本市场进行融资或再融资活动。在其他国家，这种情形是很少见的。即便如此，发达国家货币当局仍然把干预外汇市场作为政策工具，出于这一目的，它们仍需要持有足够的外汇储备，尽管它们对进入货币市场不设限制。

② 2001年年度报告，27页。

③ 见菲舍尔2001年6月1日在国际货币基金组织官方网站发表的文章：“国际资本流动促进了我们对储备合理数量评估方法的再思考……在资本账户比经常账户更容易引发危机的时代，探讨一国是否持有充足的储备来应对短期债务似乎更有意义，因此应该把短期债务作为合理储备量的一级近似值。事实上，短期外部债务与储备持有量的比值是最好的危机指标，国际货币基金组织也把该指标作为衡量储备充足率的基本指标之一。”

还本息及其参与资本市场相关业务能力的提升。

总之，部分由于国际资本市场的扩张，部分由于该市场参与国数量的激增（尽管各自参与的程度不同且存在变化）以及各国国际收支融资活动不断加深其对该市场的依赖程度，国际储备充足性的定义和地位在过去25年中发生了显著变化。不过，在一切情形下，储备水平及其变化与私人部门资金流动的关联性都不大。

一国官方的储备持有及储备水平的建立对该国宏观经济政策起着至关重要的作用。正如上文所言，一国需要充足的总储备为经常账户交易提供资金融通，并防止来自该类账户的冲击。它们还能在外债偿付、缓冲潜伏性金融危机的冲击等方面发挥作用。将一国储备水平与该国短期偿债义务挂钩已成为市场评估的重要指标，国际资本市场及评级机构都利用该指标评定一国资信价值及持续借款风险。另外，充足的储备能给货币当局提供部分余地进行宏观经济政策部署，应对可能发生的外部金融环境的衰退。国际货币基金组织董事总经理 Horst Köhler 认为，国际货币基金组织要通过监督和技术援助来帮助其成员国提高政策质量，“帮助成员国恰当地抵御外部冲击，以保证其经济运行适应不利的外部事态发展。这包括更加灵活的汇率政策，更强有力的净国际储备头寸……”[①] 尽管自英格兰银行开始实行金本位制度以来，国际货币体系已发生了深刻变革，但是国际储备的作用仍是保护一国经济的运行。

上述部分都在试图说明储备的供给都是以需求为导向的，各国总是试图持有其预期数量的储备；同时，各国储备持有的根本目的在于抵御各种外部冲击，尤其是越来越多的来自资本账户交易的冲击。在过去的25年中，引起储备产生最重要的因素是国际资本市场，在很大程度上，参与国际资本市场的程度决定了一国能否成功建立符合其需求的储备水平。同时，国际资本市场的运行机制又成为外汇储备产生的“温床”。一国如不能成功维持国际资本市场对它的信心，必将导致其很难从中获取金融资源。当然，这并不是说所有的储备都是“借入储备”，考虑到目前国际资本市场的运行机制，该市场能使一国获取借入性金融资产以充足其自有储备，使该国达到应对外部

---

① 2002年7月5日演讲，参见国际货币基金组织官方网站。

冲击和克服其他收支失衡的目的。

第三节 无限制储备——黄金与特别提款权

无论出于何种原因，当一国无法自由进入资本市场，甚至完全无法进入时，我们就要探讨一国可取得的储备替代来源（现实中较少的几种替代物）问题，但是目前探讨这一问题是不合时宜的。例如，当资本市场有进入门槛时，一国便能够从国际货币基金组织取得有限制的储备并发挥作用。此外，许多国家也可以选择持有非市场储备和无限制储备：黄金和国际货币基金组织特别提款权。在这篇研究储备需求的文章中，对于这两种储备资产和它们可用性的探讨显得大有裨益。

首先来谈黄金储备，黄金曾是国家储备的基石。统计数据显示，当今各国储备的11%由黄金构成，相比之下，20 世纪 80 年代早期这一数字曾高达50%，但在 20 世纪 70 年代末国际金价持续低迷的时期，这一数据只有44%。据统计，超过 80% 的黄金掌握在工业国家手中，这致使至 2001 年末这些国家的黄金储备仍占其总储备的 20%①。然而，这些数据有夸大黄金作为一种储备资产的重要性的嫌疑。实务中，黄金已不用做国际清算工具，几乎没有国家刻意积累黄金作为其储备资产。事实上，各国的黄金储备都在持续减少，因为各国中央银行为了缩小持续下降的黄金供给与持续上升的黄金需求（用于投资及制造）间的脱节②，不断向自由市场抛售黄金。此外，中央银行向自由市场出借了大量黄金储备，其中大部分提供给了黄金生产商，该类公司以前主要利用其黄金产出从事远期合约业务。虽然出借业务能使黄金储备处于流动状态而不至于封存，同时也能起到抑制金价的作用，但是中央银行出借黄金的主要目的却是为了增加收益。今天，黄金作为储备资产最

① 参见《2001 年国际货币基金组织年度报告》，101 页。

② 值得注意的是各国货币当局持有约 33 000 吨黄金，相当于全球黄金年产量的 13 倍，而每年黄金的私人需求量多达 3 250 吨。数据参见全球黄金协会（World Gold Council）2002 年 5 月《黄金需求趋势报告》（*Gold Demand Trends*）。虽然欧洲几大中央银行可能受到“华盛顿黄金协议”（Washington Agreement on Gold）的约束，该协议约定自生效之日起 5 年内 15 个缔约国年销售黄金总量不能超过 2 000 吨，但自 1999 年以来，中央银行年均销售黄金达 500 吨之多。缔约国同时约定，5 年内不扩大黄金出借及期权期货业务。

重要的功能可能是其潜在的抵押性，当向借方市场贷款时黄金储备能成为抵押物存放在双方认可的国际黄金保存机构，以此在危机时刻维持市场对黄金持有国的信心。

第二种用以平衡国际收支的无限制储备是国际货币基金组织特别提款权。20 世纪 60 年代中期，各国对资金流动的控制、固定汇率制度的运用及其运作体系，都阻碍了储备资产来源的增长（英美两国国际收支赤字和新采黄金）。随着主要工业国家资本市场的自由化和固定汇率制的消亡，1969 年，特别提款权登上了历史舞台。在特别提款权产生后的第十年，国际资本市场才作为各国平衡国际收支和建立储备的融资地出现。事实上，由于国际货币运行机制的深刻变革，从 20 世纪 70 年代早期开始，国际货币基金组织只有两次——分别在 1970 ~ 1972 年和 1978 ~ 1981 年——向成员国分配了总额为 214 亿份特别提款权。1997 年 9 月，国际货币基金组织理事会同意对《协议条款》（*Articles of Agreement*）作出如下调整（由 3/5 的成员国赞成通过，其投票权占总投票权的 85% 以上）：允许向所有成员国进行一次特别提款权的一次性特别分配，这将使特别提款权分配数额达到 429 亿份。但是，对《协议条款》修改的决议至今仍没有实施。

分配特别提款权的理由在于：第一，分配的目的与国际货币基金组织的意图一致；第二，补充对现有储备资产的长期全球性需求；第三，分配将避免国际性通货膨胀和通货紧缩的出现。国际货币基金组织早已对上述分配达成共识，即本次分配不是因为提款权分配是各国补充储备的唯一途径，也不是因为其持有成员国有补充储备的迫切需求。其实，各国政府都能从资本市场以相对较小的成本借款，通常不需要以分配特别提款权的方式来补充储备。但低收入的发展中国家通常不能参与资本市场，分配特别提款权对它们就显得至关重要。另外，有观点指出，分配特别提款权会发出一个错误的信号——只要有国家处于困境，国际货币基金组织就能通过政策调整分配给它有限制流动性，这样一来，无法参与国际资本市场或只能在自由市场以高成本借款的国家就会把分配特别提款权视做充实其储备的最合理方法①。事实

① 《国际货币基金组织公共信息公示第 02/3 号》（*IMF Public Information Notice No. 02/3*），4 页，2002 年 1 月 10 日。

上，上述情况不能成立，因为自特别提款权体系产生以来，除了在1978～1981年的非常时期，没有一届五年一次的讨论会同意特别提款权的普遍分配。

尽管特别提款权只在一国国际储备中占极小的比例，但《协议条款》仍要求国际货币基金组织定时讨论特别提款权分配的相关事项并向理事会提交讨论报告①。在最近的一次讨论中，国际货币基金组织成员提出许多与特别提款权分配相关的议题（即储备需求的持续增加，包括资本账户的持续开放、新兴市场国家难以承受资本账户的冲击，以及获取特别提款权与借款之间的净成本对比等事项），以及利用国际货币基金组织的常规资源向其成员国提供无限制（特别提款权分配）或有限制流动性的议题。通过本次讨论，国际货币基金组织执行董事会得出结论并备忘如下："尽管董事们有意暗示特别提款权一般性分配的作用，但就目前而言，董事总经理在该问题上没有得到足够支持，不能将该议题作为特别决议上报给执行董事会审议。"上述备忘是对特别提款权一般性分配所有议题的唯一标准性结论。但是，特别提款权在货币体系中的作用并未消失，这一观点在本书导言中就有所提及。那么，其作用为什么没有消失呢？

第四节 特别提款权的未来

国际社会对分配特别提款权的价值仍未取得普遍共识，以及1973年布雷顿森林体系瓦解之后新国际货币运行机制的建立尤其是国际资本市场前所未有的发展，都使得特别提款权一般性分配的未来调整不能成行。不过，国际社会并不愿意取消特别提款权，也没有迹象显示国际货币基金组织有修改《协议条款》以放宽特别提款权分配条件（例如使分配更加灵活或使特别提款权更实用化）的准备。此外，对特别提款权体系改革的思索不能纳入国际货币基金组织和其他地方正在探讨的"金融新构架"之中。这种探讨自1997～1998年亚洲、俄罗斯及巴西的金融危机以后就没有停止过。实际上，

---

① 参见国际货币基金组织官方网站对特别提款权的最新讨论：《特别提款权分配的八个基本议题》（*SDR Allocation in the Eight Basic-Basic Considerations*），2001年11月16日。

关于特别提款权未来的问题仍悬而未决。

尽管1997年通过的那次特别提款权的一次性特别分配（第四条修正案）的生效仍待批准，但该修正案象征着特别提款权作为一种储备资产，其作用及人们对它的兴趣无法抹杀。那次修正案的目的在于给各成员国提供以合理份额分配累计的特别提款权的机会，同时将使成员国各自的累计配额与定额之比在国际货币基金组织第九次普查中达到同一水平。此外，在乔治·索罗斯的倡导下，重新分配特别提款权配额，为各类发展方案提供资金融资的观念有复兴之势。

在现今的国际货币体系下，虽然储备的普遍短缺似乎不会发生（尽管只有在国际资本市场和银行体系崩溃后才能作出类似断言，如同20世纪60年代后5年的情形），但是该体系的部分领域仍存在爆发重大危机的可能。例如，国际货币体系核心国家的金融危机或非核心国家的一系列危机均能引发世界信贷流动的持续中断，此时就需要大规模注入流动资本。目前，只有国际货币基金组织能在危机发生时提供应急贷款，有效充当安全网的角色。然而，国际货币基金组织的自有储备是有限的，如果传统债权国发生危机，这一储备将严重萎缩①。在出现危机的状况下，尤其当危机出现在国际资本市场中的时候，国际货币基金组织就能够利用其特别提款权配额创造流动性对储备缺口进行补充。总而言之，虽然当前的储备创造体系缺少最后贷款人机制，但是它在实际上内在地包含着一种储备资产，该资产能在需要的时候创造并提供流动性。或许，我们得出了一个关于特别提款权的悖论：它是国际货币系统最后的安全网，但从目前看来，这一角色又使它的存在变得多余。

① 国际货币基金组织用于援助国际收支的资产是它持有的债权国货币。如果其债权国出现国际收支困难，该国存放于国际货币基金组织的货币将变得“不可用”，因为该国可能要向国际货币基金组织提出融资要求。

3 Chapter

第三章

资产市场的干预

C. A. E. Goodhart
伦敦经济学院银行与金融学教授

第一节 目标应是货币总量（数量）还是资产价格（利率）

货币主义的理论之一是：中央银行（更广泛地说是货币当局）应注重管理货币总量（特别是基础货币）的增长率，而不那么注重甚至是不注重一般的资产价格（特别是短期利率）。它主张，各国政府应通过公开市场业务按某一规则管理（基础）货币增长，从而使货币体系达到全球性稳定。如此一来，市场本身就会决定利率（与货币的增长路径一致），与货币当局的直接规定相比，利率将会沿“更好”的时间路径运行，因为货币当局的直接规定不但受制于更多政策和国会游说的压力，而且缺乏信息整合能力。

但是传统上，中央银行按照与货币主义者的主张相反的方式操作。中央银行要使官方设定的短期利率在市场中有效。在该利率下，高能基础货币（短期有无限弹性）就被内生地供给出来，满足市场的需求（例如，有现金需求的非银行客户会需要现金，这些现金由银行系统间接产生）。

20 世纪 80 年代早期，包括英国在内的一些国家出现了这样的争论：各国中央银行的运作模式是否应该由关注资产价格（如短期利率）向控制基础货币转变。确实，美国联邦储备机构曾转向以非借入基础准备金为目标，但该做法在多大程度上代表了转向适度的基础货币控制是当时学者争论的话题。相关内容，可以参见 Goodhart（1989）的研究。

英国及其他国家中央银行体系一定程度上以高能货币储备金为基础进行操作，但是在短期内对基础货币的需求会出现大幅的、有时甚至是不可预知的波动，因此，转向基础货币控制将导致利率短期内频繁波动；同时银行体系向新的结构体制转变，也会带来极大的不确定性［参见 Lawson（1981）、Walters（1986）］。另外，转向基础货币控制的益处取决于货币总量（特别是基础货币）的传导机制，这种传导机制与从（短期）利率到终极政策目标（经常表现为货币政策的价格稳定目标）的直接传导机制相比，产生的效果要更加持久且更加有力。

20 世纪 80 年代早期，相对于货币主义学者的观点，最新的观点更多地站在中央银行这边。此时，各种货币总量口径反映了货币政策的不同含义，而且，银行体系的各种结构创新削弱了预测货币总量和名义收入的关系以及通货膨胀的准确度，即期付息存款就是一个例子。正如中央银行从业人员所说："我们没有抛弃货币目标，是它抛弃了我们。"想一下不同形式的电子货币对现金潜在需求影响作用的大肆鼓吹［参见 Drehmann 等（2002）］，就知道我们没有理由相信这类创新已经停止。另外，各国中央银行及其货币政策委员会试图通过控制短期利率来管理通货膨胀目标，至少到目前为止取得了良好的成效。

该介绍性章节重点在于说明，各国中央银行不断地干预资本市场和短期国内货币市场的目的在于确定该市场的价格和利率。因此，中央银行通过干预金融资产市场控制资产价格和利率的准则已经占据了上风。而认为中央银行应当只关注货币总量的增长而不关注资产价格的意见，至少在现在已逐渐被取代。所以，问题的焦点已经不是货币当局在原则上是否要干预资产价格，而是要干预哪个（些）市场，达到哪个（些）目的。

第二节　操作哪个市场

可供中央银行进行干预的市场包括银行同业拆借市场和政府债券市场（通常是短期政府债券市场）。中央银行干预这两个市场有下述几种优势［关于这一论题，也可参见 Cagan（1958）的研究］：第一，它们是可广泛参与的同质市场。货币当局当然完全能够参与股票市场或房地产市场，但它们具有多样性和异质性。在同一市场中，买卖不同股权或房地产的性质完全不同。在该类市场进行操作，中央银行会面临选择或偏好的问题。此外，购买某一股权（房地产）总是伴随着如何监管的问题，虽然这一问题能够通过触手可及的授权得以缓解，例如，2002 年 9 月日本银行宣布购买国内部分商业银行股权时就引发了类似的问题。

第二，它们是庞大的短期资本市场并具有高度的流动性。因此，短期利率的变化在该市场中对资产价格几乎没有影响。直接参与相对长期的市场将导致交易对手发生突然的资产利得或损失，这将激起更多的政治反对。当然，短期利率的变化会间接促使长期市场资本利得或损失的发生，但这只是一种间接的市场反映，当局可以受到较少的指责。出于同样的原因，如果中央银行有意介入长期资本市场，那么它就不得不在其资产负债表中对该类资产进行日常储备，这意味着中央银行的市场操作和该市场本身的运行可能对中央银行自身的盈亏和清偿能力产生不利影响。通常情况下，中央银行不喜欢（在某些情形下尤为厌恶）因其资金运作不善和治理不当寻求财政援助（一种紧急援助）［参见 Okina（1999）］。此外，如若当局要利用期限结构（如季度票据）来达成利率设定目标，一旦市场预期到官方设定利率（比如，官方认定的利率支点）的未来变化，短期利率就会以某些奇特方式发生变化［Flemming（1990）］。

第三，它们是纯粹的国内资产市场。中央银行是（法定货币）现金储备的唯一提供者，是解决金融中介（和其他主体）间债务的“优秀集资人”。因此在该市场中，只要中央银行选择干预一种资产（不是多种），就能决定该种资产的国内价格。如果中央银行参与国际资本市场，如国际原油、小麦、黄金或美国短期国债市场，其操作确实能影响国内基础货币，但是如果不能成为其主要交易商，中央银行就不能控制该国际资产的价格，也就不能控制国内利率。中央银行最易于控制的国际资产是与（大型）交易对手的双边汇率，如美元。但是在这种情形下，两国对合理汇率的意见分歧显然会成为问题。

无论中央银行选择国内哪个资产市场作为其惯用操作对象，该市场都可能成为整个银行体系的关键市场，在这一体系中，商业银行要能够随时取得现金以满足其取现业务的需求。而基础货币控制的潜在威胁在于，在特定时期下，中央银行无法不惜代价地提供额外现金，这成为该体系在构架上的骇人之处。

让我们举一个极端的事例：中央银行试图通过房地产买卖来控制房地产市场价格，暂且忽略现实中房地产的异质性问题。为了保障现金的可得性，银行不得不取得房产的所有权，毫无疑问的是（银行）房产的实际住户只会采用租借方式入住，这导致所有权易手极快。当中央银行想采取紧缩的货币政策时，它就会卖出房产的所有权，买方有时是商业银行，更多情况下是银行的客户，他们通过银行支付款项的行为往往会用尽银行的储备。如果商业银行储备短缺，它们也会卖出手中的房产所有权，直到房产价格下降到中央银行的预期水平。这时，商业银行需要多少额外储备，中央银行就要注入多少额外储备。就这点而言，更极端的例子是，无论中央银行在哪个市场形成了惯用操作方法，该市场都会成为一个关键市场，银行存款、贷款利率，政府、公司票据利率都将因以该市场为中心而受到影响。因此，有这样的说法：对于中央银行要介入的资本市场的第四个要求是，该关键市场能影响其他各种利率。我要试着做的就是说明这一标准是多余的，中央银行无论选择哪个资本市场进行干预，该市场都会自动成为广泛影响各种利率的中心市场。

第三节　日本与流动性陷阱

银行间同业债务或政府/公司票据所在的短期货币市场，都有同质性、短期性和国内性的特点，因此它们为中央银行的介入提供了一个良好的平台。然而，该市场也存在着一种制约：只要该市场中存在零利率的现金替代物，在短期货币市场中就不可能将利率再往下调。在某种情形下，正如在最近日本发生的那样，扩张性零利率政策可能不足以防止持续性的通货紧缩以及货币总量的缓慢增长。

有些人主张，在这种流动性陷阱中，中央银行要竭尽全力去应对。一种略显古怪的观点——最初源于 Gesell（1999）［另参见 Buiter 和 Panigirtzoglou（2000）］——建议，设法使现金持有承担负利率，例如，定期强制性地把持有的纸币换成新面值的纸币。更有甚者认为中央银行的干预范围要逐渐扩大，从陷入流动性陷阱的短期市场扩展到其他未陷入该陷阱的资本市场。

无论是货币主义者还是非货币主义者，经济学家们都建议日本中央银行购入一系列其他资产以协助该国从流动性陷阱中恢复［Svensson（2000）］。大多数学者建议日本中央银行干预日元/美元双边汇率市场和日本长期政府债券（日元债券）市场，但是也有少数人提倡它干预非传统市场，如股票市场和房地产市场。

中央银行大规模干预上述市场遇到了一些问题的限制和阻碍。就日元/美元双边汇率市场而言，问题在于：谁应该承担政策责任（是财政部还是日本中央银行）；国际社会关注的焦点在于，其他交易对手（不仅是美国，还包括亚洲其他国家）的任何类似政策对日本的影响［参见 McKinnon 和 Ohno（2000）］；日本能否独自盯住这一巨大的国际市场。就日本政府债券而言，困扰日本中央银行的是，购买这种长期资产将造成随后的资产损失（当从危机中恢复和利率上升时），甚至破产。就股票市场和房地产市场而言，日本中央银行损失的风险来自该类资产的异质性、持有倾向和后续管理等问题的结合。此外，我们还要关注各方对 2002 年 9 月日本中央银行宣布购买商业银行股权的讨论。

然而，不考虑上述情形的困扰，中央银行干预金融市场（除了其首选的短期货币市场）的目的在于达成其主要的终极目标（如稳定价格）。虽然先前日本中央银行出于上述困扰对这一观点持抵制态度，但这一一般原则已经被学术界广泛接受。即便如此，在选择市场进行干预时，仍然存在着某种层级观念，学术界更倾向于进入同质市场进行干预，如汇率市场或日本政府债券（国债）市场，而不是异质市场，如日经—道指数股票市场或日本房地产市场。

第四节　泡沫及其破灭

毫无疑问，汇率、股票、债券和房地产等资产价格的波动会通过种种渠道影响经济运行。它们对产出和通货膨胀的影响是可以预测的，中央银行能够利用其正常应对机制（可能是泰勒规则的某种变体）调整短期利率以维持中期价格稳定。这是大的背景。

问题随之而来：中央银行是否应该在风险的当口干预市场从而调整利率，该做法要冒下述风险——资产价格的波动将导致产出和通货膨胀的波动超出现有模式的预测［参见 Cecchetti 等人（2000）］。预测“失败”的原因可能是在应对资产价格变化时出现非线性误差或/和相对罕见的系统性金融危机，至少在发达国家存在这种情形。

与仅仅基于产出/通货膨胀的预测来调整利率的观点相比，上述观点的要旨是在资产价格暴涨时利率应适当调整得更高，在资产价格暴跌时利率应下调得更低。事实上，这种想法在发挥作用时常常是不对称的，部分原因在于与牛市相比，熊市更加短期、醒目、易变且日常波动性更强。此外，舆论（压力）也总是赞成在资产价格下降时降息，反对在资产价格上涨时加息。

因此，在资产价格下降时，降息政策会多次被部分或大范围地应用，例如，1987 年、1998 年和 2001 年的情形，在资产价格上涨时，加息政策却极少见。这种政策的不对称性在学术上被称为“格林斯潘对策”［Miller 等（1999）］；同时，有人以 1998 年至 2000 年出现的纳斯达克泡沫来指责这一对策（或其中一部分）。这种综合症状，即资产价格上涨时加息较少，而资产价格下降时加息较多，如果真的存在的话，并不是关于如何干预其他市场，而是告诉我们如何从其他市场提取信息，以便在首选的短期货币市场上更好地调整利率。

第五节　中国香港与“双杀”

在短期利率受到约束时——可能情形包括需要维持外部盯住汇率、维持商品和服务价格或在流动性陷阱时维持零利率等——存在这样一个问题，即为了维持稳定，中央银行能否通过干预其他资本市场而有所作为。对于这一问题，中国香港 1998 年 8 月的案例给出了积极的答案。

亚洲金融危机中香港首当其冲，1997 年 10 月，它的盯住汇率制（与美元挂钩）受到了投机冲击。对此，香港特别行政区作出如下应对（可能确实有点过分）：通过允许非冲销干预将短期利率推动到令人不寒而栗的高度。这一应对措施，加之未来货币政策的不确定性，导致了长期利率及房地产、股票（恒生指数）价格的急剧下跌。在随后的几次投机风潮中，如 1998 年 1 月的情形，香港特别行政区作出了相似的应对，即抬高利率从而引发资本市场的有力下跌。而不管香港特别行政区采取浮动汇率还是以提高利率进行对抗，都将是投机者胜利。同时，亚洲金融危机引发了香港资产价格的下跌，其中以出口和旅游业为甚，这种下跌致使香港经济出现了严重问题。

1998 年 8 月中旬，香港特别行政区获悉新一轮投机攻击即将发动，并且注意到了大量空头在恒生期货市场中建仓，当即决定改变策略，即由非冲销干预、鼓励汇率上升和不操控恒生市场相结合的防御政策转向支持外汇市场和直接干预恒生股票市场的策略，这一改变维持了股票价值并把损失强加到投机者身上。

在我与 Dai Lu 合著的《干预拯救了香港》（*Intervention to Save Hong Kong*，2003）中，记载了当时的详细情形。从某种意义上说，香港特别行政区的做法是，把对汇率市场的干预从非冲销干预转变为冲销干预。这种说法的前提是，香港特别行政区抛售美元资产募集的那部分资金，以购买恒生市场股票（广泛选择）的形式回流到银行体系，而没有通过购买货币市场资产和银行、短期政府票据（在香港，短期政府票据的市场地位不突出）的形式回流。

虽然冲销干预很常见，但至少可以说，对股票市场的冲销干预是非传统的。可以想象，因为香港特别行政区被认为“不适当地”干预了市场（面对这种抗议，香港特别行政区声称他们的所为与投机者无异，而且更加有透明度），这种做法会在公正性上引发激烈抗议。而且如果反投机失败，民众察觉到香港特别行政区损失了（纳税人的）资金，那么新策略的负责部门将面临更加不利的后果。1998 年 9 月初，即干预期（8 月 14 日至 28 日）之后的几周，政策干预的效果仍然悬而未决。不过，香港特别行政区最后十分幸运，全球股市在 1998 年秋天开始强劲反弹。到 1998 年末，无论外界对本次介入非传统市场的做法作何评价，它都是一次巨大的成功。

毫无疑问，我们能从这次事件中吸取很多教训：第一，正如本章第二节所言，中央银行可以对一类层级分明的市场进行干预，其范围包括：（1）短期货币市场（可持续干预）；（2）外汇市场（一般均可以干预，但需要调整干预方式）；（3）长期政府债券市场（有时可以干预）；（4）股票及房地产市场（非传统、极少干预）。在该层级链中，中央银行越深入，运行风险就越大，需要调整的内容就越多。第二，非冲销干预可能在维持汇率上（比冲销干预）更有效（我们将在下文讨论这个问题），但是这种政策会给经济施加通货紧缩的压力。当这一压力显得不可接受时，冲销干预可能会成为一种更为可取的策略。此外，这一政策给香港特别行政区政府留有选择余地，即选择专注于哪一资本市场进行补偿性资产购买。

第六节 外汇干预

如上所述，除了对短期货币市场的常规干预之外，大多数观点认为，中央银行对外汇市场的干预是其干预政策的第二种常见形式。使用单一货币的国家都有一个外汇市场，但是一些国家（主要是新兴市场国家）还没有形成运作良好的货币市场。这些国家的中央银行经常甚至普遍利用外汇市场向货币体系注入或提出基础货币。

除上一宗案例之外，中央银行干预外汇市场还有三种主要方式，其中前两种方式经常作为合理的政策被接受，第三种则遭到很大的质疑。第一种方式是：出于各种考虑，一国更愿意利用“外部驻锚”（相对于“内部驻锚”而言，如通货膨胀目标，而不是放弃本国货币来达到实现物价稳定的目的。在这种情形下，一国要将其货币盯住另一种（或一篮子）货币，盯住程度可多可少，并通过干预稳定该盯住汇率。这类实例层出不穷。

第二种方式是：在某些情况下，至少在短期内，外汇市场缺乏必要的自我稳定性。从长期来看，可贸易货物流通和进出口都比短期内更有弹性，即存在J曲线效应。外汇市场的急剧贬值可能会使受影响国出现政治风险、转移风险和信贷风险，随着风险积累，风险溢价会大到足以抵消该国资产减值损失的程度。因此，急剧的贬值可能导致进一步的资本流出而不是流入。在最坏的情况下，汇率贬值可能成为经济和政治事件相结合的产物，这将导致一种“坏的”均衡：暴跌的汇率将由货币、财政和政治中的缺陷来调整；即便在最好的情况下，汇率也将受过度调整和混乱扰动的支配。相关事例可以在1997～1998年亚洲金融危机和近期拉美正在演变的危机中看到。

虽然少数经济学家在原则上反对中央银行利用外汇储备遏制汇率崩溃（例如2002年夏天乌拉圭和巴西的做法），但多数经济学家都急切关注中央银行的实际干预行动。导致汇率崩溃的冲击或许可以将其调整到一个稍低的均衡水平。那么，中央银行应该干预到何种程度呢？同样重要的是，鉴于干预活动会付出短期波动加剧的代价，中央银行是否还应该在外汇市场下跌时为防止市场混乱和限制波动进行干预，或者在市场（暂时性）稳定时为鼓励反弹并造成短期投机者的损失进行干预？另外，干预行为应该在市场饱和还是不饱和的情形下进行呢？干预行为是应该公之于众，还是尽可能在现今国际新规则下保密地进行呢？

第三种是干预方式——外汇干预应运而生是因为汇率关系的长期不均衡性得到认识。外汇干预既能单独操作又可以联合操作（正如20世纪80年代后期《广场协议》之后出现的那样）。虽然参与者既不想采取盯住汇率，也不用面对汇率崩溃的情形，但汇率的不均衡性会导致有害的分配效应。例如，将资源分配到可贸易货物和不可贸易货物时，产生的效果是不同的。此外，如果中央银行对不均衡诊断是正确的，当汇率回复均衡时，从长期而言，中央银行就可能凭借干预行为赚取利润。

需要注意的是，我们没有理由期待前两种干预——维持盯住汇率或支撑岌岌可危的货币——具有收益性，因为外部环境和政策体制通常迫使中央银行被动地进行干预，不管它是否愿意。只有在中央银行能主动选择其干预的理由和时机时，对该干预行为进行效益测试才是适宜的［见 Sarno 和 Taylor (2000)］。

近年来，随着财政部门和日本中央银行的职责分配，日本成为第三种干预的主要倡导者（上文已有涉及）。虽然在欧元下跌到82美分的低点时，欧洲中央银行（ECB）也进行过两次这种干预（于2000年秋季）。正如Ito所说，日本的干预如同欧洲中央银行一样能轻易地通过效益测试。与之相比，近些年英国和美国的货币当局则不情愿使用这种方式进行干预。

攻击这种干预的理由多种多样。第一，在自由运作的市场机制下，上述的“不均衡性”是否存在遭到质疑。第二，如果这种“不均衡性”真的存在，在私人部门做不到的情况下，中央银行怎么能够和为什么能够察觉其存在并从中获利？为何这种“不均衡性”只能由官方介入才能终结？第三，任何这类官方干预都可能改变市场价格，纵然这种干预具有盈利和稳定的作用，但正如反对者所声称的那样，这是公共部门对自由市场的不恰当干预。第四，这种干预是有风险的，用纳税人的税款冒险做可能失败的事本身就是一个错误。值得注意的是，通过干预来弥补外汇市场已被察觉的不均衡性，如果这一做法是可以接受的，那么为什么相同的观点在其他市场（如股票市场和房地产市场）不被接受呢？我们将会对其中的一些争论作进一步剖析。

最终的结论是：非冲销干预，包括改变基础货币和利率，对汇率进程的影响或许是有成效的，但在一般情况下，它也将改变货币政策维持物价稳定的基本功能；相对地，冲销干预（实际上，不仅是货币市场的操作典范，而且是该市场的准自动结果）则不可能有效（如同经常被宣称的那样）。因此，这种干预不是将当局的视线从主要目标转移就是起不到作用。现在，我们就转向对那些争论的讨论。

第七节　冲销干预还是非冲销干预

在中央银行干预货币市场以确定短期利率的过程中，几乎所有干预都是半自动的对冲。因此，对非冲销干预远比冲销干预有效这一观点的信任可以归结为以下原因：控制汇率的关键是要引发利率的变动（或货币存量的变动），而不是实质的干预手段本身。这体现了一种曾被坚定持有的观点，即资产的市场价格主要是由基本面决定的，就外汇市场而言，多数是由公开宣布的消息引导的。两国未来相对价格的信息构成了这两类消息的实质内涵，该相对价格受到如预期相对货币增长等因素的影响，这给未来汇率的预期提供了一个“驻锚”。随着未来汇率的“驻锚”，根据非抛补利率平价理论，相对利率将决定即期汇率。

通过预测基本面得出即期汇率和当前利差（根据 UIP 判定），由该观点推知，当局在外汇市场的直接交易将被忽略，因为在任何情况下，对于外汇市场巨大的交易总量来说，当局的直接交易都显得微不足道。这一观点的主要例外是，当局干预外汇市场可能是未来货币政策改变的信号，这反过来会改变对未来国内货币政策的预期，从而改变对未来相对通货膨胀及基本面的预测。对信号渠道的文献回顾在 1999 年由 Baillie、Humpage 和 Osterberg 完成。即便如此，仍有研究表明，干预实际上并不是未来政策的可靠指示。如果干预只是信号指示器，难道没有更简易的指示方式了吗？［见 Dominguez（1992，1997，1998）；Dominguez 和 Frankel（1993）］。

然而，这一被接受的观点往往与事实不相一致。其唯一正确的成分是，从长期来看，如五年到十年，实际汇率有回归均值的趋势，即如果能等待足够长的时间，购买力平价就能实现［见 Lothian 和 Taylor（1996）；Lothian

(1998)]。但是在外汇市场中，没有一个主要的私人部门参与者愿意长时间等待。在商业中介参与的短期领域，宏观经济基本状况与汇率没有系统性关联，正如 Meese 和 Rogoff（1983a，1983b）证明的那样；这一发现至今仍然是有说服力的［Meese（1990）]。因此，对未来基本面的预测不能“驻锚”远期汇率，因为利用长期购买力平价理论作出的唯一合理可靠的预测是商业中介办不到的。下一节将进一步讨论这一问题。

与此同时，无抛补利率平价理论不被用做预测机制。它的含义是，如果 A 国的利率比 B 国高，那么它们的双边名义汇率（A/B）应该就有 A（B）逐渐变小而 B（A）逐渐变大的趋势。事实上，相反的情况总是更多地发生，即该变动趋势在多数情况下给出了错误的预测。无抛补利率平价的一个特征是其预测的部分有效性：当一国利率出现意外上涨时，该国的汇率也会跟着上涨。如果远期汇率已经被货币/通货膨胀的基本面“驻锚”，那么 Dornbusch（1976）发现，汇率的突然暴涨会产生“超调”效应。相反，汇率的缓慢上涨（由利率的突然上涨引起）则相对无力，这无法解释长期变动。

最近，利率变动对汇率影响的评估效用变得越发不明显。越来越多的国际资本流动似乎都表现为权益流动的形式，与之相关的公司收益也是。利率的增长损害了发展的前景和权益的价值。因此，最近几年，利率的意外性增长越来越多地伴随即期汇率的下跌，反之则不尽然。如今，中央银行甚至无法利用政策引发的利率变动来预测其对即期汇率的影响，更不用说影响的大小了。

虽然在一般情况下，利率变动对汇率的影响可能无法确定，但在少数情形下，利率变动往往能够预测政策的变化。例如，当利率出现 25 个或 50 个基点的变动时，人们往往会预测，中央银行最终能够利用被动的交易对手来控制双边汇率。毕竟，汇率是两种货币的相对价格，中央银行能够通过控制该国基础货币来无限期扩张或紧缩本国货币。当然，对于两大经济体之间的汇率，如美元/日元、欧元/美元，假定交易对手是被动的可能就不适用了。

理论上，中央银行能够无限制地扩大或缩小一国的基础货币，但实际上这种做法可能会对国内经济带来严重后果。然而，简单的计算显示，近期汇率适度规模的变动（达到该变动的概率甚至很小），如变动 20%，就意味着中央银行不得不显著提高短期利率（或相对较少的货币升值）以抑制资本流动。在 1992 年至 1993 年的欧洲汇率机制危机中，隔夜拆借利率折合成年利率超过 100% 的情形相当常见。

一旦对任何规模较大的汇率变动感到恐惧，那么，为了抑制资本流动，一国有必要采取强有力的货币或利率措施，所采取的措施强度之大，可能将给该国造成严重的经济负担，因而采取这种做法可能是一种政治自杀。虽然在理论上利用利率进行防御毫无约束，但实际上，如果经济成本和政治成本迅速积累到一点，该做法就不再可行。此时，寻求汇率防御就不会造成上述伤害。

回到先前中国香港的例子，其防御方式或许（将）涉及冲销干预。当然，幸运的是中国香港持有大量美元储备。外汇市场是如此之大，如果只是扔钱进去而不改变基本面（或给出改变信号），这种传统做法难道不是纯粹地浪费时间和精力吗？

不再会是！运用外汇市场的微观数据——如个别报价、订单、市场价格和交易——进行的最新研究表明，比起官方公布数据（如利率差别），订单指令流是外汇市场中价格和效益的更加重要的决定因素。通过将 4 个月的数据汇总到日常水平，Evans、Lyons（2002）把订单指令流作为主要解释变量发现，德国马克/美元和日元/美元的可决系数（R^2）分别为 0.64 和 0.46，虽然在回归分析中他们把利率差别的变化作为附属解释变量。大多数但不是全部可决系数都可以归因于订单指令流。仍以日常水平为准，Evans 和 Lyons 认为大约 30% 的总体价格变化是订单指令流造成的［见 Evans（2002）］。Danielsson、Luo 和 Payne（2000）把订单指令流作为解释变量，通过对一系列货币配对以五分钟到一周为频率进行的观测发现，可决系数最高达到 0.45（更高的可决系数可由更高的抽样频率得到）。以一分钟频率为样本，Love 和 Payne（2002）发现可决系数在 18% ~30% 变动。金融市场集团（Financial Markets Group）近期的研究显示，在公布经济数据之际，不仅是公布本身，包括随之产生的订单指令流的规模和动向，都能引起市场的变动。

但是，个别市场订单在类似外汇市场这样庞大的市场中如何带动价格呢？其中一个原因是，外汇市场的成交量规模被做市商（market maker）过分地夸大了（可能达 5 倍），因为最初顾客订单［“烫手的山芋综合症”（hot potato syndrome），Lyons，1997 和 2001］把他们的库存打乱之后，他们有将其恢复到期望库存位置的倾向。此外，虽然随着时间的推移，整体外汇市场总成交量巨大，但在短时间内，如一小时内，一系列数量可观的订单就能对单一双边外汇市场产生很大影响。

确实，Evans 和 Lyons 及金融市场集团的工作逐渐开始使研究者能解决市场订单对价格（随时间变动）的影响这一问题。Evans 和 Lyons（2002）估算了一个市场订单的平均影响（所有市场情形下的平均参数）。在德国马克/美元市场，1 000 多手美元的买入会引起德国马克价格上涨 2.1%，该样本市场的平均交易量为 390 万美元，这表明，“10 亿的美元净购入会导致德国马克的美元价格上升 0.8 芬尼”。当然，就学术研究者可以得到的数据而言，输入订单的“干扰者”的身份无法查验。因此，如果影响订单的价格确实能反映订单人的身份，那么学者要将其查验出来，即便存在可能，也将十分困难（特例情形见 Lyons 的“客户流动性假说”，2002）。但是，不久之后，以各种市场条件——如事先波动、成交量和成交时间等——估计一个市场订单对平均价格的影响或将成为可能。此外，随着外汇市场走势日渐随机化，没有证据显示在一个月的时间内这一效应会有任何衰减，同时也没有证据表明干预效应有别于任何其他订单效应。

如果假定来自当局的订单指令流对价格的影响有一种平均效应，人们就可以开始评估在何种市场环境下，需要何种权重的干预才能达到特定的目标。这项工作尚未完成，但是应该能够实行。当然，没有理由能使我们相信当局的市场干预对价格的影响处于平均水准，但我们可以推测这一影响要么大于平均水准（潜在的大型交易者、可能预示进一步的货币行为、更好的信息获取、能选取时机打击投机者等），要么小于平均水准（关心未来趋势、外汇储备限制、干预的政治因素、中央银行区别于商业银行的交易角色等）的原因。

传统的悲观主义认为，市场的本质尤其是外汇市场的本质使冲销干预成为一种几乎无用的工具。然而就目前而言，这项关于外汇市场订单影响其价格的研究显示，我们已经可以舍弃这种悲观主义情绪。相反，当国内利率已与内部价格稳定地处于同一水平时，国内利率变化对经济产生的潜在的不利影响需要使用冲销干预才能达到利益平衡。

更多地使用冲销干预（对于非冲销干预而言），有赖于大量外汇储备作为保障以保证干预的成功。如果使利率轻微的渐变足够控制和维持即期汇率，那么为什么还要用稀缺的资源建立外汇储备呢（尤其是在浮动汇率制下）？许多宣称使用浮动汇率制度的国家往往决定在需要的领域建立起庞大的外汇储备，这一事实间接表明，这些国家都看重冲销干预的潜在能力。

在传统思维下，冲销干预因其无力而不被采用，任何干预都要是非对冲的，这种做法现在成了问题。新的证据显示，至少在长达一个月的期间内，干预能够使外汇市场产生波动。怀疑论者认为干预的效果会随着范围的扩展而减弱，但是这种论点还有待全面检测。无论如何，如果当局相信长期基本面对其有利，即便它们的汇率被置于不合理的水平，单靠短期干预就能使当局盈利甚至把汇率调整到均衡水平。

第八节　货币当局应该扮演维稳投机者的角色吗

在我看来，除了干预（在外汇市场）应该是对冲还是非对冲这一问题，另一个主要议题是货币当局是否应该采取行动弥补资本市场的失衡。它们应该以扮演（长期意义上）维稳投机者为目标吗？先前的叙述表明，在必要的时候，不管是为了维持选定的外部锚定利率，即盯住利率，还是为了防止威胁国内价格稳定的汇率崩溃，干预行为普遍被视为可以接受的。这里我们要问的是，如果上述两种情况在当前都没有出现，干预行为本身是否合理呢？例如，《广场协议》之后的联合干预和日本中央银行对美元/日元的经常性干预（虽然美元的购买增加了传播流动性陷阱观点的论据）。

有三个基本问题值得考虑。第一，中央银行能察觉到一切不均衡吗？第二，如果中央银行能察觉到不均衡，为什么私人机构不能察觉进而采取行动消除它呢？把这两个问题合并考察意味着问题变成：如果存在，那么何种市场失灵才能成为私人机构合理干预的理由呢？第三，虽然这种市场失灵能够被识别，对于公共机构来说存在其他劣势吗？如道德风险加大，潜在的腐败等，这都会使“治疗比疾病更糟糕”。

首先看第一个问题，事后识别失衡总是相对容易的。任何时间路径，如资本价格路径，都可能显示出波动性。画出一条趋势线总是可能的，虽然从事后来看，这一曲线从此时起向任一方向波动都代表了不均衡的出现。问题是，有人能事前在趋势线上识别失衡出现的位置吗？例子参见格林斯潘（2002）。

我个人对这一问题的回答是，这或许能够做到，虽然比趋势预测容易得多。某些关系在长期才可能使用。一价定律的含义是，在长期，购买力平价（虽然其常用如 CPI 和 RPI 之类的指数考量）应该与可贸易货物和不可贸易货物结合衡量；巴拉萨—萨缪尔森效应（the Balassa-Samuelson effects）的前提是，生产率较快（缓慢）增长的国家，其购买力平价均衡水平有稳定的上升（下降）趋势。我所读到的研究证据显示（如 Lothian 和 Taylor，1996；Lothian，1998），这些假说都只适用于长期范围（如 10 年）而不适用于中短期。

相对于货物和服务来说，住房价格在长期应该由新建房屋的相对成本锚定，该成本由相对房屋建筑生产率的增长趋势而定（较慢），而该增长趋势更普遍地与货物和服务的增长（较快）有关。因此，相对于收入而言，住房价格可能有缓慢上升的趋势。当然，在中短期，建筑用地的缺乏、建筑许可延迟和人口构成都可能影响房价，但是从长期来看，住房价格/收入之比应该会回归均值。

股票价格是最易波动和最难估测的。长期来看，（实际）利润和收益的系统性增长比（实际）收入要慢，但它们都受生产率趋势变动的影响。在长期，收入生产率潜在地“驻锚”了收入的增长，实际利率也将由大量实际不变的因素（如时间偏好）决定。如果风险溢价也会回归均值，那么在长期，市盈率也将回归均值。然而在中短期，这些参数有大量的剧变空间（预计每股盈利趋势、折扣率、风险溢价），导致这些剧变的方式或将被评估为长期因素而不是短期因素［见 Smithers 和 Wright（2000）］。

就股票价值而言，由于我感到特别的彷徨，我只能对第一个问题给出肯定的答复。是的，在长期，我们能观测到资产价格的失衡，尤其是外汇和房产价格的失衡。但是应注意的是，这是一个相对的而非绝对的问题，在某种意义上，人们可以说汇率偏离了购买力平价或房产价格背离了房屋建筑成本。均衡可以重建，例如，通过改变购买力平价（在国内或国外引起）而不是改变名义汇率或者通过改变房屋建筑成本而不是住房价格来达成（如同发生在 1972～1973 年的情形，在全面的通货膨胀下，早期住房价格泡沫浮起而名义住房价格却没有下降）。

不过，假设我们有理由相信中央银行有效地以通货膨胀为目标的控制能使国内价格水平保持稳定，在这种情况下，汇率、住房及股票价格（相对于前两者确定性略显不足）的相对变动会把长期均衡转变为完全失衡。如果确实如此，为什么私人机构不能预见并消除这一失衡呢？例如，无论是外汇市场价格还是英国住房价格，英镑的价值都超过了其基础均衡价值，前者已超过了六年的水平，但是没有迹象显示，任一市场会对其施压让该资产价格回复到其长期均衡水平。

当然，这只是个人判断，很多人都会对这种主张提出抗辩。即便如此，我仍然确信，如果见多识广的舆论界能就“英镑目前的价格（英国房产价）太低、适中还是太高”这一问题展开调查，多数人会把票投给“太高”（在本文的写作时间 2002 年 10 月的情形）。如果多数评论者认为一种资产价格“太高”，那么他们为什么不用他们的惯常思维（pocket-books，即投机）来投票，从而让该价格回到均衡水平呢？

这一问题的部分答案是，任何这种投机所冒的风险太大；但是，我给出的答案的重点在于时间跨度，在这一跨度中，合理的信心保证均值回归能够生效（以 10 年为准）。在中短期，资产价格可能将随机游走甚至表现出趋势性，因而趋势交易能够获利。我们在评价投资顾问时总以其最新预测为标准，评价基金经理则通常以其上年回报率为参考。私人机构的动机偏向于短期成功，随着资产价格短期的随机游走（或趋势性），任何以长期均值回归为操作依据的咨询或基金经理都可能在他（她）最终成功之前失业。资本市场中，时机是私人机构的全部，所有投机者都是为短期获利而生（但也可能存在少数例外，他们拥有像巴菲特那样勇敢的灵魂）。

因此，市场失灵的存在（我主张）是由于极度缺乏长期投机者的缘故。一个可能的答案是试着改变私人机构的动机结构，让他们将重点放在长期，但是说比做容易。另一个（部分的）答案是允许甚至只是鼓励公共部门尤其是中央银行来填补这一空白并通过直接干预该市场来扮演维稳（由此而最终盈利）投机者的角色。

在这一问题上，存在大量的反对观点。第一，这一做法将极其危险，因为如此一来，在短期意味着经常性亏损，即便在长期，均值回归还受长期趋势中条件变化的支配。人们可以断定，官方不应该拿（纳税人的）资金冒这种风险，因此，可以认为公共部门的这种行为是不适宜的。历史经验表明，任何失衡状态都有自我修正的趋势，依靠公共部门减缓这种失衡常常会使事态更加严重，同时公共部门的扩张是不受欢迎的（这是过去货币规则与自由利率变化的斗争留下的明显阴影）。

第二，允许公共部门干预资本市场打开了潘多拉魔盒（Pandora's Box），即这种干预是出于政治性原因而不是纯经济性原因。而对异质资本市场（如房地产市场和股票市场）的干预为徇私和腐败打开了方便之门。这也是干预更普遍地存在于外汇市场（同质的）而不是股票市场和房地产市场的部分原因。当然，被普遍接受的观点是干预只应该在异质市场处于极端情形的时刻进行。如上文讨论过的 1998 年中国香港的案例，当然这只是对极端情形的个人判断。

一个相关的争论是，如果以宏观稳定为目的直接干预资本市场，那么公共部门是否应该出于某些原因回避经常性工具，是否可能或值得使用经常性工具（例如，权益市场的法定保证金，房地产市场的贷款/价值比率）。但鉴于类似的论点普遍存在，而本书篇幅有限，我将在其他场合陈述相关话题。

总之，干预在一定程度上是个人偏爱的问题。作为一个欧洲人和前中央银行官员，我倾向于站在干预主义者一边，但是希望我那些主张自由市场的（美国的）朋友不要认为我的观点在不公平、不适当地颠覆他们的观念。

参考文献

［1］Baillie, R., Humpage, O. and Osterberg, W. (1999), "Intervention as information: A survey", Federal Reserve Bank of Cleveland Working Paper, No. 9918.

［2］Buiter, W. and Panigirtzoglou, N. (2000), "Liquidity traps: How to avoid them and how to escape them", Bank of England, Working Paper Series, No. 111, (April).

［3］Cagan, P. (1958), "Why do we use money in open market operations?", *Journal of Political Economy*, Volume 66, Number 1, February, 34–46.

[4] Cecchetti, S., Genberg, H., Lipsky, J. and Wadhwani, S. (2000), "Asset prices and central bank policy", Geneva Reports on the World Economy, 2, London: Centre for Economic Policy Research.

[5] Danielsson, J., Luo, J. and Payne, R. (2002), "Exchange rate determination and inter-market order flow effects", available at http://www.riskresearch.org/papers? do = 1.

[6] Dominguez, K. (1992), "The informational role of official foreign exchange intervention operations: The signalling hypothesis", in K. Dominguez (ed), *Exchange rate efficiency and the behavior of international asset markets*, 41 - 80, New York: Garland Publishing Company.

[7] Dominguez, K. (1997), "The international evidence: An assessment of experience with foreign exchange intervention in the G - 3", in J. Murray (ed), *Exchange rates and monetary policy*, Ottawa: Bank of Canada, 363 - 408.

[8] Dominguez, K. (1998), "Central bank intervention and exchange rate volatility", *Journal of International Money and Finance*, Volume 17, Number 1, February, 161 - 190.

[9] Dominguez, K. and Frankel, J. (1993), *Does foreign exchange intervention work?*, Washington: Institute for International Economics.

[10] Dornbusch, R. (1976), "Expectations and exchange rate dynamics", *Journal of Political Economy*, Volume 84 (6), December, 1161 - 1176.

[11] Drehmann, M., Goodhart, C. and Krueger, M. (2002), "Challenges to currency", *Economic Policy*, Volume 34, Spring, 195 - 227.

[12] Evans, M. (2002), "FX trading and exchange rate dynamics", *Journal of Finance* (forthcoming).

[13] Evans, M. and Lyons, R. (2002), "Order flow and exchange rate dynamics", *Journal of Political Economy*, Volume 110, Number 1, 170 - 180, February (long version at www. haas. berkeley. edu/ ~ lyons).

[14] Flemming, J. (1990), "Three points on a yield curve", *Greek Economic Review* Volume 12 (0) Supplement, Autumn, 119 - 132.

[15] Gesell, S. (1949), *Die natuerliche wirtschaftsordnung*, Rudolf Zitz-

man Verlag, available in English as *The natural economic order*, (1958), London: Peter Owen Ltd.

[16] Goodhart, C. (1989), "The conduct of monetary policy", *Economic Journal*, Volume 99 (396), June, 293 - 346.

[17] Goodhart, C. and Dai, L. (2003), *Intervention to save Hong Kong*, Oxford: Oxford University Press.

[18] Greenspan, A. (2002), "Remarks on Economic Volatility", presented at a symposium sponsored by the Federal Reserve Bank of Kansas City, Jackson Hole, Wyoming, August 30.

[19] Ito, T. (2002), "Is foreign exchange intervention effective: The Japanese experiences in the 1990s", mimeo, Hitotsubashi University, March; forthcoming in P. Mizen (Ed.), *Monetary history, exchange rates and financial markets*, 2, Cheltenham, UK: Edward Elgar.

[20] Lawson, N. (1981), "Thatcherism in practice: a progress report", speech to the Zurich Society of Economists, January 14, HM Treasury Press Release.

[21] Lothian, J. (1998), "Some new stylized facts of floating exchange rates", *Journal of International Money and Finance*, Volume 17, I, February, 29 - 40.

[22] Lothian, J. and Taylor, M. (1996), "Real exchange rate behavior: The recent float from the perspective of the past two centuries", *Journal of Political Economy*, Volume 104, Number 3, June, 488 - 509.

[23] Love, R. and Payne, R. (2002), "Macroeconomic news, order flow and exchange rates", London School of Economics, Financial Markets Group discussion paper, forthcoming.

[24] Lyons, R. (1997), "A simultaneous trade model of the foreign exchange hot potato", *Journal of International Economics*, Volume 42, May, 275 - 298.

[25] Lyons, R. (2001), *The microstructure approach to exchange rates*, MIT Press, published December, (Chapters at www. haas. berkeley. edu/ ~ lyons/newbook. html).

[26] Lyons, R. (2002), "Theoretical perspective on euro liquidity", *E-*

conomic Policy, Volume 35, October, forthcoming.

[27] McKinnon, R. and Ohno, K. (2000), "The foreign exchange origins of Japan's economic slump and low interest liquidity trap", Institute for Monetary and Economic Studies, Bank of Japan, Discussion Paper No. 2000 – E – 19.

[28] Meese, R. (1990), "Currency fluctuations in the post-Bretton Woods era", *Journal of Economic Perspectives*, Volume 4, Winter, 117 – 134.

[29] Meese, R. and Rogoff, K. (1983a), "Empirical exchange rate models of the seventies: Do they fit out of sample?", *Journal of International Economics*, Volume 14, 3 – 24.

[30] Meese, R. and Rogoff, K. (1983b), "The out of sample failure of empirical exchange models", in J. Frenkel, (ed), *Exchange rates and international macroeconomics*, Chicago: University of Chicago Press.

[31] Miller, M., Weller, P. and Zhang, L. (1999), "Moral hazard and the US Stock Market: Has Mr. Greenspan created a bubble?", University of Warwick Department of Economics, December.

[32] Okina, K., (1999), "Monetary policy under zero inflation – a response to criticisms and questions regarding monetary policy", Institute for Monetary and Economic Studies, Bank of Japan, Discussion Paper No. 99 – E – 20, July.

[33] Sarno, L. and Taylor, M. (2001), "Official intervention in the Foreign Exchange Market: Is it effective and, if so, how does it work?", *Journal of Economic Literature*, Volume XXXIX, September, 839 – 868.

[34] Smithers, A. and Wright, S. (2000), *Valuing Wall Street*, New York: McGraw-Hill.

[35] Svensson, L. (2000), "The zero bound in an open economy: A fool-proof way of escaping from a liquidity trap", paper presented at the Bank of Japan's ninth international conference on "The Role of Monetary Policy under Low Inflation", Tokyo, July 3/4, reprinted in IMES, Bank of Japan, Discussion Paper No. 2000 – E – 23.

[36] Walters, A. (1986), *Britain's economic renaissance*, New York: Oxford University Press.

4 Chapter

第四章

外汇储备的货币构成：回顾与展望①

Barry Eichengreen，加州大学伯克利分校
Donald J. Mathieson，国际货币基金组织

第一节 引言

在国际货币体系中，国际储备的管理是没有被深入研究的课题之一，但现在有足够的理由来改变这一现状。在供给方面，随着欧元的出现，美元的地位面临了50多年来的第一次重大挑战。也就是说，这一极具吸引力的替代品的存在将使国际储备的货币构成产生重大变化，欧元兑美元汇率也需要充分调整以恢复国际金融市场的均衡。在需求方面，部分缺少黄金储备的工业国家的中央银行对欧元资产有大量急需；同时，贸易关系、资本账户限制、发展中国家汇率制度的变化，都可能成为影响这些国家的储备构成的重要因素。

最近一些著作已经开始致力于这类问题的研究②，但上述变化对储备资产的货币构成影响的研究仍未被系统地涉及。因此，本文分析了近期货币构成的变动趋势，特别关注和涉及了新兴市场国家和欧元这两个方面：因为国际金融环境的变化对新兴市场的影响尤为深远，而欧元的出现对于储备货币来说可能是最重要的单一事件。

缺乏数据是试图研究这些问题的一大障碍。如同国际金融市场的其他参与者一样，各国中央银行也不愿意披露其货币交易及头寸的详细信息。虽然它们会提供储备总量的时间序列，但这些数据的公布在速度和精度上总不能

---

① 本文最初于2000年7月由国际货币基金组织正式出版。通过对过去30年的回顾，本文对储备持有和币种分配的趋势发表了杰出的观点，鉴于此，经由作者同意，我们将本文收入书中。——编者

② 关于预期欧元会成为一种储备货币的研究，参见 Alogoskoufis 和 Portes（1997）、Bergsten（1997）、Masson 和 Turtelboom（1997）、Eichengreen（1998）、Frenkel 和 Sondergaard（1999）和欧洲中央银行（European Central Bank，1999）。Bordo 和 Eichengreen 的分析，见《黄金的角色：过去、现在和未来》一文。Feldstein（1999）分析了发展中国家的储备管理。我们将在下文中提供更多的参考文献。

与实际值完全相符。这些问题，应按照“国际货币基金组织特殊数据公布标准”的要求予以纠正，但我们却不能要求中央银行公布其储备币种构成的相关信息。在履行国际货币基金组织第四条款规定的监督和项目相关咨询的职责时，国际货币基金组织或基金组织内部人员能获得更详细的统计分析，但这些信息在国际货币基金组织年度报告中只作为机密文件向其成员国公布。表4.1提供了7种主要货币和欧洲货币单位（埃居，ECU）的相关数据（差值是外汇储备总量与七大货币和欧洲货币单位储备的差额），分栏公布了工业国和发展中国家的数据。但是汇报国和中央银行仍认为，单个国家的这类数据过于敏感而不适合公之于众。在得不到这些数据时，我们只能粗略估计贸易模式、国际金融市场、宏观经济环境、资本账户及汇率制度的变化对储备资产的货币构成的影响。

表4.1 1989~1998年各国货币在成员国官方外汇总额中的份额 单位：%

年份	1989	1990	1991	1992	1993	1994	1995	1996	1997	1998
所有国家										
美 元	51.3	47.8	48.3	51.9	53.0	53.0	54.0	56.9	57.1	60.3
英 镑	2.3	2.8	3.1	2.9	2.8	3.1	3.0	3.2	3.3	3.9
德国马克	17.8	16.5	15.1	13.0	13.4	13.8	13.2	12.5	12.3	12.1
法国法郎	1.4	2.2	2.7	2.4	2.1	2.3	2.2	1.7	1.3	1.3
瑞士法郎	1.4	1.2	1.1	1.0	1.1	0.9	0.7	0.7	0.6	0.7
荷 兰 盾	1.1	1.0	1.0	0.6	0.6	0.5	0.4	0.3	0.4	0.4
日 元	7.2	7.7	8.3	7.3	7.3	7.5	6.2	5.5	4.8	5.1
埃 居	10.8	9.7	10.2	9.7	8.2	7.7	6.8	5.9	5.1	0.8
非特指货币	6.7	11.1	10.2	11.3	11.6	11.3	13.5	13.2	15.1	15.5
工业国										
美 元	47.9	44.9	43.1	48.4	49.9	50.8	51.8	56.1	57.9	64.3
英 镑	1.1	1.4	1.6	2.2	2.0	2.3	2.1	2.0	1.9	3.1
德国马克	20.4	19.4	18.0	14.9	16.2	16.3	16.4	15.6	15.9	14.7
法国法郎	1.1	2.3	3.0	2.8	2.5	2.4	2.3	1.7	0.9	1.4
瑞士法郎	1.1	0.9	0.8	0.4	0.3	0.2	0.1	0.1	0.1	0.2
荷 兰 盾	1.1	1.1	1.1	0.4	0.4	0.3	0.2	0.2	0.2	0.3

续表

年份	1989	1990	1991	1992	1993	1994	1995	1996	1997	1998
日 元	7.4	8.5	9.5	7.5	7.7	8.2	6.6	5.6	5.7	7.9
埃 居	15.3	14.5	16.6	16.7	15.2	14.6	13.4	12.0	10.9	1.8
非特指货币	4.5	6.9	6.3	6.7	5.8	5.0	7.0	6.7	6.4	7.3
发展中国家										
美 元	59.6	53.7	56.4	56.7	56.7	55.5	56.1	57.7	56.5	57.1
英 镑	5.3	5.5	5.3	3.8	3.6	4.0	4.0	4.4	4.5	4.6
德国马克	11.4	10.4	10.5	10.3	10.0	10.9	9.9	9.6	9.3	10.1
法国法郎	2.1	2.1	2.2	1.9	1.7	2.2	2.0	1.8	1.6	1.2
瑞士法郎	2.2	1.8	1.8	1.8	2.0	1.6	1.3	1.2	1.0	1.0
荷 兰 盾	0.9	0.8	0.9	0.9	0.8	0.7	0.5	0.5	0.5	0.4
日 元	6.6	6.0	6.4	7.1	6.8	6.7	5.7	5.4	4.0	3.7
埃 居	—	—	—	—	—	—	—	—	—	—
非特指货币	12.0	19.8	16.5	17.6	18.5	18.3	20.3	19.4	22.7	21.9

资料来源：《国际货币基金组织年报》(1999)。

唯一的例外来自于1989年Dooley、Lizondo和Mathieson的研究（以下简称DLM），他们使用了国际货币基金组织的保密数据来分析决定储备的币种构成的因素。研究显示，币种构成与一国货币盯住的选择、主要贸易伙伴和外债构成有关。鉴于该研究的时代局限性，国际金融市场也发生了很多变化，因而很难确定上述成果到底有多少仍然适用，当时正确的结论现在未必正确。

此外，问题本身也发生了变化。十多年前，许多发展中国家虽刚刚开始摆脱20世纪80年代的债务危机但仍处于国外金融债务的重压之下。不难理解，这一背景让DLM以债务和储备的关联性为研究重点。现今的问题已经不仅是债务期限结构如何影响储备需求、贸易的多边化及区域化如何影响储备构成、汇率及资本账户政策如何影响储备水平和构成了。

在这篇论文中，我们更新了DLM的数据库和分析。通过再次使用国际货币基金组织不公开的发展中国家的储备资产的货币构成的数据，我们证实了他们的分析并提出一个问题，即上述结论中的各种关系（如果存在的话）是如何随着时间而改变的。接着，文章考察了其他附加要素对外汇储备货币构成的影响，如资本账户的可兑换性和汇率制度的选择。文章主要关注发展中国家的资产组合选择，这不但因为市场结构和政策的变化对发展中国家的影响可能最大，同时因为工业国外汇储备的货币构成的变动，似乎反映了暂时性干预对汇率变动的影响，而与资产组合偏好的潜在变化无关［Roger (1993)］①。

我们最重要的一个研究结果是，长期来看，不但储备资产的货币构成显著稳定，同时对各币种储备的需求与其决定因素（贸易流量、资本流量及挂钩货币②）的关系也很稳定。但是，通过研究近期文献，往往会作出相反的预测，即中央银行的外汇储备的货币构成会发生急剧变化。与国际货币体系其他方面的研究结果相同，我们的结果也显示：国际货币体系处于一种渐进的、持续不断的演变之中，而不是急速的、间断的。出于同样的原因，正在调整汇率安排的国家的储备份额也是逐渐变化的（这种汇率安排，不是为了达成诸如新的布雷顿森林体系或全球体系下的目标区域的宏伟计划而作出的全局性剧变），其储备构成似乎也只会逐渐演变，不管金融大环境出现何种显著的变化。

第二节　背景

这一切都不是在否认，这些逐渐的变动经过过去几十年内的积累会造成国际储备的货币构成产生某种显著的变化。如图 4.1 所示，美元的份额在 20 世纪最后 25 年呈现下降趋势，因为随着布雷顿森林体系的瓦解，美元失去了其关键货币的地位。很大程度上，这种变动可以用美国的产出在全球所占份额不断下滑来解释［Bergsten (1997)］。然而，最剧烈的下降发生在 20 世纪 70 年代，当时美国正处于高通货膨胀和宏观经济不稳定的时期。1987～1990 年，美元在国际外汇储备中的份额再次大幅下跌，工业国（而不是发展中国家）储备的货币构成发生了变化完全可以解释这一现象。欧洲货币体系的巩固，推动了对法国法郎和德国马克的需求，加之日元逐渐坚

① 我们最重要的研究结果对于工业国和发展中国家均适用，尽管前者不是本章的重点。

② 如脚注①所言，对工业国有限的分析强有力地指向了相同的结论。

挺，从而增加了这些替代币种的吸引力。直到 1992 年，这一下降的趋势才出现逆转，然而这是欧洲货币体系再次波动和日本泡沫经济破灭的结果。而后，全球外汇储备中美元的份额开始持续上升（见图 4. 1①）。

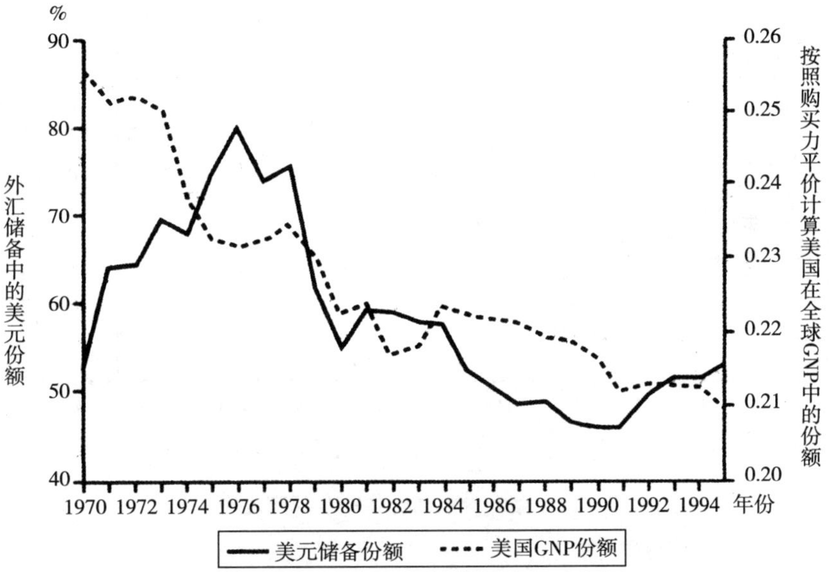

图 4. 1　美元储备份额和美国在全球产出中的份额

其他主要货币的情况正好与美元相反。日元的份额在 1991 年达到了其峰值 9. 1%，在此前很长一段时期内，日元份额和日本经济对全球 GNP 的贡献都呈现上升的趋势（见图 4. 2）。此后，日元储备的份额下跌到 1991 年水平的一半之上，这是当时日元资产利率过低和日本经济及金融持续受困的综合反映。外汇储备的马克份额在 20 世纪 80 年代末达到峰值 18% 后开始回落，这似乎是德国经济困难和货币统一（图 4. 3 中显示的一个明显事件）的反映。法国法郎、瑞士法郎和荷兰盾的份额都在 20 世纪 90 年代处于下降通道。

上述这些趋势，在新兴市场国家跟工业国都十分明显。新兴市场国家数据的独有特征是，其非特定货币份额在 20 世纪 90 年代开始缓慢上涨直到

① 1997 年一些发展中国家的情形可能是这一规律的例外，这些国家大量削减了美元在其外汇储备中的份额，其他币种可能取而代之。下文会对此进行分析。为了保证此图的可靠性，特此说明。

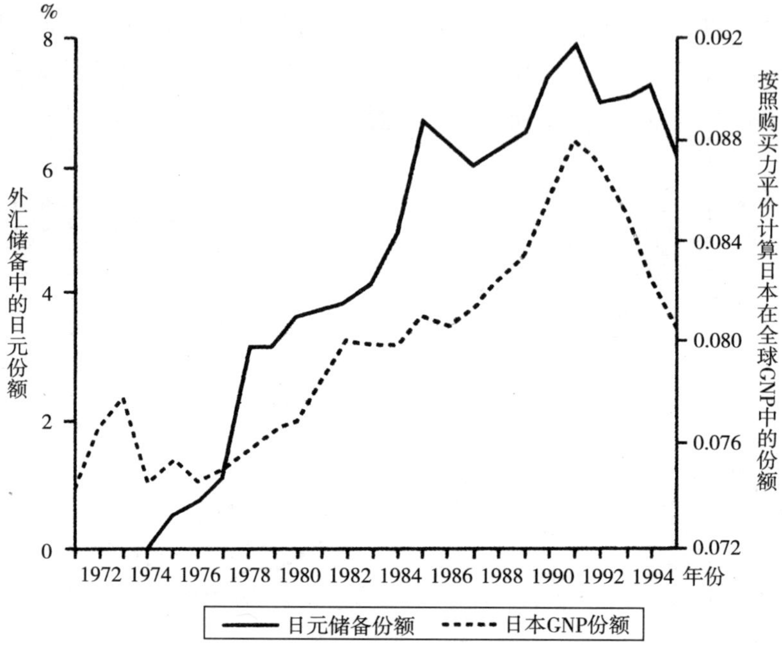

图 4.2 日元储备份额和日本在全球产出中的份额

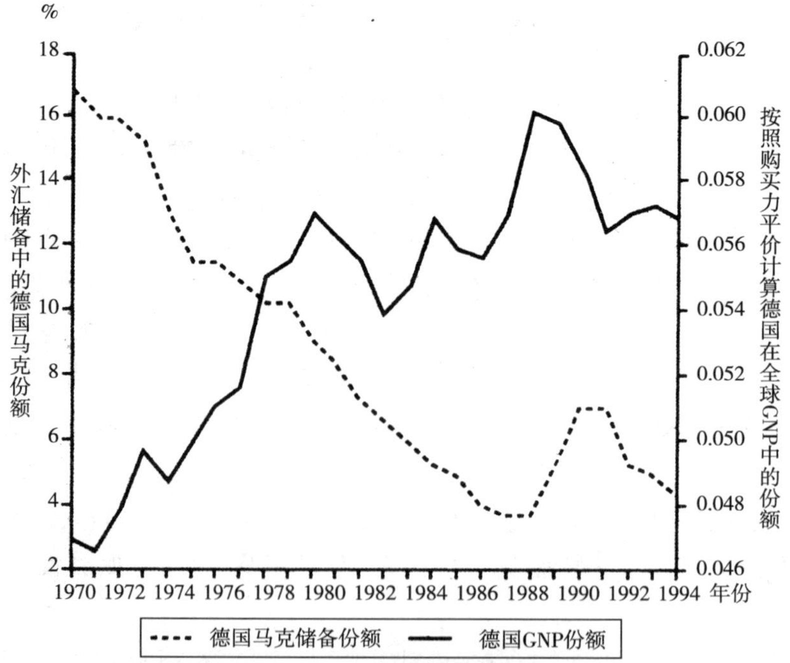

图 4.3 德国马克储备份额和德国在全球产出中的份额

1997 年出现急剧上升。这里出现一个问题，即非特指货币份额的上升和七大货币份额的下降反映的可能只是数据问题，而不是实际的持有行为。国际货币基金组织（1998）指出，非特指货币类储备的份额，包括除七大货币之外实际持有的各币种储备和货币构成未明的储备，现在可以从报告国或其他渠道获得。最近一些转型经济体陆续加入了国际货币基金组织，缺少该类经济体的相关信息成为了一个问题。

分析各国偏好的途径之一是，在样本中排除那些非特指货币储备超过一定阈值的国家，假定该阈值是外汇储备总量的 10%。图 4.2 再次显示了自 1988 年以来的结果。与预料相符，与图 4.1 相比，样本的这一变化消除了非特定货币急剧上升的趋势，保留了该图的其他重要特征，尤其保留了 1987 年后的下降及美元份额恢复的态势（后者尤为完整）。

一般地，可以用储备货币发行国在世界经济中地位的变化来解释上述数据。典型的情形是，研究者利用时间序列数据给出了这种关系的推断性结论。Eichengreen（1998）对一个模型进行了评估，该模型中，美国、英国、日本、德国的产出及贸易的全球份额和各自货币过去的国际地位是决定目前国际储备货币构成的要素。据推测，储备货币发行国在全球产出和贸易的份额大小决定了他国对其货币持有的偏好，因为这关系到对贸易市场和金融市场的干预能力。货币份额的滞后性则用来衡量各国历史地位的重要性，这种滞后性可以用外币持有的外部连带效应在货币份额中加入了惯性成分［Kiyotaki、Matsuyama 和 Matsui（1993）］来解释。

对 1971～1995 年的数据的分析结果显示，储备货币发行国在全球 GDP 的份额上升 1 个百分点将导致该国货币的全球外汇储备的份额增加 0.8%；在全球贸易份额中，1% 的上升将导致约 0.5% 增长的冲击效应。考虑到各国的历史地位，长期效应该更加显著。各国货币中，长期效应与短期效应差别最大的是美元而最小的是日元，这再次印证了历史事件对储备货币地位的影响。不管用普通最小二乘法还是工具变量法估计，滞后因变量中大的正值系数均强调了货币构成的缓慢变化，这反映了连带外部效应对其起到的决定作用①。

① Frenkel 和 Sondergaard 在 1999 年发表了相似的结论，但他们的分析忽略了滞后因变量这一因素。

表 4.2　1989～1997 年各国货币在官方外汇储备总量中的份额
（不含非特指货币储备份额高于 10%的国家）　　单位：%

年份	1989	1990	1991	1992	1993	1994	1995	1996	1997
所有国家									
美元	67.9	62.1	62.3	62.4	61.9	64.2	73.6	72.5	78.4
英镑	1.3	1.9	1.9	2.5	2.3	2.7	1.8	2.4	1.7
德国马克	17.9	20.3	17.8	16.1	19.2	18.1	14.8	15.4	13.7
法国法郎	0.6	0.8	1.0	2.8	2.4	2.7	1.6	1.9	1.1
日元	11.1	13.8	15.5	15.1	12.8	11.8	7.5	6.6	3.8
非特指货币	1.2	1.1	1.4	1.1	1.4	0.6	0.8	1.1	12
工业国									
美元	67.2	61.4	59.9	61.2	61.3	66.2	73.9	70.9	86.1
英镑	0.5	0.4	0.5	2.1	1.9	2.9	1.9	3.0	0.8
德国马克	20.2	22.4	21.1	18.0	20.5	15.8	12.9	14.8	9.0
法国法郎	0.0	0.0	0.0	2.5	2.1	2.7	1.7	2.3	0.4
日元	11.2	14.8	17.5	15.5	13.1	12.2	8.8	7.5	2.9
非特指货币	0.9	1.0	0.9	0.7	1.1	0.2	0.7	1.5	0.9
发展中国家									
美元	67.8	61.6	64.8	65.8	69.1	66.7	73.5	74.8	68.1
英镑	6.5	8.3	6.1	3.9	3.4	3.0	2.2	2.5	2.9
德国马克	11.8	14.7	14.1	13.5	13.8	17.7	15.1	14.4	20.1
法国法郎	2.4	3.6	3.8	3.0	2.7	2.7	1.8	1.3	2.0
日元	6.5	8.3	6.1	3.9	3.4	3.0	2.2	2.5	5.1
非特指货币	1.6	1.3	2.0	1.7	1.8	1.5	1.1	0.9	1.7

资料来源：国际货币基金组织官方外汇储备币种构成数据库。

虽然这种方法可以捕捉到储备货币发行国在世界经济中相对地位的变化及其储备管理倾向，但并不能直接证明它们对其他币种储备已有稳定的需求，而这一结论只能由滞后因变量推知。该方法不能显示需求方可能发生的重大变化，如贸易模式、资本流动方向、资本账户以及汇率政策的变化。为此，我们需要单个国家外汇储备的货币构成的相关数据的支持。

第三节 数据、方法和初步结果

对于这项研究，我们采用了 84 个新兴和转型经济体 1979 年至 1996 年的年度数据[①]。不同币种的储备以期末汇率进行估价。原则上，这些数据包括货币兑换值[②]。该数据由世界银行的世界债务表汇编、国际货币基金组织的官方外汇储备币种构成及国际金融统计的资料编纂而成。这些数据都经过精确的检验，异常值经过了核实或更正，不能核实的极端值及不规则波动已从样本中剔除。

以各国持有的美元、德国马克、日元、英镑和法国法郎为储备总量额，我们用模型分别评价了美元、德国马克、日元和英镑在其中的份额[③]。采用 DLM 的方法，我们的基本研究思路是把特定货币形式的外汇储备份额与以下三种因素相联系：一国汇率的挂钩货币（区别美元挂钩、其他货币挂钩和复合挂钩）、以特定货币计价的外债偿还款份额以及该国与某一特定储备货币发行国的对外贸易（进出口总值）的份额[④]。和 DLM 相同，我们把一国的交易成本结构和参与外汇市场的交易规模作为其总资产头寸的决定因素，需要说明的是，总资产还包括该国持有的外汇储备。鉴于观测值有 0 的情形，所有的方程式都用托比特模型评估[⑤]。

---

① 样本构成由可得到的数据决定，样本随着国际货币基金组织成员国的变化而变化。

② 例如，当一国为提高汇率而发行日元债券时，其收入若兑换成美元，那么他们就会以美元的形式汇报其储备。

③ 这里没有评价法国法郎的份额是为了避免其结果对方程内在的加总性限制产生妨碍。如果我们分别测算这五种货币在所有包括次要货币和不明货币储备中的份额，那么法国法郎的第五个方程就不会破坏加总性限制。然而，鉴于前述不明货币的数据出现的问题，我们认为文中的处理更具安全性。

④ 注意，为了与 DLM 的原始研究相一致，我们的“其他挂钩”变量不包括法国法郎挂钩。当单独运算法郎储备方程时，为了检验一致性，我们才引入法郎盯住。

⑤ 虽然一国净外币资产头寸可能为负，但总资产头寸总是为正。我们在试图解释不同国家外汇总储备的份额时，因变量总是在 0 ~ 1 变动，因此使用托比特模型进行评估。

表 4.3 基准回归：因变量是一种货币在五种货币总量中的份额（括号中数据为标准差）

解释变量	美 元	德国马克	日 元	英 镑
常 数	0. 751 (0. 040)	0. 051 (0. 027)	-0. 036 (0. 022)	-0. 020 (0. 017)
其他挂钩	-0. 001 (0. 024)	0. 093 (0. 016)	0. 042 (0. 013)	0. 036 (0. 010)
美元挂钩	0. 060 (0. 028)	-0. 008 (0. 019)	-0. 047 (0. 015)	0. 002 (0. 012)
贸易方向				
与德国的份额	-0. 523 (0. 203)	1. 470 (0. 135)	0. 108 (0. 110)	0. 035 (0. 088)
与法国的份额	-2. 437 (0. 197)	-0. 438 (0. 140)	-0. 341 (0. 112)	0. 170 (0. 093)
与英国的份额	-0. 362 (0. 214)	-0. 251 (0. 145)	0. 103 (0. 119)	1. 011 (0. 091)
与美国的份额	0. 599 (0. 081)	-0. 355 (0. 055)	-0. 088 (0. 044)	-0. 147 (0. 036)
与日本的份额	-0. 599 (0. 176)	-0. 193 (0. 117)	0. 510 (0. 090)	0. 100 (0. 075)
计价货币债务				
德国马克	40. 853 (24. 251)	74. 405 (15. 904)	-5. 416 (12. 413)	4. 498 (10. 386)
法 郎	-40. 481 (13. 737)	-44. 333 (12. 492)	-9. 460 (8. 407)	-29. 746 (8. 578)
英 镑	-37. 697 (19. 392)	-23. 588 (12. 819)	-10. 956 (10. 450)	37. 024 (8. 143)
美 元	10. 472 (2. 898)	0. 168 (1. 932)	2. 129 (1. 513)	2. 341 (1. 237)
日 元	-32. 168 (19. 118)	48. 834 (12. 739)	84. 642 (9. 708)	17. 040 (8. 274)
判定系数（R^2）	0. 591	0. 415	0. 346	0. 376
样本总数	740	740	740	740

资料来源：国际货币基金组织官方外汇储备币种构成数据库。

结果证实，一国汇率与美元挂钩，该国外汇储备中的美元份额就相对较大；一国与其储备货币发行国贸易越多，该国就越倾向持有该种货币储备；一国以某一货币计价的外债越多，该国政府及中央银行就越有持有该种货币储备的意愿。一国外汇储备中的美元份额都积极地依据汇率与美元挂钩、与美国的贸易份额和以美元计价的债务份额而定，然而各货币间的交叉影响几乎都是负的。从这点来看，似乎只有美元和德国马克的债息支付能相互替代。在德国马克的方程式中，以美元计价的债务同样显示出积极的迹象，但这一系数在标准置信水平上不显著。相似地，英镑的方程式显示以美元和日元计价的债务可能增加而不是减少对英镑的需求，但是各国的贸易份额再次显示其显而易见的替代性。相同强烈的替代效应也出现在日元的方程式中。

为了证实该结果的稳健性，我们选择了另一组样本对这一关系进行评价，该组样本包括非特指货币储备至少占一国储备总量10%（基本上与表4.2的构成水平相当）的所有国家。对这一小样本的评估显示，参数估计和显著水平大致维持不变。这增加了我们的信心，因为在无法确定某些构成国家储备的重要性币种时，上述评价方法得出的结论也是适用的。

我们现在打破1985年和1990年的样本。前者便于与DLM的研究成果比照，后者强调了因新兴市场国家资本账户自由化和汇率逐渐灵活化而造成的近十年某些方面发生的改变（如果真的存在）（见图4.4）。表4.4和表4.5显示了其结果。

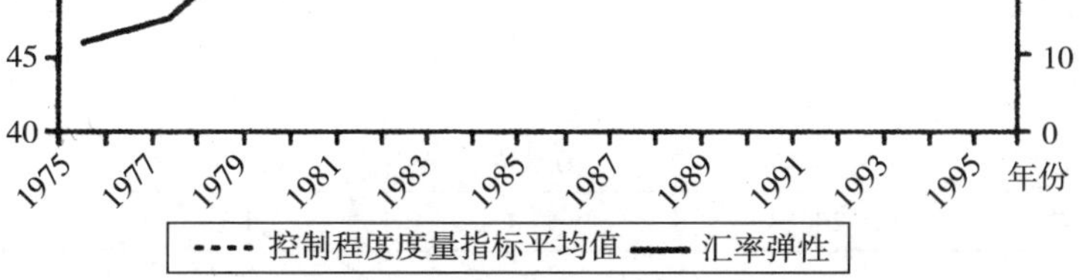

图4.4 发展中国家资本控制和汇率制度

表 4.4 回归分析（1979～1985 年）：因变量是一种货币在五种货币总量中的份额（括号中数据为标准差）

解释变量	美 元	德国马克	日 元	英 镑
常 数	0.381 (0.083)	0.093 (0.056)	0.089 (0.056)	0.082 (0.049)
其他挂钩	-0.124 (0.039)	0.045 (0.026)	0.029 (0.026)	0.033 (0.023)
美元挂钩	0.195 (0.038)	-0.003 (0.026)	-0.098 (0.027)	-0.0004 (0.0227)
贸易方向				
与德国的份额	0.946 (0.371)	1.024 (0.252)	-0.064 (0.253)	-0.568 (0.218)
与法国的份额	-1.927 (0.325)	-0.984 (0.244)	-0.988 (0.246)	-0.380 (0.216)
与英国的份额	-0.551 (0.322)	-0.189 (0.218)	0.053 (0.223)	1.094 (0.189)
与美国的份额	0.744 (0.148)	-0.281 (0.101)	-0.205 (0.102)	-0.253 (0.088)
与日本的份额	-0.026 (0.254)	-0.044 (0.170)	0.156 (0.163)	-0.206 (0.088)
计价货币债务				
德国马克	-50.894 (49.847)	159.352 (33.212)	-32.582 (34.031)	40.017 (29.162)
法 郎	-44.664 (19.972)	-25.208 (20.420)	-2.208 (12.694)	-51.010 (21.837)
英 镑	26.121 (24.762)	-26.564 (16.730)	-40.134 (18.197)	17.607 (14.337)
美 元	19.243 (3.981)	-4.815 (2.676)	1.812 (2.672)	0.443 (2.323)
日 元	4.489 (31.651)	59.894 (21.173)	56.596 (20.244)	12.636 (18.915)
判定系数（R^2）	0.684	0.356	0.226	0.410
样本总数	280	280	280	280

资料来源：国际货币基金组织官方外汇储备币种构成数据库。

表 4.5　回归分析（1986～1997 年）：因变量是一种货币在五种货币总量中的份额（括号中数据为标准差）

解释变量	美 元	德国马克	日 元	英 镑
常 数	0.795 (0.047)	0.043 (0.031)	-0.072 (0.023)	-0.045 (0.017)
其他挂钩	-0.027 (0.031)	0.110 (0.030)	0.050 (0.014)	0.030 (0.011)
美元挂钩	0.035 (0.044)	-0.066 (0.030)	-0.003 (0.020)	-0.007 (0.015)
贸易方向				
与德国的份额	-0.900 (0.234)	1.636 (0.154)	0.104 (0.112)	0.211 (0.083)
与法国的份额	-2.497 (0.257)	-0.148 (0.162)	-0.097 (0.117)	-0.085 (0.089)
与英国的份额	0.059 (0.288)	-0.194 (0.196)	0.061 (0.142)	0.857 (0.099)
与美国的份额	0.534 (0.099)	-0.284 (0.066)	-0.086 (0.047)	-0.106 (0.035)
与日本的份额	-0.592 (0.256)	-0.535 (0.167)	0.860 (0.115)	0.313 (0.088)
计价货币债务				
德国马克	64.051 (28.440)	53.238 (18.165)	0.361 (12.473)	-6.090 (9.708)
法 郎	-24.227 (21.773)	-51.971 (14.966)	-14.566 (10.393)	-19.480 (8.198)
英 镑	-75.641 (27.780)	-19.464 (17.948)	-0.440 (12.599)	47.917 (9.344)
美 元	16.414 (5.489)	-4.316 (3.623)	5.650 (2.467)	3.282 (1.897)
日 元	-62.508 (24.659)	63.903 (15.962)	74.934 (10.798)	7.063 (8.419)
判定系数（R^2）	0.575	0.500	0.502	0.405
样本总数	460	460	460	460

资料来源：国际货币基金组织官方外汇储备币种构成数据库。

图4.4显示了一种一般稳定性。在图显示期间内，新兴市场国家与储备货币发行国的贸易，对新兴市场国家该币种的储备份额产生的影响几乎不变。同样的情形发生在计价债券上。另外，如果打破1989年的样本（见表4.6和表4.7），图形的稳定性就格外显著。在整个期间内，负号交叉影响的数量几乎相等，这表明储备货币在中央银行资产组合中或多或少地仍充当替代品的角色。这种稳定性可能是我们最引人注目的发现——假如没有变化就是激动人心的。这种牢固的稳定性还基于另一个事实：大多数自变量（有别于系数的规模）的值也在整个期间内保持相对稳定①。

表4.6 回归分析（1979～1989年）：因变量是一种货币在五种货币总量中的份额（括号中数据为标准差）

解释变量	美元	德国马克	日元	英镑
常数	0.381 (0.073)	0.089 (0.048)	0.090 (0.049)	0.063 (0.037)
其他挂钩	0.108 (0.031)	0.071 (0.021)	0.030 (0.021)	0.046 (0.016)
美元挂钩	0.163 (0.033)	0.020 (0.022)	-0.080 (0.023)	-0.004 (0.017)
贸易方向				
与德国的份额	0.828 (0.302)	1.087 (0.202)	0.057 (0.206)	-0.272 (0.155)
与法国的份额	-1.786 (0.280)	-0.869 (0.208)	-0.936 (0.218)	-0.360 (0.161)
与英国的份额	-0.574 (0.271)	-0.179 (0.181)	0.090 (0.190)	0.902 (0.138)
与美国的份额	0.897 (0.119)	-0.402 (0.082)	-0.333 (0.086)	-0.231 (0.062)
与日本的份额	0.015 (0.227)	-0.177 (0.151)	0.008 (0.148)	-0.203 (0.116)

① 因此，Eichengreen和Frankel（1996）为货币构成和长期债务提供了这方面的证据。这一概括性的一个例外是货币挂钩的盛行，如图4.4显示，下文将讨论这一问题。

续表

解释变量	美 元	德国马克	日 元	英 镑
计价货币债务				
德国马克	24.682 (39.405)	156.38 (25.829)	-56.483 (26.641)	23.388 (19.978)
法 郎	-42.301 (15.463)	-23.120 (14.877)	-1.277 (12.484)	-34.752 (12.954)
英 镑	16.636 (21.065)	-24.273 (13.855)	-27.707 (14.990)	22.936 (10.606)
美 元	16.855 (3.569)	-4.310 (2.372)	2.743 (2.423)	0.242 (1.816)
日 元	-24.641 (22.183)	55.129 (15.039)	116.758 (12.851)	23.156 (11.865)
判定系数（R^2）	0.665	0.369	0.317	0.414
样本总数	420	420	420	420

资料来源：国际货币基金组织官方外汇储备币种构成数据库。

有几个变化值得探讨。美元方程式的常数项有上升的趋势，这不但反映了持有美元储备持续的吸引力和各国持有美元的稳定性，同时显示在20世纪80年代后五年，对美元持有的异常波动具有显性特征。假定其他条件不变，这种向美元的转变似乎是以减少德国马克、日元和英镑为代价的，但法国法郎却不受影响（通过附加额外限制条件推知）。DLM和我们的数据都明显表明，在整个1985年，汇率盯住美元的国家额外持有美元储备的倾向以及实行盯住其他货币的国家减持美元储备的倾向都十分强烈，但是在随后的时期，这一趋势就不那么明显了。显然，这一现象可以用金融市场的持续全球化和由该进程导致的交易成本的下降来解释，因为国家在稳定盯住美元的汇率时，利用其他币种储备进行干预或以其他币种储备换取干预所需美元资产的成本大大降低。事实上，我们对这种解释持怀疑态度，因为实行盯住其他货币汇率的国家都在持续增持德国马克、日元和英镑储备。我们更倾向于货币的升贬值效应没有干扰中央银行对储备币种份额的管理的说法①，因为

① 我们在本章第二节的开端谈论过此问题。

表4.4中并没有显著反映出这种趋势。

表4.7 回归分析（1990~1997年）：因变量是一种货币在五种货币总量中的份额（括号中数据为标准差）

解释变量	美元	德国马克	日元	英镑
常数	0.396 (0.081)	0.087 (0.054)	0.071 (0.056)	-0.077 (0.044)
其他挂钩	0.132 (0.037)	0.055 (0.025)	0.027 (0.026)	0.033 (0.021)
美元挂钩	0.191 (0.037)	0.014 (0.025)	-0.075 (0.027)	-0.004 (0.021)
贸易方向				
与德国的份额	0.719 (0.336)	1.068 (0.227)	0.026 (0.239)	-0.491 (0.182)
与法国的份额	-1.803 (0.316)	-1.031 (0.240)	-0.950 (0.250)	-0.442 (0.199)
与英国的份额	-0.735 (0.320)	-0.129 (0.215)	-0.212 (0.230)	1.036 (0.173)
与美国的份额	0.799 (0.138)	-0.317 (0.095)	-0.289 (0.102)	-0.241 (0.076)
与日本的份额	-0.060 (0.251)	-0.117 (0.168)	0.123 (0.168)	-0.213 (0.134)
计价货币债务				
德国马克	-18.468 (47.926)	175.075 (31.795)	-51.741 (34.213)	36.235 (25.744)
法郎	-48.471 (18.895)	-21.371 (18.156)	0.634 (13.514)	-38.087 (17.238)
英镑	34.370 (23.155)	-25.716 (15.452)	-32.717 (17.109)	15.991 (12.342)
美元	18.003 (3.910)	-5.919 (2.611)	2.684 (2.735)	0.306 (2.098)
日元	-1.918 (28.566)	68.145 (19.178)	85.854 (19.204)	18.047 (15.825)
判定系数（R^2）	0.668	0.387	0.210	0.410
样本总数	320	320	320	320

资料来源：国际货币基金组织官方外汇储备币种构成数据库。

利用这些参数，我们还能推断出向浮动汇率转变对不同币种储备需求的影响。因为所有小币种挂钩汇率中，大约一半都与美元挂钩，点估计显示，为了更大的灵活性而放弃盯住美元将出现减少美元储备份额的趋势。这一现象也或多或少地出现在德国马克和英镑储备上，而日元的情况则完全相反。这样看来，对美元、德国马克和英镑储备的需求会随着他国货币对其盯住而增加，而汇率制度向更大的灵活性转变则会使日元储备受益。

第四节 更深入的研究结果

下面，我们将试着进一步探讨近十年来对国际货币体系的运作产生影响的一些变化，包括资本交易自由化和国际金融市场自由化。

以有可兑换资本账户（由年度资金汇兑和贸易管制构成）的国家为样本，我们在先前的基本规定中加入一个虚拟变量，并在此基础上进行分析。对全样本（见表4.8）而言，似乎开放资本账户的发展中国家都有变更其外汇储备的货币构成的倾向，而且更加偏好美元和英镑储备，这两种货币的发行国拥有两个异常活跃的国际金融市场（在95%的置信度内，两个系数都极其显著①）。这一变更似乎都是以减少德国马克和法国法郎为代价的。如同上节一样，将样本打破进行分析，该结果在各种子区间仍然有效，但是有迹象显示货币构成向美元和英镑转变时是以减少日元为代价的。此外，资本账户自由化似乎是以有活跃的国际金融市场优势的国家为媒介进行的。

相对于纽约市场，我们把伦敦、巴黎、法兰克福、东京的3个月市场利率加入基本规定，以检测利率的作用。如表4.9所示，其结果不尽如人意：大多数参数都不显著且无意义，只在所有的三个相关情形中（德国马克、英镑和日元的方程式中）其自身利率相对于美国市场利率的参数为正。这些结果的缺陷并不出乎意料②，因为以干预为目的的储备通常表现为短期政府债券的形式（因此我们使用短期利率）。但是在如此短的期限内，抛补利差几乎为零，这意味着基金经理们只能在相似的收益率（如果收益真的存

---

① 对发达国家的分别回归可以得到相同的结果，唯一不同的是美元正参数在统计上无意义。

② 对发达国家的分别回归再次得到了本质上相同的结果。

在可观察到的差异）下进行操作。

表 4.8 基本规则中加入资本账户可兑换性因素：因变量是一种货币在五种货币总量中的份额

解释变量	美 元	德国马克	日 元	英 镑
常 数	0.734 (0.041)	0.055 (0.028)	-0.040 (0.023)	-0.030 (0.018)
其他挂钩	-0.001 (0.024)	0.093 (0.016)	0.042 (0.013)	0.036 (0.010)
美元挂钩	0.059 (0.028)	-0.007 (0.019)	-0.047 (0.015)	0.002 (0.012)
贸易方向				
与德国的份额	-0.612 (0.208)	1.490 (0.138)	0.086 (0.113)	-0.019 (0.090)
与法国的份额	-2.415 (0.197)	-0.442 (0.140)	-0.338 (0.112)	-0.156 (0.092)
与英国的份额	0.352 (0.213)	-0.251 (0.145)	0.103 (0.119)	1.015 (0.090)
与美国的份额	0.596 (0.080)	-0.354 (0.055)	-0.089 (0.044)	-0.149 (0.035)
与日本的份额	-0.554 (0.176)	-0.204 (0.118)	0.521 (0.091)	0.126 (0.075)
计价货币债务				
德国马克	45.313 (24.285)	73.283 (15.959)	-4.155 (12.501)	7.193 (10.371)
法 郎	-41.032 (13.690)	-44.083 (12.471)	-9.626 (8.401)	-30.111 (8.513)
英 镑	-42.956 (19.521)	-22.245 (12.936)	-12.463 (10.608)	33.899 (8.168)
美 元	9.389 (2.924)	0.343 (1.945)	1.925 (1.531)	1.765 (1.245)
日 元	-36.073 (19.161)	49.707 (12.783)	83.692 (9.765)	14.850 (8.248)
开放性资本账户	0.040 (0.020)	-0.010 (0.014)	0.010 (0.011)	0.024 (0.009)
判定系数（R^2）	0.591	0.416	0.345	0.383
样本总量	740	740	740	740

资料来源：国际货币基金组织官方外汇储备币种构成数据库。

表 4.9 基本规则中加入利率因素：因变量是一种货币在五种货币总量中的份额

解释变量	美 元	德国马克	日 元	英 镑
常 数	0.790 (0.054)	0.086 (0.036)	-0.020 (0.030)	-0.033 (0.024)
其他挂钩	0.011 (0.024)	0.093 (0.06)	0.043 (0.013)	0.036 (0.011)
美元挂钩	-0.088 (0.028)	-0.011 (0.019)	-0.044 (0.016)	0.001 (0.012)
贸易方向				
与德国的份额	-0.384 (0.203)	1.498 (0.135)	0.127 (0.112)	0.021 (0.089)
与法国的份额	-2.285 (0.197)	-0.420 (0.140)	-0.321 (0.114)	-0.187 (0.093)
与英国的份额	0.237 (0.214)	-0.260 (0.145)	0.117 (0.121)	1.008 (0.092)
与美国的份额	0.618 (0.080)	-0.322 (0.055)	-0.083 (0.045)	-0.150 (0.036)
与日本的份额	-0.401 (0.181)	-0.181 (0.120)	0.531 (0.095)	0.094 (0.078)
计价货币债务				
德国马克	23.252 (24.562)	74.100 (16.053)	-6.902 (12.801)	5.484 (10.603)
法郎	-38.283 (13.373)	-39.688 (12.150)	-9.407 (8.405)	-29.021 (8.554)
英镑	-21.520 (19.683)	-14.614 (12.906)	-8.031 (10.729)	35.080 (8.347)
美元	15.614 (3.227)	-0.572 (2.144)	2.583 (1.731)	2.199 (1.393)
日元	-30.254 (19.433)	58.348 (12.903)	86.353 (10.090)	15.229 (8.479)
利率差异				
德国—美国	0.017 (0.005)	0.004 (0.004)	0.002 (0.003)	0.0001 (0.002)
法国—美国	-0.007 (0.004)	-0.008 (0.003)	-0.001 (0.002)	-0.002 (0.002)
英国—美国	-0.021 (0.007)	-0.013 (0.005)	-0.005 (0.004)	0.005 (0.003)
日本—美国	0.007 (0.008)	0.0003 (0.006)	0.003 (0.005)	-0.004 (0.004)
判定系数（R^2）	0.602	0.433	0.344	0.385
样本总量	740	740	740	740

资料来源：国际货币基金组织官方外汇储备币种构成数据库。

第五节　欧洲货币联盟及其储备需求

欧元的出现，可能是20世纪70年代以来影响各国储备需求的最重要一次发展。这一观点被 Bergsten（1997）、Alogoskoufis 和 Portes（1997）、Portes 和 Rey（1998）所主张。欧元区人口超过2.2亿（据统计超过了美国人口），他们的日常生活都要使用欧元。欧元区居民在国际贸易中比美国居民更加活跃：在欧元区，进出口总额占产出和收入的25%，而美国只有20%。欧元的出现将会创造一个庞大的欧洲金融市场，其规模甚至超过了美国。欧盟各国公布的数据显示，至1995年底，该市场的债券、股票和银行资产总计约达27万亿美元，而相比之下美国的数据“只有”23万亿美元。这是为什么欧元能取代美元的另一个论据。

1997年的年度数据并不能阐明这些假设，因为在抽样期期末，欧元问世仍存在疑问。然而，没有足够的证据显示，1999年新兴市场国家（或其他国家）会大规模地将美元转变为欧洲货币①。不论以欧元计价的有价证券如何繁荣，即使超过了这一新货币最热烈的支持者的预期，上述的转变都不会发生。

有两种观点解释了为什么不会出现这种转变，但就这两种货币关系的未来而言，两种见解又给出了各自不同的暗示。一种观点认为，1999年对美元、德国马克和法郎的稳定需求反映了决定储备币种需求要素的稳定性（上文已论证）。一些拥有大量储备资产的中央银行——例如，中国内地和中国香港的中央银行——继续实行与美元挂钩的汇率制度②，我们提出的所有证据都表明挂钩汇率制与储备持有行为有很大的关联性。更普遍的是，受长期习惯性持有的影响，中央银行储备的货币构成变动缓慢。在一个连带外

① 尽管 Bergsten 和一些人对各欧洲货币急剧升值的预测与事实不符，但这反映了欧元计价资产的相对供给发生了与预计一致的变化，而需求却没有改变，在这种情形下，三国集团的中央银行开始关注双边汇率，防止其大幅波动。另一个例外是，欧洲货币联盟各成员国本身对各欧洲货币储备的需求有所下降；1999年欧洲中央银行公布了年初欧洲货币联盟储备的平仓。

② 译者注：自2005年7月21日起，我国开始实行以市场供求为基础、参考一篮子货币进行调节、有管理的浮动汇率制度。

部效应的环境中，没有一个中央银行愿意第一个主动对其储备资产组合进行重新配置，因此币种构成变化微乎其微成了现有的储备份额的一大特征。最后，各国中央银行时刻都在追求价格稳定政策以维护其良好形象，这也成为影响其储备币种结构的因素之一。因此，在欧洲中央银行将自己的形象定格为价格和财政的维稳者，欧盟成员国对新的货币安排进行政治承诺之前，他国中央银行一直保持着现有储备的货币构成。

另一种观点认为，俄罗斯债务拖欠之后的资本逃险、所有长期资本管理基金的失败及欧洲经济的周期性衰退，这些因素暂时延缓了美元储备大规模向欧元转变的进程，同时导致欧元的表现低于市场预期。一旦欧元疲软，新兴市场国家的中央银行都不愿意改变其资产组合中的美元储备①。正如Montagon在1999年亚洲开发银行年会上发表文章指出的那样，“包括全球七大储备持有国其中五国在内的亚洲各国均对欧元态度冷淡，因为自其问世以来，欧元表现一直疲软”。作为亚洲第一个发行欧元计价债券（当年3月）的国家，菲律宾希望建立欧元储备以应对欧元区日益增长的贸易及债务交易，但其中央银行一名高级官员也作出了与蒙塔格相同的评论，该时机“取决于欧元何时能趋于稳定”②。

现在，各方的中期预测达成共识：随着欧洲增长快于美国，欧元对美元会日益坚挺，储备份额的重新分配这一一直被推迟的进程终将开启。正如Roach（1999，第2页、第3页）在其著作中写道：“很多官员都提醒我由美元向欧元转变的资产分配即将到来……亚洲各国的货币储备总量已经接近6 500亿美元……美元计价资产的这种变更应该不会轻易进行。这些家伙仍然看重美元，相信我，事实上他们都在考虑如何躲避这一世界上最大的国际债务人。”

然而，本章的论据和观点没有表明短期内储备份额将彻底地被重新分配。未来，各国中央银行和其他国际投资者的美元结余可能会有所下降，正如1997～1998年出现一定程度的上升一样，但是我们没有任何理由预期将会出现大规模的重新分配。

---

① 此外，1999年，路透社在这方面对中国进行了大量的实况报道。

② Montagon，1页，1999。

利用我们的数据，可以对欧洲货币联盟（以下简称 EMU）成员国储备的下降程度进行估测，这种下降是由于货币联盟的建立而造成的。随着单一货币的出现，欧盟成员国不再需要持有储备来缓冲货币联盟内部的国际收支对经济的冲击，就如同联邦储备局不需要通过持有外汇储备来减缓 50 个州之间的贸易和金融流通扰动一样。由于在货币联盟国之间没有汇率变化，一个成员国初始的国际收支逆差将导致初始本地利率上升，从而引起来自其他成员国的资本补偿性地流入该国，因而不需要储备资产来缓冲来自这些账户的冲击①。以前一些学者认为，这将导致欧洲外汇储备的急剧减少。欧盟委员会的早期估计（1990）显示，EMU 的外汇储备将减少大约一半（因为欧盟内部交易账户占货币联盟成员外部交易的一半）。最近，Frankel 和 Sondergaard（1999）也作了评估，他们的方法是先将欧洲各国的储备持有回归到进口量（一个常数项），然后计算出欧盟内部进口量以构建出预测值，其评估结果是针对于可比经济体而言的。在 EMU 启动前夕，欧洲中央银行体系（European System of Central Banks，ESCB）储备总量的一半由各欧盟成员国的货币构成，这意味着联盟参与国的各中央银行没有必要买卖储备。

我们的评估结果显示，欧元的出现对欧洲货币联盟的外汇储备的影响甚微，这与各国稳定的储备需求的背景相一致。利用工业国的数据，我们将其储备总量的对数与盯住汇率的选择、贸易方向、经常账户的开放、出口额的对数和 GDP 对数进行回归（见表 4.10）②。通过控制储备需求的附加要素（区别于其他研究者），关于出口额的储备弹性的估计值在 0.2（20 世纪 70 年代和 20 世纪 80 年代）到 0.1（20 世纪 90 年代）之间。这表明，EMU 将减少 ESCB 的储备数量，减少量是 EMU 内部外汇准备金平仓操作实际减少额的 1/10 ~ 1/5③。与先前的预测相比，这些估计值表明，欧元区将进行持

---

① 假定货币联盟是可信的并且无论在主权还是商业上，是无视信用风险的。

② 汇率安排选择的两个标准是：弹性汇率和货币/复合盯住汇率，但不包括美元和法国法郎盯住[包括像欧洲货币体系（European Monetary System，EMS）一样的合作协定，在工业国样本中这一安排控制着该变量]。

③ 这两种汇率变量的参数显示这一影响应该可以理解为一种上限（an upper bound）。从我们的结论可以推得，弹性汇率制国家应该持有额外储备以缓和市场动荡对其货币的冲击，跟合作协定汇率制的欧洲货币体系相比更应如此。这表明，欧洲中央银行或许也需要积累额外储备从而可以干预融资以减少外汇市场的汇率变动。

续性经常账户收支顺差和/或进口金融资本的操作，由此带来的外汇收益将充分地被欧洲中央银行吸收，直到这一差额消除为止。

表 4.10 储备总量的决定因素，工业国因变量使用储备总量的对数

解释变量	所有时期	1990 年内	1990 年后
常 数	-0.795 (0.404)	-1.227 (0.503)	2.344 (0.519)
弹性汇率	0.180 (0.070)	-0.072 (0.095)	0.249 (0.076)
非美元、法郎盯住	-0.442 (0.174)	-0.218 (0.445)	-1.378 (0.170)
贸易方向			
与德国的份额	1.605 (0.380)	1.807 (0.513)	-0.148 (0.452)
与法国的份额	6.311 (0.766)	6.080 (1.117)	4.123 (0.768)
与英国的份额	2.063 (0.443)	2.605 (0.513)	-0.481 (0.643)
与美国的份额	-0.506 (0.230)	-0.527 (0.292)	-0.836 (0.259)
与日本的份额	-1.107 (0.595)	0.047 (0.697)	-3.344 (0.763)
其他要素			
开放性资本账户	-0.262 (0.076)	-0.336 (0.110)	0.059 (0.090)
出口量的对数	0.205 (0.079)	0.232 (0.105)	0.124 (0.086)
GDP 的对数	0.593 (0.071)	0.600 (0.091)	0.482 (0.081)
判定系数（R^2）	0.888	0.886	0.939
总样本数	340	192	148

资料来源：国际货币基金组织官方外汇储备币种构成数据库。

第六节 其他问题

在本节中，我们分析更多与储备需求相关的问题。

一、黄金需求

我们并没有明确地把黄金作为外汇储备的替代物来进行分析。事实上，面对货币和金融环境的潜在变化，中央银行稳定的黄金需求仅仅是其对各种储备稳定需求的一个组成部分。自20世纪70年代以来，黄金与国际货币体系和各国货币脱钩。正如人们所希望的那样，发达工业国通货膨胀的萎缩和制度的改革（如加强中央银行独立性）营造了一种低通货膨胀的新环境，黄金作为通货膨胀避险工具的吸引力已经消失。随着国际金融市场的进一步融合，人们可以在该市场中选择各种各样的金融资产，其风险和回报的特性都高于黄金。各国中央银行都在追求一种能在增加收益的同时减少风险的资产组合，它们可能仍想要持有市场投资组合（按照标准差原则），而没有更多理由去持有黄金。

然而，各国中央银行已经明显放慢了将持有的黄金兑换成有息国外资产的步伐。一些国家，如美国和意大利，它们的国际储备半数以上仍由黄金构成。总的来说，国际货币基金组织成员国的黄金持有量总体保持稳定。对于工业国、发展中国家、国际债务国和国际债权国来说，情况都是如此。

通过把各国黄金储备数据（来自《国际货币基金组织年报》）加入上文分析过的数据中，我们得出了这种结论。接着，我们以发展中国家的660个观测值为样本，估计了决定黄金储备在储备总量中份额的要素。当我们打破1989年的样本后，其结果再次印证了本章广泛的主题，即传统习惯难以被打破。从整个期间来看，对于那些汇率盯住美元或其外债多以美元计价的国家来说，它们储备总量中的黄金份额最高。相反，黄金储备的份额与其他货币盯住汇率和资本账户的开放毫无关联①。

---

① 我们怀疑盯住美元的重要性反映了一小部分国家的行为，他们不但汇率盯住美元而且持有大量黄金储备，如中国内地和中国香港。

可以肯定的是，最近有证据显示这一持有习惯正在开始改变。国际货币基金组织各成员国中央银行以金衡制单位盎司计量的黄金储备在 1997 年下降了两个百分点[①]。比利时和荷兰中央银行曾抛售其库存黄金，以压低国内物价。瑞士也宣布了相关计划。英格兰银行宣布了 415 吨的黄金销售计划，超过了其黄金储备的一半，并在 1999 年 7 月 6 日销售了最初的 25 吨。国际货币基金组织宣布了 1 000 万盎司的销售计划（最终以非市场形式销售）。在某种程度上，这类行为反映出不同寻常的因素：欧洲中央银行通过合理化其储备资产组合，已承担起稳定汇率和金融的职责，欧洲各中央银行借此开始抛售黄金储备；而国际货币基金组织受到其主要股东的限制，它们忙于从其他渠道筹措用于减免债务的资金。与此同时，这类行为也似乎真地反映了中央银行控制黄金的这一传统思维正在逐渐改变。

在 1999 年中期，由于中央银行的介入，黄金价格下跌到每盎司 250 美元，这是 20 年来的最低水平。欧洲十五国中央银行对此作出了回应，当年 9 月它们发表了一份限制黄金销售的联合宣言，约定接下来的五年内黄金销售量不得超过 2 000 吨，每年不得超过 400 吨[②]。同时，国际货币基金组织宣布了调高其黄金储备兑换价格的计划，停止了黄金储备在公开市场上的销售。这些特殊措施的目的在于：其一，试图阻止惊慌失措的中央银行不顾一切地首先离场而压低金价的行为；其二，间接收回对高负债黄金生产穷国的援助。但是，这为我们提供了一个范例：各国中央银行和国际货币基金组织有能力阻止国际货币系统中的基本储备构成发生根本性转变。

二、预防性储备与短期债务

费尔德斯坦（1999）鼓励新兴市场国家积累外汇储备，以应对资本突然外流引发的破坏性影响。格林斯潘（1999）同样建议一国储备持有量应等于未来 12 个月内到期的所有短期债务之和。他们指出，拥有大量储备的国家和地区（如中国台湾）曾成功地经受了亚洲金融危机的考验。

---

① 1998 年该储备异常上升了 8 个百分点，但这主要是由于欧洲中央银行向货币联盟的 11 个发起国返还了欧洲货币单位储备的黄金份额引起的。

② 瑞士和英国之间已经承诺销售大约 1 700 吨黄金，这使得其他 12 个中央银行只有 300 吨的销售量。

下列数据或许也暗示了上述观点。与表 4. 10 对发达国家的数据分析相似，我们对发展中国家样本作了以下处理：把储备总量的对数（黄金和外汇储备之和）回归为与表 4. 10 相同的解释变量（总出口和 GDP 的对数是经济规模的两个度量标准）。我们的兴趣在于查明是否存在下述事实：因资本账户开放而易受资本突然流出冲击的国家是否存在大量持有储备的倾向。我们将结果反映在表 4. 11 中。该表第二列显示，20 世纪 70 年代和 80 年代[①]，开放资本账户的发展中国家存在持有额外储备的倾向。随着开放资本账户的发展中国家的储备数量被其他新兴市场国家超越，这一倾向在 20 世纪 90 年代开始逆转。这至少暗示着：就 20 世纪 90 年代的危机而言，问题不但出在开放资本账户政策上，而且在于出台该政策时相关国家没有积累充足的储备。

表 4. 11　储备总量的决定因素，发展中国家的因变量使用储备总量的对数

解释变量	所有时期	1990 年内	1990 年后
常 数	-1. 760 (0. 291)	-2. 642 (0. 477)	-1. 581 (0. 368)
弹性汇率	0. 280 (0. 099)	0. 361 (0. 136)	0. 389 (0. 143)
非美元、法郎盯住	-0. 265 (0. 107)	-0. 033 (0. 140)	-0. 393 (0. 205)
贸易方向			
与德国的份额	1. 979 (0. 816)	4. 220 (1. 285)	0. 158 (1. 048)
与法国的份额	0. 679 (0. 628)	1. 560 (0. 930)	3. 298 (0. 944)
与英国的份额	0. 044 (0. 878)	1. 271 (1. 209)	-1. 303 (1. 356)
与美国的份额	0. 697 (0. 317)	0. 722 (0. 508)	0. 377 (0. 424)
与日本的份额	0. 521 (0. 693)	2. 404 (0. 948)	-0. 308 (1. 164)

① 虽然在标准置信水平下，相关变量的协方差并不显著异于零。

续表

解释变量	所有时期	1990 年内	1990 年后
其他要素			
开放性资本账户	-0.098 (0.079)	0.125 (0.117)	-0.267 (0.105)
出口量的对数	0.624 (0.063)	0.775 (0.088)	0.406 (0.097)
GDP 的对数	0.345 (0.059)	0.219 (0.080)	0.551 (0.093)
判定系数（R^2）	0.760	0.753	0.796
样本总数	735	420	315

资料来源：国际货币基金组织官方外汇储备币种构成数据库。

虽然如此，人们仍有理由质疑“费尔德斯坦—格林斯潘告诫”。为应对短期外部债务而持有的储备成本很高，这是因为美国长期国债承担的利率低于泰国或韩国的银行存款利率。Grenville（1999）指出，“格林斯潘的建议提出了一个问题，即如果一种短期借款的收益（在比借款成本低的收益率下）应作为储备积存，那么，首先，这一短期债务为什么有用呢?”如果短期外币借款的风险需要很高的防范成本，难道回避这一借款不是更好的选择吗？内部解决方案受到经济学家们的偏爱，他们建议两方面同时操作（持有更多储备的同时尽量限制短期债务）。

其次，不管多大规模的储备相对于整个市场的流动资产来说都是渺小的存在，信心危机会导致投资者将短期国外负债和整个 M_2（广义货币供应量）转移到国外。将这些债权转换成外国货币使得一国中央银行维持货币盯住汇率的成本高昂。当然，这种怀疑论不应过分。鉴于新兴市场国家在一场危机中总是无法取得借入资本，它们可以选择其他工具来平滑任何必要的汇率调整①。

最后，如 Dooley（1997）提出的那样，大量储备会激发息差交易。主要货币中心国的利率有低于新兴市场国家的趋势，这些国家近期（1999 年前

① 当然，这要假定他们足够聪明，不会试图以最后的美元储备来捍卫一个被高估的汇率。

后已经稳定并开放资本账户)，这会鼓励国外投资者将资本投入该国。储备量越大，投资者的信心就越足，因为市场情绪转变或银行系统受迫时，充足的储备能使其毫无损失地逃离。因此，银行间贷款越多，银行业危机的社会代价就越高。

虽然我们承认这种观点的有效性，但是解决这一问题的最优方法似乎是：为金融机构投保，利用谨慎的监管和控制来限制债务的发行；课征资产流入税（虽然有瑕疵）以限制短期债务在其他部门堆积；不要持有较低水平的储备，这会导致国家连中等程度的冲击都不能抵御。虽然有上述告诫，我们仍希望那些刚从危机中恢复的国家能够持有更大规模的储备。

第七节　结论与含义

与国际货币体系结构和运作的其他方面相比，国际储备的货币构成并没有受到同样的关注。本章我们回顾了 20 世纪 70 年代、80 年代和 1990 年各国的货币构成，并分析了我们认为重要的问题。与其他学者的预测不同，我们并没有发现储备的货币构成将随着时间的流逝发生根本性变化。发展中国家对储备资产的选择，仍受到汇率与储备货币发行国金融及商业关系错综复杂的影响，但其自身也会逐渐发展。可以肯定的是，这些政策和关系都会不断变化，以下转变尤为显著：向资本流动性增加转变，这似乎对美元和英镑有利，美国和英国拥有庞大而活跃的国际金融市场；向汇率灵活性增强转变，这似乎对美元和欧洲各国货币不利，而对实行传统盯住汇率的新兴市场国家和日本有利。但它们都是进化的过程，这又表明储备的货币构成将逐渐地不断地变化。大量潜在的不稳定因素会影响汇率及国际货币体系。但是，储备需求的不稳定似乎不会成为影响欧洲货币联盟的因素之一。

联合国大学发展经济世界研究所（UNU/WIDER Conference）于 1999 年 11 月 11 日至 12 日在赫尔辛基举办了主题为“国际货币和金融体系的未来”的国际会议，本文正是为该会议而准备。在此，我们要感谢 Sylvia Iorgova 和 Ken Wood 对文中数据提供的相关帮助。Charles Wyplosz 和两位匿名的审阅人提供了有益的意见。

参考文献

[1] Alogoskoutis, George, and Portes, Richard (1997), "The Euro, the Dollar, and the International Monetary System", in Paul R. Masson, Thomas H. Krueger and Bart G. Turtelboom (eds), *EMU and the International Monetary System*, Washington, DC: IMF.

[2] Bergsten, C. Fred (1997), "The Impact of the Euro on Exchange Rates and International Policy Coordination", in Paul R. Masson, Thomas H. Krueger and Bart G. Turtelboom (eds), *EMU and the International Monetary System*, Washington, DC: IMF.

[3] Bordo, M. and Eichengreen, B. (1998), "The rise and fall of the barbarous relic: The role of gold in the international financial system", NBER Working Paper No. 6436, March.

[4] Dooley, Michael P. (1997), "A Model of Crises in Emerging Markets", NBER Working Paper No. 6300, December.

[5] Dooley, Michael P., Lizondo, J. Saúl and Mathieson Donald J. (1989), "The Currency Composition of Foreign Exchange Reserves", IMF Staff Papers 36, 385 -434.

[6] Eichengreen, Barry (1998), "The Euro as a Reserve Currency", *Journal of the Japanese and International Economies* Volume 12, 483 -506.

[7] Eichengreen, Barry, and Frankel, Jeffrey (1996), "The SDR, Reserve Currencies, and the Future of the International Monetary System", in Michael Mussa, James Boughton, and Peter Isard (eds), *The Future of the SDR in Light of Changes in the International Financial System*, 337 -377, Washington, DC: IMF.

[8] European Central Bank (1999), "The International Role of the Euro", *Monthly Bulletin*, August, 31 -54.

[9] Feldstein, Martin (1999), "Self-Protection for Emerging Market Economies", NBER Working Paper No. 6907, January.

[10] Frenkel, Michael, and Sondergaard, Jens (1999), "How Does

EMU Affect the Dollar and the Yen as International Reserve and Investment Currencies?", unpublished manuscript, WHU Koblenz and Georgetown University.

[11] Greenspan, Alan (1999), "Remarks by Chairman of the Board of Governors of the Federal Reserve System before The World Bank Conference on Recent Trends in Reserve Management", Washington, DC, April 29. Published in Robert Pringle and Benedict Weller (eds), *Reserve Management and the International Financial System*, London: Central Banking Publications.

[12] Grenville, Stephen (1999), "Financial Crises and Globalisation", Reserve Bank of Australia, available at http://www.rba.gov.au/speech/sp_dg_150799.pdf.

[13] International Monetary Fund (1999), *Annual Report*, Washington, DC: IMF.

[14] Kiyotaki, Nobuhiro, Matsuyama, Kiminori and Matsui, Akihiko (1993), "Toward a theory of International Currency", *Review of Economic Studies* Volume 60, 283 -307.

[15] Masson, Paul, and Turtelboom, Bart (1997), "Characteristics of the Euro, the Demand for Reserves, and International Policy Coordination Under EMU", in Paul Masson, Thomas Krueger, and Bart Turtelboom (eds), *EMU and the International Monetary System*, 194 -224, Washington, DC: IMF.

[16] Montagon, Peter (1999), "Asia Spurns Weak Euro in Favour of Dollar", *Financial Times*, May 3, 1.

[17] Portes, Richard, and Rey, Helene (1998), "The Emergence of the Euro as an International Currency", NBER Working Paper No. 6424, February.

[18] Reuters (1999), "China Eyes Euro Reserves Despite Weakness", April 12, 6: 42 Eastern time, http:/Ibiz/yahoo.com/rf/99041 2/dp.html.

[19] Roach, Stephen (1999), "Alan Greenspan, Where are You?" *Global Economic Forum* (October 14), http://www.ms.com/GEFdata/digests/latest-digest.html.

[20] Roger, Scott (1993), "The Management of Foreign Exchange Reserves", BIS Economic Paper No. 38, July, Basel: BIS.

5 Chapter

第五章

印度储备银行的储备管理

Y. V. Reddy 博士
印度储备银行前副行长

之所以要探讨这一话题主要是基于以下几个原因。首先，新兴经济体全球化进程的加快、资本流动的提速，以及国内外金融市场一体化的逐渐深入，正重新引起全世界的决策者们和学术界的关注 。20 世纪 90 年代初期令众多发展中国家深陷泥潭的债务危机，1997 年东南亚的金融危机，以及最近在阿根廷爆发的货币危机，将众多与外汇储备相关的棘手难题摆在了决策者们的面前。

其次，在众多国家陷入一系列的债务—银行—金融危机的背景下，多边机构，特别是国际清算银行和国际货币基金组织提出了多项关于国际金融体系构架的倡议。围绕着关于政策、管理以及透明度等一系列问题，与外汇储备相关的若干事项已成为这些倡议中重要的组成部分。

再次，印度国内对于本国的外汇储备水平也有着较大的关注，相关文章经常见诸各类金融报刊、经济期刊和研究论文中。而学术界从宏观经济政策、金融稳定、财政或准财政影响等角度出发，对于外汇储备水平的直接与间接成本及收益的认识也存在一定的分歧。

此外，在行长 Bimal Jalan 的领导下，印度储备银行采取了主动沟通的政策，因而对于这些相关问题，表达来自印度储备银行官方的观点也是有必要的。

最后，对于这个课题我本人也曾实际参与过并且饶有兴趣。1990 ~ 2002 年，对于和外汇储备相关的一些问题而言，这对我来讲可以说是一段先苦后甜之旅。1990 ~ 1991 年，我供职于坐落在马德里北区的财政部，负责在一个不确定且较低的外汇储备水平之下，确保有足够的现金余额来满足日常多至上百万美元的外汇支付。在这样窘迫的情形之下，连国家尊严都受到了威胁，与外国机构之间的关系也颇为尴尬，这样的经历对我本人的民族自尊心来说无疑是个很大的触动。

另外，在过去的十年中为了构建一个自由化的外汇体系，我们这些参与到改革过程中的人都清楚地意识到政策和外汇储备管理变革的每一步所需要作出的判断以及其中蕴涵的风险。在那段时期，在外债存量没有太大增加的情况下，外汇储备额度剧增。与之形成鲜明对比的是，20 世纪 80 年代，外债特别是短期外债一路上扬，而外汇储备却将近枯竭。事实上在 1956 年到 1992 年，除了其中 6 年之外，印度一直都在面对着国际收支平衡的困难。然而近十年来，即便对外账户自由化，全球性货币危机以及国内的政局动荡接踵而来，这一问题却再也没有出现过。

本章将会介绍一些基本的概念以及与印度相关联的一些理论和实务方面的问题。这其中包括：什么是外汇储备？为什么要持有外汇储备以及政策是如何演变的？怎样才是一个适当的储备水平？储备状况如何由储备充足率的各项指标体现出来？进而本章还将集中探讨外汇管理的若干个方面，如印度储备银行对于准财政赤字以及沟通政策的应用。文中还进一步详细探讨了一些与政策和外汇储备管理相关的问题。最后在结论部分中，从对未来展望的角度表达了一些我个人的想法。由于问题所涉及的广度以及众所周知的复杂性，本章所涉及的内容大部分只是一些大致的描述，而没有更为深入地讨论一些技术上和学术上的细节。

关于外汇储备的主题可以大致分为两个相关联的领域，分别是储备理论和储备管理。储备理论包括持有储备资产在制度和法律上的安排、概念和定义、持有储备资产的目的、汇率机制和对适当的外汇储备水平的概念化。基本上，储备的理论框架给出了持有外汇储备的理由。而储备管理主要基于投资组合管理方面的考虑，例如，如何最合理地运用外汇储备资产。在储备管理中，建立投资组合主要需要考虑的原则包括安全性、流动性和收益性。而制度和法律安排方面，不同国家一般都有其各自的特点。对于这些区别之处，在处理储备管理操作和决策的重大问题时应予以重视。

第一节　什么是外汇储备

从概念上来说，对于外汇储备并没有一个特定的定义，因为对于外汇储备所包含的项目、资产的所有权、流动性方面以及对于自有和非自有储备的区分等的一系列看法上都存在着一些分歧。不过出于政策和操作上的原因，大多数国家采用了国际货币基金组织（IMF，1993，2001）提出的定义。这一定义表述为：储备是货币当局所掌控的，可随时用于直接为对外支付不平衡提供资金（或通过间接地在外汇市场中进行干预来调控这一不平衡的规模）进而影响货币的汇率，以及货币当局为应对其他一些原因所持有的对外资产。

通常测算国际储备的方法需要考虑非货币当局可支配的国际储备资产。然而，包括银行和法人组织等社会机构所持有的外币和证券没有被计入官方持有的国际储备中。

在印度，印度储备银行《1934 年法案》中包含许可条款，规定印度储备银行可以作为外汇储备的托管人按照规定的目标来管理储备。这一条款将作为外汇储备托管人的权力写进了法案第一版的序言中。这里的“储备”形式包括了银行部门中的黄金资产、发行部门持有的外国证券以及以“银行储备”形式持有的国内储备。法案中还规定了外汇储备的构成、最基本的储备体系构架以及国家储备能够运用的一些工具和证券。

简而言之，这个法案以极为严谨的方式清楚地阐明了印度外汇储备包括哪些组成部分、由谁来管理、如何去运用等之前提到的问题。从根本上说，印度储备银行作为外汇储备的托管人，遵循着印度政府的整体政策框架对外汇储备进行经营管理。

第二节　为什么要持有外汇储备

理论上，持有外汇储备主要出于三个动机：交易、投机和预防。交易动机主要来自私有银行为应对国际贸易带来的货币流动所产生的需求。类似地，投机动机主要来自个人和企业。而中央银行储备通常被认为是应对突发交易的最后外汇来源，这一功能也就是持有外汇资产的预防动机。与货币的需求相似，持有外汇的预防动机，与财富及弥补计划外赤字的成本正相关，而与替代资产的回报率负相关。

从政策的角度来说，显然将用于交易的储备进行集中所带来的规模经济能够使国家受益，同时也能当做“战备资金”以官方储备的形式持有，以满足预防动机的需要。此外，外汇储备还是维持和管理汇率的工具，能够有效地吸收国际间货币和资本的流动。简而言之，持有官方储备主要是出于预防和交易动机，以国家的整体利益为关注重心，实现外汇的供求平衡，通过干预的方式为国家对外交易能力提供信心上的保证。

储备资产可以定义为货币当局作为托管人所持有的资产，委托人是主权政府。对货币当局而言，持有储备资产的动机可能会与货币政策的目标相脱离，因为政府持有储备的目标往往不仅限于货币当局的目标。换言之，最终体现出来的持有储备资产的目标同时受到作为托管人的货币当局以及作为委托人的政府各自目标的影响。然而，有时候，外汇储备会被当做一种便利的机制，被用于政府采购商品及服务，偿还政府的外币债务以及应急备用，有时候还会被作为收入的来源。

那么印度外汇储备的主要政策目标是什么呢？这些目标很难用十分准确的说法来表达，也不大可能把所有的目标按照优先程度进行排序。大致说来，政策目标可以概括为以下几点：（1）维护对货币政策和汇率政策的信心；（2）增强在外汇市场上的干预能力；（3）在遇到如全国性灾难或紧急情况等危机的时候，通过保持外币的流动性来抵御冲击，以限制外部波动；（4）为市场特别是信用评级机构提供信心，保证外债能够被偿还，以降低每一个市场参与者获取外汇资源的总成本；（5）用对外资产给本币提供担保，强化市场参与者的信心。

在正式文件中，印度储备银行法案中对储备管理的目标也有所涉及，在序言中相关的部分叙述为“货币体系为国家利益服务，着眼于维护货币稳定”。这个表述可以解释为维持货币稳定，也就是内部和外部的稳定，这意味着储备管理的总目标是保持汇率稳定。内部稳定表明储备管理不能脱离国内宏观经济的稳定和经济增长。“货币体系为国家利益服务”是指通过储备管理的过程能够使得整个国家或者说整体经济的收益最大化。这个目标不但给储备管理的操作提供了很大的自由度，也给判断国家需要什么和如何更好地满足这些需要提供了一个动态的视角。换言之，经济回报或者持有并维持储备的经济成本和收益之间的权衡并非储备管理唯一的或是先决的目标。

第三节 印度储备管理政策的变革

印度的储备管理直到1991年的国际收支危机发生前基本上都遵循了传统方式，即维持在一个适当的进口水平下，足够支付若干个月的进口额。例如，印度储备银行1990~1991年度报告中指出，1990年12月底储备减少到只够支付3周进口额的水平。这种着重于进口支付的观念一直占据着主流直到1993~1994年。其后作为汇率管理的一部分，在C. Rangarajan博士主持的国际收支高级委员会的建议下，储备管理的方式更确切地说是外部部门政策发生了范式上的变化。作为成员秘书，我有幸参与起草了当时的报告。报告中清晰阐述了对于这些问题的一个综合性观点并对外汇储备提出了有针对性的建议。相关内容摘要如下：

“在以往的实务中，认为理想的储备水平应该是年进口额的一个比例——如3个月或者4个月的进口额。然而当大量的交易和支付发生在进口货物所在区域之外的地区时，这种方式可能会不足以应对。因此用来清偿短期债务或中期债务的本金和利息会上升。委员会建议在决定储备的目标水平时，在考虑进口水平之外还需要同时关注债务的支付。委员会建议，外汇储备目标应确定在大致能够满足3个月进口额的水平之上。”［引自印度储备银行（1993年）出版的《国际收支高级委员会报告》段落6.3］

委员会认为，决定适当的储备水平需要考虑的因素包括：能够确保在国际金融和贸易中，对国家偿付债务和维持贸易金融交易能力的信心维持在一个合理的水平；在所有的国际收支交易中都要考虑到由于印度所处的季风带所带来的可能的具有不确定性的季节性因素的需要；能够在外汇市场中用来对冲交易对手的投机倾向或是带有预见性的行动；有能力维持外汇储备使得实现流动性的成本降至最低。”［引自印度储备银行（1993年）出版的《国际收支高级委员会报告》段落6.4］

随着市场决定的汇率机制的引入，正如印度储备银行在1995~1996年度报告中提到的，储备管理方式也随之发生了变化。在强调满足进口支付的同时，还需要以缓和汇率波动作为辅助目标。这一辅助目标反映了所处的市场状况。

在东南亚国家货币危机的背景及众多国家应对汹涌的跨国资本流动的经验的启示下，印度储备银行 1997 ~ 1998 年度报告重申了需要考虑的众多因素，认为尤其值得考虑的是在不确定的外汇市场中提前或推迟支付/收入模式的改变。报告中也强调了除了储备规模，储备资产质量也非常重要。为了突出强调这一点，报告提到了无妨碍储备资产（定义为储备资产减去妨碍事项，如承付款项、对国内机构的信贷额度、担保以及其他的或有债务）必须随时可用，以满足当局不同目的的需要。

出于外债的审慎管理，印度储备银行的政策是将远期债务保持在一个从总储备占比来说相对较低的水平上。对储备的审慎管理也体现在保持远期负债在一个可控的限度之内。这些内容在印度储备银行 1998 ~ 1999 年度报告中着重进行了讨论。

印度储备银行 1999 ~ 2000 年度报告中指出，对印度外汇储备管理的种种方式体现了国际收支组成部分的变化、不同类型流动所包含的流动性风险以及其他一些要求。这其中，流动性风险这一概念的引入尤其值得注意。

“储备管理的政策建立在许多可知因素以及其他偶发事件的基础之上，特别包括了经常项目赤字的规模和短期负债（包括长期贷款的当期应偿款项），投资组合可能的波动性，其他类型的资本流动，以及由于回流的印度侨民外汇存款引发的外部冲击和运动对国际收支造成的非预期的压力。”［引自印度储备银行（1993 年）出版的《国际收支高级委员会报告》段落 6. 30］

由于近年来对外汇储备审慎管理的重视，印度储备银行在 2000 ~ 2001 年度报告中详细说明了与“流动性风险”相关联的几种资本流动。报告指出由于资本流动特征的改变，传统的以进口支付来评估储备充足率的方式已经得到了扩展，增加了一些考虑规模、组成结构、不同类型的资本流动的风险特征以及一些经济易受影响的外部冲击的参数。Jalan 行长最近关于货币和信贷政策的讲话（2002 年 4 月 29 日）给出了关于储备管理方式最新的全面的观点，这个观点有着重要的意义：

“为了确保即便在长期的不确定性之下储备仍然能够在较长的一段时期内偿付‘流动性风险’，一个足够高的储备水平是必不可少的。鉴于这些考量，印度的外汇储备目前是非常充裕的。”（第 23 段）……“当前的国家安全环境进一步凸显了充足储备的必要性。我们需要继续确保在不考虑短期储备水平波动的情况下，长期储备额与经济增长、风险调整资本流动的规模和国家安全的要求保持一致，使我们能够更加安全地应对突然发生的不利的或者难以预料的状况。”（印度储备银行，2002 年 4 月 29 日，第 24 段）

以上讨论针对的是所考虑的问题的演变，或者说是印度储备管理方式范式的变化。这个变化使单一指标进而变成一揽子或多重指标。储备管理的政策建立在多个因素之上，其中一些因素是不能够量化的，并且每个因素各自的权重也会随着时间而不断变化。

第四节　什么是适度外汇储备

持有储备最基本的动机导致不同的适度外汇储备水平决定框架。经济学家努力构造出一个最优的保持适度外汇储备水平的框架。有一种观点认为，当边际社会成本与边际社会收益相等时，储备处在最优的水平上。也有观点认为，当储备的边际生产力加储备资产利息等于实际资源的边际生产力时，储备水平达到最优。在此框架下汇率稳定成为储备管理的先决条件。由于储备的成本收益存在多种计量方法，这些决定最优水平的方式为设计出一些衡量适度外汇储备水平的指标提供了广阔的视野。

有四套指标可以用于衡量储备的充足率，每一套指标都从特定的角度对充足率的状况提供了解释，但单独的一套指标不足以充分地说明流动性状况。

第一，基于货币的指标包括储备/广义货币和储备/基础货币。该系列指标衡量了一种货币基于本国居民的资本外流的可能性。不稳定的货币需求或是脆弱的银行体系可能会带来更大的资本外流的可能性。然而基于货币的指标也存在着一些缺陷。在国家间，当货币需求稳定并且对本币信心充足时，对本币的需求将会上涨，因而储备/货币相对来说会比较低。因此，较大的货币存量对于储备表面看来似乎说明很可能存在资本的外流，但事实上这并不是一个好的实际资本外流的预测指标。同样，基于货币的指标也不能全面地描述国内资本外流的可能性。此外，实证研究发现，基于货币的指标与国际危机的发生和深度之间的关联度较弱。

第二，基于贸易的指标。通常基于贸易的指标是以储备维持进口的月数来定义的，它提供了一种简单的方式通过经济的规模和开放程度来度量储备的水平。可以直观地理解为，一个国家在其他出入资金都停止的情况下，能够继续维持当前进口水平下进口的月数。这种度量方法关注的是经常账户，与小规模经济体关系密切。通常这类国家对于资本市场的参与程度以及受其影响的程度都较为有限。对于众多资本账户规模较大的开放经济体，进口支付度量方式可能并不适合。

第三，基于负债的指标。这一指标是在国际危机的环境下新近提出的。若干个研究证明储备/剩余期限的短期负债是识别金融危机的较好指标。基于负债的指标对于测算国际资本市场的风险很有帮助。由于剩余期限的短期负债度量了下一年中所有偿还给非居民的债务，因此这个指标较好地度量了一个国家面对资本市场失衡时被迫作出调整的紧迫程度。研究显示，这个指标对于那些参与资本市场程度较深但带有一定不确定性的国家而言是度量储备充足率最重要的单一指标。

第四，一些更新的度量储备充足率的方式认为，可以将经常账户和资本账户合并起来作为有效的流动性风险的度量。特别引起注意的是盖杜蒂法则，这一法则在各国中央银行官员间得到了广泛的认同，这其中包括格林斯潘。这个规则假定短期负债比率与预测的经常账户赤字（或是以预期的借债来度量）一起能够作为一个很有用的指标来衡量一个国家在外部失衡的情况下不依靠外债能够维持多久。在实践中，盖杜蒂法则认为国家应该持有足以确保在不能借入新的外债的情况下能够维持 12 个月的对外资产。这表明可用的外汇储备应该超过计划摊销的外币债务（假设下一年中不通过发行新债来偿还旧债）。

格林斯潘（1999）认为“流动性风险”法则在几乎不存在一个完全的不干预的汇率政策的情况下，考虑了一个国家可能面对的可预测的风险以及储备量累积的成本收益权衡分析。

相应地，一个国家的流动性头寸可以通过相关的金融变量如汇率、商品价格、信贷息差等计算得到。“流动性风险”这一概念在不同的论坛中被广泛地讨论过，然而似乎并没有得出特别的应用方法。这些还有待于各个国家和机构自行探索适合它们自己的方式。

第五节　印度的外汇储备水平

印度决定外汇储备充足率的方式经历了过去一些年的发展，特别是在国际收支高级委员会具有开创性的报告提出之后，Jalan 行长结合全球的不确定性，国内经济和国家安全，对流动性风险的决定进而对储备充足率的评估进行了集中的阐述。在此，只是归纳一下与之前提到的那些储备充足率指标相关的情况，而不单独对充足率作出判断。

外汇储备包括三个项目：黄金、特别提款权（SDRs）和外币资产。截至 2002 年 5 月 3 日，在 556 亿美元的总储备中，525 亿美元的外币资产占了主要部分。黄金的份额大约为 30 亿美元。1991 年 7 月，作为储备管理政策的一部分以及筹集资源的手段，印度储备银行临时以黄金为抵押进行贷款。因此在遇到外部危机的时候，黄金储备在储备管理中起着重要的作用。自那时起，黄金在储备管理中便处在一个被动的位置。

外汇储备水平从 1991 年 3 月底的 58 亿美元稳步增长至 2002 年 3 月底的 541 亿美元，到 2002 年 5 月 3 日这一数字进一步增长到 556 亿美元。传统的以贸易为基础的储备充足率度量指标即进口支付（定义为储备和商品进口之比的 12 倍），从 1990 年 12 月底极度萎缩的 3 周的进口额，增加到 2002 年 3 月底的 11 个半月的进口额。

以基于货币的指标来说，印度储备银行的净外汇资产与公众持有的货币的比例从 1991 年的 15% 激增至 2002 年 3 月底的 109%。净外汇资产与广义货币（M_3）的比例增长了 6 倍多，从 3% 上升到 18%。

基于负债的储备充足率指标在 20 世纪 90 年代得到了显著发展。短期负债（原始到期期限在一年以内的债务）与外汇储备的比例持续下降，从 1991 年 3 月底的 147% 降至 2001 年 3 月底的 8%。资本流动波动，定义为累积投资组合资金流入加上短期负债与储备之比，这个指标从 1991 年 3 月末的 147% 下降到 2001 年 3 月底的 58.5%。作为持续性外债头寸的一部分，短期负债部分从 1991 年 3 月底的 10% 减少到 2001 年 3 月底的 3%。类似地，偿还债务规模与经常性收支之比已经从 1991 年的 35% 下降到了 2001 年的 16%。

第六节 国际储备管理

近年来，对于储备管理的关注逐渐增多，究其原因主要有以下几点：第一，欧元作为美元的替代货币的出现；第二，许多中央银行脱离黄金的动向；第三，汇率机制的改变；第四，对于储备充足性观念的改变以及储备在危机防范中的作用；第五，国际货币基金组织在计算融资缺口时对“储备目标”的实际使用。各类论坛上对透明度和可说明性的强调，以及最近国际货币基金组织发布的对这一问题的指导方针，都是对这一课题关注程度的佐证。

在操作上，储备管理是一套程序，来确保有充足的官方公共部门国外资产供当局掌控并可随时使用，来实现国家一系列的既定目标。储备管理机构通常有责任来管理储备以及与之相关联的风险。一般来说，储备管理机构都由中央银行来担任，因此储备管理的目标常会受到质疑，因为这些目标中可能会同时包括货币当局的目标和投资组合管理者或是储备托管人的目标。作为货币当局，中央银行的首要目标是确保总体的宏观经济金融稳定尤其是外部的稳定。而作为托管人，中央银行的主要目标是确保流动性、安全性和储备配置的回报率。

在考虑储备管理的问题时，持有储备的收益和成本要持续地受到考察。从收益的角度来说，最近的国际金融危机表明持有和管理足够的储备以及披露足够的信息可以让市场帮助国家来防范外部危机，尤其是由资本账户问题所引起的危机。人们逐渐意识到储备在危机防范以及缓冲外汇市场管理压力中所起到的作用，并给予储备管理在国家经济政策中超过以往的更为核心的地位。保持一个高水平的储备能够帮助克服外部冲击，但同时也会带来机会成本。持有外汇储备的机会成本是因资源用于购买储备而没有用于增加本国的资本所放弃的投资。国内资本的边际生产力即为持有储备的机会成本。储备管理试图在持有储备获得收益的同时最小化机会成本。

各国的储备管理的目标都不尽相同，一个近期对选出的一些国家所作的关于储备管理操作的调查（国际货币基金组织，2001）在这个问题上提供了很好的启示。第一，大多数国家持有储备以支持货币政策。在确保外汇市场的流动性以缓和外汇市场过度的短期波动这一首要目标上，一些国家采取谨慎的方式进行干预。相对小一些的国家持有储备主要是出于满足对外支付不均衡的交易动机的考虑，当然也是一种财富的积累。持有储备以削减不利的外部冲击的预防性动机对于大多数国家来说是隐含的目标，然而也有一些国家直接表明了这一目标。很少有国家直接用外汇储备来作为货币发行的货币基础来维持货币和金融体系的稳定和健全。

从政策的角度来说，持有储备来支持货币政策的目标对于大多数国家来说都是相同的。而对于很多新兴经济体来说，持有储备的目标主要是为了维持国际间对于其短期偿还债务的信心以及货币财政政策的信心。

第二，大多数国家的债务管理和储备管理政策之间都存在着非正式的协调机制。作为非正式协调机制的一部分，大多数国家会把外债指标特别是短期和长期债务的期限组合作为储备管理的一部分。

第三，对于透明度和披露标准，许多国家都遵从国际货币基金组织的特殊数据公布标准（SDDS）的要求。大多数国家会在中央银行年度报告或者其他政府报告中按年度公布外债和储备的数据。

第四，流动性和安全性（低风险）作为储备管理目标的一部分，在大多数国家的储备管理机构中得到共识。而回报率的目标则在大多数国家的储备管理中居于次席。

第五，大多数国家使用参照标准来管理储备的货币构成，尽管关于储备货币构成参照标准的信息并未对外公布。只有几个国家公布了所采用的参照标准规范的信息。

第七节　印度的外汇储备管理

印度对于外汇储备管理的法律规定是在《印度储备银行法》和 1999 年《外汇管理法》中作出的。这些法案也同时指导为确保外汇市场的有序环境而进行的公开市场操作，作为货币当局所行使的权力以及作为托管人管理外汇资产。

在实践中，除了政府偶然会出售黄金给印度储备银行之外，对黄金的持有基本上没有发生过变化。黄金储备一直遵循着被动管理的原则。目前外币储备的增加主要来自于印度储备银行从授权的交易商（如公开市场操作）处购得，另一部分来自于印度储备银行持有的资产组合中外汇资产的收益（如投资于所选货币的适当的投资工具）。《印度储备银行法》规定了印度储备银行允许运用其持有的储备进行投资的类型。政府账户收到的援助款项也会进入到储备当中。外币的流出主要是通过向授权的交易商出售外币。有时候，储备需要向指定用户提供外汇作为应对外汇市场上不规则需求的战略的一部分，尤其是在不确定性很强的时期。购买和出售外币的净效应是决定外汇储备水平的主要因素，这其中也包括远期市场上的买卖（规模通常很小）。

在操作上，储备水平取决于买卖交易的结果，同时储备水平也是汇率政策的目标之一，因此这个问题需要站在汇率管理全局的角度进行考虑。汇率是由市场的供求所决定的。汇率管理的目标是确保卢比的外部价值反映了持续的经常账户赤字所表明的经济基本面的情况。针对这一总目标，汇率政策的实施由三个目的所指引：第一，减少汇率的过度波动同时确保波动在一定区间内有序；第二，帮助维持充足的外汇储备水平；第三，本着健康发展外汇市场的原则，消除市场约束。基本上，政策着眼于防止市场上突击性的投机，同时促进任何许可目的的外汇以市场汇率进行交易。印度储备银行在外汇市场上进行外币的买卖主要是为了平抑脆弱的外汇市场中不规则的需求或供给。大规模的需求波动主要是由于石油进口、提前和延后交易以及政府账户上的外债支付。这类出售和购买不受预设的目标或区间汇率的约束。

印度储备银行进行储备投资组合管理的基础是确保安全性、流动性和回报的最优化。印度储备银行会参考政府的意见对储备管理的策略进行持续的检查。在对储备进行投资时主要关注的方面有货币的构成、期限以及所使用的工具。所有的外币资产都会被投资在最优质的资产上，并且很大一部分应该能够在短期内转换成现金。与之进行交易的对手也要通过严格的选择程序选出。在评估投资获得的回报时，需要考虑总体回报（包括利息和资本利得）。在储备积累过程当中，如不规则需求和供给的情况则通过采取适当的免疫策略予以消除。在外币资产投资到海外市场的过程中，有几方面的风险值得注意，分别是信用风险、市场风险和操作风险。当然，没有一个固定的模式能够满足所有的情况，因此印度储备银行运用公认的投资组合管理原则进行风险管理。

第八节　外汇储备与准财政活动

中央银行施行一系列的准财政活动（QFAs）。准财政活动定义为中央银行实施的一种操作或措施，其效果理论上能够由预算措施以显性税收、补贴或直接开支所替代，并且可能会对中央银行的金融操作产生直接影响。广义来说，准财政活动也包括特别的活动，如那些与汇率、公开市场操作和现金准备金率相关的活动，既有财政的含义却又不能在预算中直接代替显性税收和补贴。中央银行的准财政活动主要源自它作为金融体系中的监管者，政府的银行以及外汇体系中监管者的角色。作为外汇体系中的监管者，中央银行的准财政活动通常是与汇率以及用于抵消非正常的跨境资本流动影响的货币回收操作相关的。

准财政活动的影响很难量化。第一，这种影响是和其他操作的影响混在一起的，因而它在中央银行的资产负债表上所反映的是一个整体的效果，所以不可能将它对资产负债表的影响和其他操作的影响分开。第二，在有管理的利率机制下，市场出清率不能准确地被预测出来，因此很难估计这一操作中涉及的补贴和税收的成分。第三，准财政活动是在持续不断地进行的，包含为数众多的交易，因此度量起来几乎是不可能的。第四，特定的准财政活动的影响，如信贷限额以及汇兑相关的方法是不确定的。

一般而言，中央银行的回收干预可以被认为是包含对资本流动的流动性影响，对中央银行来说通常涉及低回报资产与高回报资产间的权衡。不难理解，由于利差，投入外汇所得的收益会略低于公开市场出售政府债券的利息损失。

第九节　沟通政策

在广义的货币框架、财政政策和金融政策下，透明度和披露问题构成了储备管理的重要方面。和所有相关的信息一样，政策也是通过多种渠道阐明的，这其中最重要的是行长对于货币信贷政策的陈述。行长和副行长们的讲话是政策分析、行动和意向的重要来源。印度储备银行的年度报告提供了对于印度储备银行观点可靠的意思表述，因为里面包含的都是董事会一致同意的意见。货币和金融的报告给出了印度储备银行专家们的研究成果。阶段性出版物、新闻稿和讨论文件也是信息的重要来源。

印度储备银行定期提供与外汇市场操作相关的合适数据，还在每周的统计副刊（WSS）上发布每日的汇率数据、远期升水、外汇成交额等信息。印度储备银行外汇储备的行动也都每周发布。印度储备银行的公告栏会延迟一个月公布名义有效汇率（NEER）和实际有效汇率（REER）的数据，银行在外汇市场上买卖的数据以及储备中未偿还的远期债务的数据等。印度储备银行同时还在公告栏中公布分别基于5个国家贸易数据和36个国家贸易数据的名义有效汇率和实际有效汇率。在公布每月的总干预规模（买卖）以及净远期债务头寸方面，印度储备银行在众多发展中国家和工业化国家的中央银行中一直以来都保持领先。每日的美元及欧元的参考汇率，四种主要货币（分别是美元、英镑、欧元和日元）的中间汇率，也都可以在印度储备银行的网站上找到。

作为特殊数据公布标准的一部分，国际货币基金组织给遵照特殊数据公布标准的各国规定了披露国际储备和外币流动性的数据模板。印度储备管理的方式尤其在透明度、披露、可说明性以及外汇储备的数据公布等方面一直紧跟国际标准和守则。印度是采用特殊数据公布标准模板公布外汇储备详细数据的49个国家之一。数据模板提供了包括货币构成、外汇储备投资以及远期头寸在内的一系列参数。这些数据每月都会在印度储备银行网站上公布，并且自2001年10月起，可以在国际货币基金组织的特殊数据公布标准网站的“国家部分”上查到。

第十节　问题

在政策问题上通常有五类问题需要考虑：充足率、成本、收益、管理方面以及信息公布。

一、政策问题

首先，一个重要的问题是是否所有的对外资产都可供随时动用。印度对于外币资产的管理确保了这一可用性。然而对于大部分的黄金（黄金本身只占官方储备的很小一部分）来说，其质量并非国际金融市场上所能够立刻接受的形式。在可预见到的将来，黄金也不可能作为储备来使用。尽管如此，印度依然设计了一套机制使得部分黄金储备能够转换成可用的外币。还有一个额外的问题与增加或减少黄金在储备中所占比例的政策以及黄金管理的方式相关。从外汇储备累积的角度看，黄金在我们的储备中的所占比例正在下降，并且持有和管理的相关政策都是被动执行的。

其次，对许多中央银行来说，一个常见的问题是详细说明与外汇储备相关的政策目标所带来的好处。在印度的要求和实践中充分说明了维持稳定是所有目标的重中之重，但这一目标的细节应该随环境变化。在介绍印度政策演变时我们解释过，我们采取的是一个基于多指标方式的非常动态的观点。在这个背景之下，由 Jalan 行长在最新的货币信贷政策讲话中对背景和目标进行详尽的介绍是十分适宜的。因为这个讲话补充了之前对政策和管理的报告以及之后的年度报告。在政策讲话中阐明的主要目标是通过表明观点来鼓舞和支持金融市场对我们流动性头寸的信心，抑制外汇市场波动和促进金融稳定。

二、充足性或适度水平

第一，政策上最为关注的一点就是要维持对中央银行提供流动性的能力的信心。然而并没有一个准确的方式来定义信心因素在何种程度上会被削弱。在实践中，决策者需要对以下几个方面作出判断：（1）信心受损后恢复的难度；（2）市场参与者对增量变化的重视胜过总量；（3）在无承诺且不受约束的情况下得到授权时所体现出来的动用储备的意愿。因此对储备水平的管理在很多方面和储备水平本身一样重要。

第二，还需要对外汇储备水平是否能够缓解国内经济基础的脆弱状况作出判断。这种缓解的作用可能会因为经常账户赤字的不可持续或者汇率过度高估而无法实现。例如，有说法认为较高的储备水平在某些情况下可能会给金融部门的脆弱或者高水平的国债提供担保，或者是鼓励了宽松的金融政策与财政政策。

第三，由于资本的外流不容易估算，许多储备充足率指标时常会判断出储备的枯竭是由非居民引起的，然而实际引起的因素却是由于居民造成的。因此国内对储备水平的看法强化了对资本外流引起的储备下降的承受能力。经验显示，货币的信心危机通常都源自本国居民。

第四，贸易中的提前和延后支付甚至是无形交易都会严重影响市场的供给和需求，特别是当市场的发展还不充分时。在这种提前和延后支付大量存在的情况下，如何正确评估储备充足率呢？如果应用自由量裁的管理方式能够有显著的影响，那么用于缓和提前和延后支付所需的储备就能够减少了。

第五，当供给和需求具有不规则性，就像印度的情形一样，外汇储备必须用来满足暂时的外汇市场错配。在这种情况下，外汇储备水平的增量变化相应地也会很大。分析人员和媒体都有一种倾向，对外汇储备减少的负面反应要大大强于对储备增长的正面反应。高的储备水平可能会给储备的小规模变动带来更大的操作空间。

第六，人们普遍觉得来自于私人部门的临时信贷额度是可以通过协商获得的，因此需要维持的实际外汇储备水平也可以相应地下调。而国际货币基金组织的临时信用额度（CCL）也有相似的效果。印度还没有动用过这一信贷额度，并且其他使用过该信贷额度的国家的经验也不是很令人满意。

第七，政府层面上的双边或多边关系也给遇到困难的时候可供使用的外汇来源带来了一些启示。换言之，地缘政治因素从官方部门通过双边或多边渠道提供了可供应急使用的外汇来源。印度一直都在不断地反复评价获取此类来源的能力，但对外汇储备充足性的评估不应基于市场中对于经济预期的改变，或是政府和官方部门中的预期。简言之，一个现实的问题是，有多少判断性的、非经济的以及非市场的因素与评估外汇储备充足率是相关联的？

三、成本和收益

第一，一个与储备水平相关的首要问题是，度量持有储备的总体经济成本和收益的范围。虽然边际社会成本或机会成本的概念在分析上很有用，但计算上的困难导致其无法度量。

第二，如果假设持有储备的直接财务成本是外债利息与储备的对外资产回报之差，这个成本就必须当成是保证和维持能够获得流动性的信心的保险溢价。这个溢价的收益不仅避开了风险，也获得了比许多私人参与者借贷时所能获得的更高的信用评级和更小的价差。而适当的储备水平的成本通常是和一些收益相联系的。不过这二者都很难以财务或者经济的方法来度量。

第三，如果储备水平被认为严重偏高，则对外汇资产回报的要求可能胜过流动性要求，由此来降低持有储备的净成本。

第四，通过比较外汇储备回报和外债成本来计算持有储备的成本，可能表明外汇储备的增加是由借入外债所带来的。在印度，近几年几乎所有储备的增长都是在保持总外债水平几乎不变的情况下实现的。

第五，对于增加或不增加储备的成本和收益，应该从一个中期的观点来评估。例如，如果在未来对于获取必要储备的能力存在不确定性，一国可能会偏向于早些获取这些储备。事实上，跨期考虑充足率同考虑外汇储备的成本收益一样是需要的。

第六，有必要对当资本流动较强的时候，不通过公开市场操作增加储备的成本进行评估。换言之，外汇储备的成本和收益可能和在货币市场和外汇市场上进行的公开市场操作有关，而不仅仅是和储备水平本身有关。简言之，成本收益不仅来自于对储备水平的管理，也来自于中央银行的公开市场操作。

四、管理方面

首先，健全的法律体系和机构安排是必需的。印度储备银行在充当储备所有人和托管人的时候，操作中需要咨询政府的意见，这一点是毋庸置疑的。

其次，印度储备银行没有法定权力向非官方部门借入或者设定外部信贷额度。在这一点上是否有必要对法律进行修改呢？类似地，对黄金储备进行动态管理以优化回报率方面还有其他一些法律约束，这是否应该取消呢？对于改变法律体系的犹豫反映出保守思想的根深蒂固。

再次，印度储备银行与政府之间在官方和私人部门外债的规模、组成和期限等方面进行了密切的协作。这样的协作关系明显促进了储备管理效率的提升。

最后，在货币、汇率和储备管理方面的协作极为重要。它确保了通过货币信贷政策以一种综合的方式进行公开的操作和阐述。

第十一节 相关思考

第一，对于近五年来适度的储备增长，有几个重要因素的贡献，但这些在外部政策评论中都没有被提到过。黄金进口的自由化将很大一部分非官方进口和外汇市场引入到了官方部门，并且大大降低了汇兑中的交易成本。事实上，外汇市场的良性发展得益于这种方式，并且也使得在外汇市场上干预的效率得到了提升。此外，自动货币化的废除以及政府借贷的市场化给冲销资本流入提供了机会。换言之，大规模的资本流动可以被外汇储备所吸纳，而不会给外汇市场或货币市场带来严重的波动。实际上，最近几年，印度储备银行有数次通过和政府间适当的安排将自己的投资组合中的非流通政府债券（特别是国库券）转换为可流通的债券，以增强公开市场操作能力。金融市场在管理资本流动和外汇储备当中所起的重要作用，应该受到重视。

第二，应当考虑一下未来储备水平的增长前景。必须意识到，有两个因素在最近一段时期对储备产生了重要影响，分别是远低于期望中的占每年GDP 2%的可持续水平的经常账户赤字，以及持续的资本流入，尤其是非债务产生的资金流，而这或多或少是计划中的。在这样的背景之下，如在第十个五年计划的探讨文件中所预测的那样，给平均约占GDP 2.8%的经常账户赤字提供资金支持，资本流动规模的增长率至少需要相当于目前水平的两倍。正如在印度储备银行2000～2001年度报告中指出的，这表明了净资本流动必须从第十个五年计划初始年份的100亿美元增加到最终的400亿美元，或者在计划期内年均200亿美元。

从政策的角度来说，这一协调具有两面性。为了推动这样的资本流动，国际投资者的信心是很重要的。而为了维持国际上对于该国支付头寸能力的信心，一个较高的储备水平是很重要的先决条件。然而，这样的资本流动一旦发生，关注重点将会集中在如何吸收这样的流动以及相关的货币影响。政策协调必须到位以保持持续的经常账户赤字与持续的经济增长同步并维持充足的外汇储备。

第三，在这方面，一个有趣的问题是，是否存在这样的情况，即仅仅为了增加外汇储备而需要求助于外部借款。文献中有种观点为这种行为提供了依据，尤其是当问题牵涉到恢复或维持外债的信用评级信心的时候。类似地，当通过这种方式来影响市场情绪时也需要采取这样的行为。最后，在给出了同时增加外汇储备和外债的总影响的情况下，就能够得出在什么情况下这种操作是最有用的了。

第四，是否存在其他通过维持储备来管理流动性的方法呢？对此，进一步对“国家流动性”这一概念进行探索（国际清算银行，2000）显然是有益的。最近发生过的危机都显示出国家不仅会因为政府和中央银行的对外资产和负债，也会由于私人部门的银行甚至公司的外币负债而遭遇流动性问题。本币和外币债务的一个重要区别是当局可以提供近乎无限的本币流动性，但供应外币流动性的能力则有很大的制约。这个问题引起了对广义的“国家流动性”概念的思考，尽管出于政策目的编制的国家资产负债表还具有争议。有种截然相反的观点认为，外部赤字和债务是私人部门决定的结果而并非因为政府借债，因此与决策者关系不大。这种观点可能被工业化国家所接受，因为它们通常能够获取无风险价差的国际流动性。然而，对新兴经济体来说，对国家资产负债表和国家流动性还存在着一些争议。经济体中一些部门大规模的净借款可能会导致国家风险溢价的增加，进而抬高所有借款人支付的利息价格。为了对抗这种外部性，有一种解决办法认为可以通过某种形式向对外借款征税或是施加一定管制来将成本内部化。此外，如果一国无法从资本市场获取资金，汇率将会失调，并且会被强制立即偿还外币债务，进而导致更深的衰退。在最近几次危机中，私人部门的外债决定会在多个方面对财政管理和官方部门的资产负债表产生影响。因此，政策很重要的一个方面就是官方部门是否以及该如何构建自己的对外资产和负债时考虑私人部门的债务期限以及货币错配的情况。

当然，国家资产负债表的概念也同样产生了几个难以处理的问题，这些问题不仅与私人部门外部资产抵消负债有关，而且在一定程度上也与他们的外汇敞口完全反映脆弱性有关。尽管所有这些和国家资产负债表相关联的事情存在一定复杂性，但是对这种方式的探索能够在充足率和管理方面给予与储备相关的政策以有益的指导。

最后，近来（2002 年 3 月）在墨西哥召开的“金融与发展”会议上，有一种观点受到了一定关注。这种观点认为，可以发行一种全球性货币“世界美钞”作为美元的替代成为各国的储备。各国所持有的“世界美钞”可以给发展中国家为其发展项目以及世界性公共产品如环境计划、健康倡议、人权援助等项目提供资金。

对于那些获得的资金不足以充实储备的国家，这种新的世界货币进入到储备之后能够为这些国家释放一部分储备所占用的美元。而对于那些得到的资金超过其储备所必需金额的国家，它们可以用这些新货币兑换传统货币。逐渐所有的新货币都能够通过不同途径进入到储备中，这实际上代表了各国间在彼此遇到困难时互助的承诺。有观点认为，这种“世界美钞”的提议设想资金的流动会根据需要流向穷国，从而对世界经济增长、稳定和公平作出贡献。或许，作为正在进行的与国际金融体系相关实践的一部分，应该对这个想法进行深入研究。

第十二节　结论

总体来说，外汇储备的理论和实践与其他当代的经济问题一样复杂。尽管对所有当前争论的与外汇储备管理政策相关的问题给出答案并不容易，印度从困苦的 1991 年到宽松的现在走过了一段漫长的旅程。依靠着辛苦的努力和审慎的政策实施，印度模式在新兴市场国家间得到了认同。

本章是 2002 年 5 月 10 日 Reddy 博士在新德里召开的应用经济研究国家会议上的发言稿。Reddy 博士向 R. K. Pattnaik 博士提供的帮助表示感谢!

参考文献

［1］ Bank for International Settlements（2000），“Managing Foreign Debt and Liquidity Risks”，BIS Policy Papers No. 8-September 2000，Basel：BIS.

［2］ Greenspan，Alan（1999），“Current policy issues in reserves management”，at The World Bank Conference on recent trends in reserves management，Washington，DC April 29 1999. Published in Robert Pringle and Benedict Weller

(eds), *Reserve Management and the International Financial System* London: Central Banking Publications.

[3] International Monetary Fund (2001), "Guidelines for Foreign Exchange Reserve Management", Washington, DC: IMF.

[4] Jalan, Bimal (1999), "International Financial Architecture: Developing Countries' Perspective", 49th Anniversary Lecture, Central Bank of Sri Lanka.

[5] Reserve Bank of India (Various years) *Annual Report*, 1990 - 2001, Mumbai: Reserve Bank of India.

[6] Reserve Bank of India (2002), "Monetary and Credit Policy", April 29 2002, Mumbai: Reserve Bank of India.

[7] Reserve Bank of India (1993), "Report of the High level Committee on Balance of Payments", Chairman: Dr. C. Rangarajan, Mumbai: Reserve Bank of India.

[8] Reserve Bank of India (1934), "Reserve Bank of India Act 1934", Mumbai: Reserve Bank of India.

[9] Reserve Bank of India (1999), "Foreign Exchange Management, Act 1999", Mumbai: Reserve Bank of India.

6 Chapter

第六章

加拿大银行如何管理储备资产

Jacobo De León
加拿大银行金融市场部

• 加拿大政府官方国际储备主要由外汇基金账户（EFA）所持有。储备给联邦政府提供了总体的外币流动性。加拿大银行作为财政代理人，采用传统方式动用储备干预外汇市场，以促进加拿大元（以下简称加元）的有序流动。

• 外汇基金账户在一个匹配资产和负债的综合的投资组合框架下运行。外汇基金账户通过加拿大在资本市场上的外币借款筹资设立。在审慎操作的条件下，以较低的筹资成本借入资金是负债管理的主要目标。

• 外汇基金账户资产管理的主要目标是最小化储备持有成本的同时维持充足的流动性水平以及确保资本金安全。

• 加拿大银行外汇储备管理的范围以及周密程度近年来一直稳步提升，与金融市场的发展与创新保持一致。

截至 2001 年 12 月 31 日，加拿大共持有约 342 亿美元的官方国际储备。这其中有约 304 亿美元（占总储备的 89%）是以流动性外币资产的形式所持有的①。本章描述了加拿大银行管理加拿大官方储备中流动性外币时所使用的部分方法，尤其是决定储备管理操作的匹配资产与负债使用的框架。此外，本章还根据储备水平的变化以及金融市场的发展，简要评价了过去 26 年里这些活动的目标和管理的发展。

第一节　所有权、治理和持有外汇储备的理由

在加拿大，官方储备主要是由一个叫做外汇基金账户（EFA）② 的官方账户所持有。国际储备给加拿大政府提供了总体的外币流动性。储备也增强

---

① 剩下的 38 亿美元的加拿大官方国际储备包括在国际货币基金组织中的储备头寸（相当于 29 亿美元并直接由财政部所持有），价值 6.14 亿美元的特别提款权以及价值 2.91 亿美元的黄金。

② 官方国际储备中不在外汇基金账户中的部分由财政部、加拿大银行和加拿大出纳总署直接持有。过去，加拿大银行持有的储备反映了银行与外汇基金账户之间因现金管理原因所进行的与货币政策相关的交换操作。关于这类交易更详细的信息见 Faure（1977）。

了投资者信心，因为储备能够确保政府随时能够满足国际的要求或无法预料的债务。例如，支付外币债务的利息款，对国际机构的捐助，以及各个政府部门的外币开支。

传统上，储备的作用是用来在外汇市场对加元进行干预。多年来这种用途和干预的频率都有所改变。因为加拿大实行的是货币自由汇率机制，因而干预的目标仅限于在加元出现过度波动的时候促进外汇市场的有序运行，而不是将加元的价格固定在某个特定的水平上。

外汇基金账户资产受货币法约束。这一法案给投资活动和管理提供了一个法律框架。作为财政代理人责任的一部分，加拿大银行代表财政部部长管理并实施这个账户所有的交易①。在实践中，这个账户是由加拿大银行与财政部紧密合作共同管理的。外汇基金账户以财政部的名义持有。部长要通过一套依照法案提出的投资指导方针来批准外汇基金账户管理的总体政策，并且还要向国会提供这一账户运营的年度报告。

对这个账户总体监督的职责归属于外汇基金账户政策委员会。委员会由财政部和加拿大银行的高级管理人员组成，每半年举行一次会议，回顾发展情况，批准主要政策提案，如采取新的投资指导方针，以及对账户管理提供指导并承担相应责任。

财政部金融市场部门主任和加拿大银行金融市场司司长共同分享对外汇基金账户的直接管理权。外汇基金账户日常的投资组合管理和战略实施则由加拿大银行的外汇储备管理团队进行。

第二节 加拿大储备的发展

一、流动性储备

加拿大通过从国际资本市场②借贷筹集流动性外汇储备。为外汇基金账

① 除了与外汇储备相关的资金管理和咨询的职责外，加拿大银行作为政府的财政代理人的职责还包括其他的功能，如国内债务，现金和国库管理以及金融市场建议。

② 加拿大的外汇储备筹资活动仅是为了给外汇基金账户筹措资金，因此原因借入的外币不会用来在国内消费。所有为了国内联邦政府运行筹措的资金都是以加元从本国筹集的。

户资产筹措资金而产生的外币负债直接计入加拿大政府的负债。从 1986 年起，流动性外汇储备水平一直在上升，截至 2001 年 12 月已达 305 亿美元。从 1975 年到 1986 年，储备水平一直相对稳定，平均在 25 亿美元左右。

20 世纪 80 年代末期，储备水平稳步上升，1990 年达到 160 亿美元。这一增长体现了由于加元的升值所进行的官方市场操作带来的储备积累。20 世纪 90 年代初，储备水平的下降体现了官方在抑制加元下滑中的努力。20 世纪 90 年代中期是一段相对稳定的时期。随后储备在 90 年代末开始上升（尤其是在 1998 年以后），这体现了外汇市场上日益增长的流动和波动，也体现了政府致力于维持一个审慎的流动性储备水平与状况类似的国家保持一致。在这方面是有着实质性的进展的（见图 6.1 和图 6.2）。

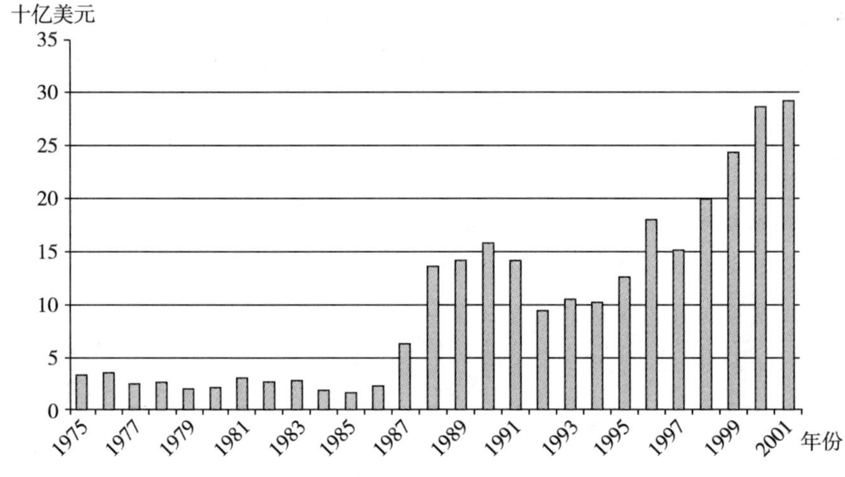

注：资产价值以 2001 年底面值计。

资料来源：加拿大银行。

图 6.1 1975～2001 年流动性外汇储备

二、资产负债余额

长期而言，外汇基金账户持有的流动性资产和负债额度预期是近似相等的，进而保持账户平衡。然而，就短期而言，对外汇市场的干预会影响这一平衡，这取决于干预的方向，净储备资产可能积累或消耗。尽管其他因素诸如外币发行的增加或外币债务到期支付都可能影响总储备水平，但这些交易

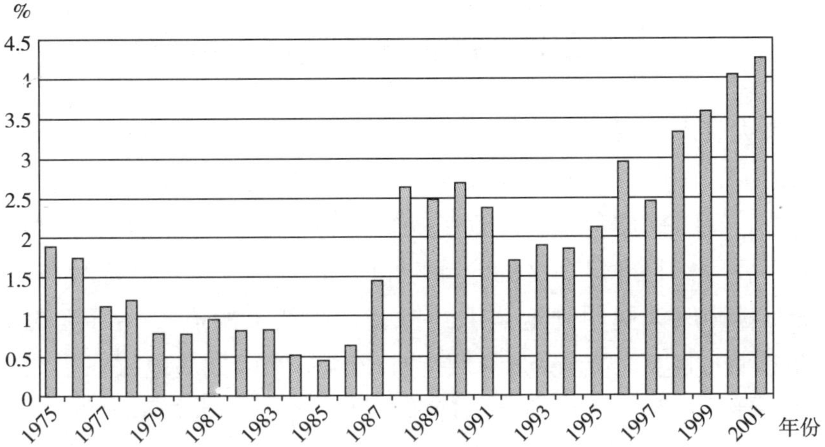

资料来源：加拿大银行。

图 6.2 1975～2001 年流动性外汇储备占 GDP 百分比

不会对外汇基金账户的净资产负债头寸造成影响（见图 6.3）。

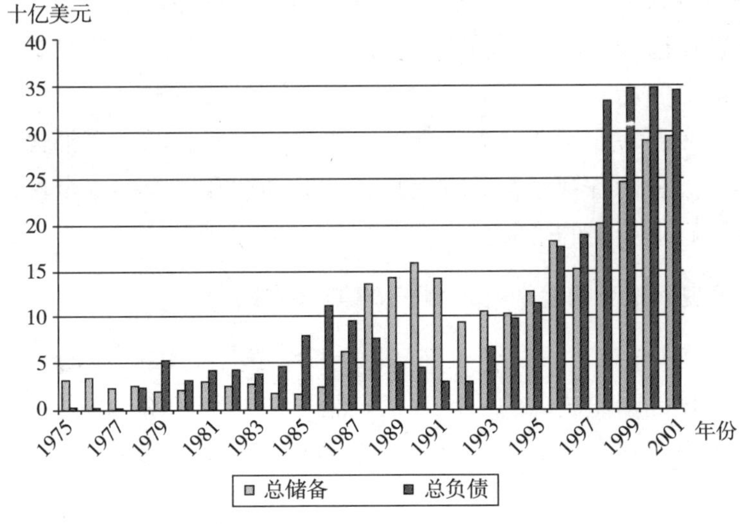

注：图中价值以 2001 年底面值计。

资料来源：加拿大银行。

图 6.3 1975～2001 年外汇基金账户资产和负债

第三节 储备管理实践的变化

加拿大管理储备的方式长久以来一直在变化，与金融市场一同发展，外汇干预的方式和联邦政府的政策也随之发生变化。

过去，有时候储备水平的改变主要反映的是官方市场操作。那时，储备管理的主要目标是确保高度的流动性和资本的安全。当储备水平上升之后，管理的目标则改为更明确地认识到持有这些储备的成本（筹资的所有成本与投资产生的收益之差）。为降低持有成本，重点更多地放在了增加投资条件的自由度，以及对市场的审慎管理、信用风险和操作风险的防范，同时仍然维持高度的流动性和资本金安全性上。

一、投资的流动性与安全性：1975～1986 年

截至 1986 年，流动性储备水平一直相对较低且稳定，大约在 20 亿美元到 30 亿美元的区间内波动。然而有时，月度储备水平会有很大波动，因为待偿的外币借款到期而新的借款还在进行当中。从净额上看，由于采取干预行为来平抑贬值和波动的货币市场，外汇基金账户从这一阶段早期的盈余而变成逐渐增加的赤字。

结果，在那一段时期，大多数的筹资和几乎所有的投资都投入到短期的美元资产上。在储备管理上基本上只强调流动性和资本的安全性，而投资组合的管理受到了严格的限制。

二、投资回报受到重视：20 世纪 80 年代末期

20 世纪 80 年代末，储备水平开始上升，这主要缘于在加元升值的背景下缓和汇率日常剧烈波动的干预政策。储备在 1986 年的 20 亿美元基础上两年后猛增到 130 亿美元。从 1988 年到 1991 年，储备水平在 130 亿美元到 160 亿美元震荡。

储备的积累也使得外汇基金账户的净余额产生了盈余。储备的增加促使投资管理过程逐渐向采用更正式的方式以及更强调投资回报方向转变。在这段时期内，固定额度的储备投资在了以德国马克和日元标价的资产上。持有这些货币使得加拿大能够同其他 G7 国家一同参与到协商干预中来，对这些

非美元资产基本上都没有进行过主动管理。

三、放宽合格的投资标准：20 世纪 90 年代初期

20 世纪 90 年代初期，加元兑美元贬值致使储备水平下降，并在 90 亿美元到 120 亿美元范围内趋于稳定，这种状况一直持续到 1995 年。在这段时期一个重要的发展是 1993 年 6 月货币法案的修改。这一修改放宽了外汇基金账户可投资的替代品种的范围，给储备管理工作带来了更大的自由度。

四、筹资创新以增加储备水平：20 世纪 90 年代中期

20 世纪 90 年代中期，在政府的努力推动下，外汇储备水平开始逐渐上升。额外的外币借贷项目（期限主要为中期和长期）被加入到已有的筹资工具当中。

与此同时，分层次的投资方式首次得到应用。第一个层次专注于满足投资组合核心的流动性需求，第二个层次用于匹配一年内到期的应付债务。剩余的外汇基金账户资产试图在严格的指引下实现投资回报的最大化。这些都是迈向最终采取现行的资产负债匹配框架的最初始步骤。

五、引入资产负债匹配框架：1997 年

1997 年，一个匹配资产和负债的框架形成并应用于指导外汇储备的管理。这一行动在部分程度上受到了过去在一些投资组合负债中应用免疫策略的成功的推动。在此之前，资产和负债通常都是分开进行管理的。

这一匹配框架用于在储备管理中最小化市场风险。在这个框架下，资金被投资到与所发行外币债务的特征尽可能接近的资产上，以此来帮助免疫投资组合中的货币风险和利率风险。

六、投资指南：1999 年

1999 年 10 月，一次对外汇储备额管理的行动及目标的全面回顾给外汇基金账户投资组合带来了全新的结构，这其中包括了投资指导方针的改变。新的指导方针与减少干预频度的机制更为一致，通过允许扩大许可投资的范围，增加了投资组合管理的自由度，准许外汇基金账户持有多个高评级的主权政府及其所属机构以及超国家组织所发行的债务。增加的自由度使在资产负债匹配框架下的持有成本得以最小化。

七、当前的储备管理活动

在当前的匹配框架下，从短期负债获得的资金被投资到相同的期限和货币面值的证券中。长期的债务筹款则投资到规模较大流动性较好的基准债券中。

大部分储备都投资在美元上，因为大多数负债都是以美元标价的。着重于美元资产是由于历史上外汇干预主要发生在加元兑美元的外汇市场上，剩下的储备则投资于欧元和日元资产。近几年，非美元部分的待偿负债和与之相匹配的资产所占比例越来越大，这一增长体现了加拿大在这些非美元市场上所具有的筹资成本优势①。

截至2001年12月31日，大约有200亿美元的流动性储备（约占总量的65%）是以美元标价的资产形式持有的，剩下的相当于104亿美元的流动性储备以欧元和日元标价（见图6.4）。

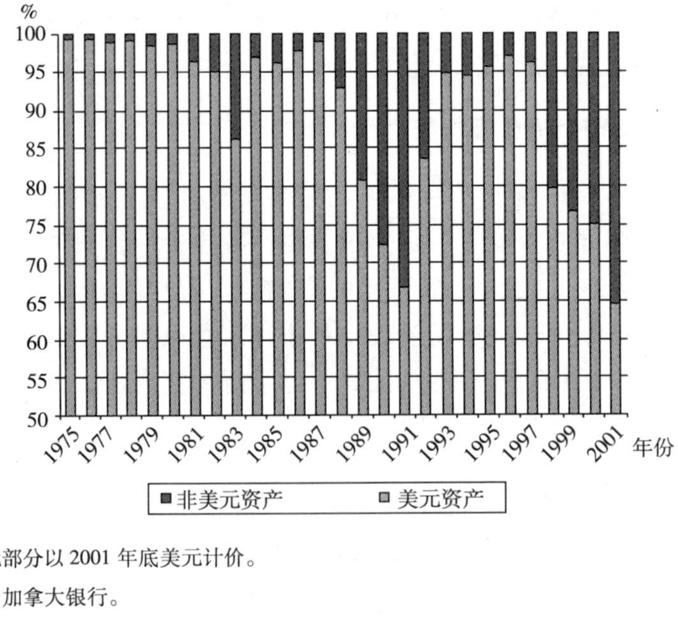

注：非美元部分以2001年底美元计价。

资料来源：加拿大银行。

图6.4　1975～2001年混合货币的流动性资产占比

① 需要注意的是，尽管非美元储备部分的比例在20世纪90年代初期更高，这种情况体现了美元储备的减少，而不同于目前非美元资产水平增加的情况。

第四节 负债管理

不同于在国内市场注重于可预测性和透明度的定期发行的债务管理方式，加拿大遵循更为相机抉择的方式来筹集外汇储备。采用这种方式的主要目的是在审慎负债管理的前提下实现尽可能低的筹资成本。其审慎操作包括：确保能够持续利用资本市场；通过以不同的筹资项目保持对市场不同部门的参与来分散筹资渠道；维持均衡的负债期限特征以最小化发行新债偿还旧债和再融资的风险。

一、确保持续进入资本市场

通过确保加拿大有必要的法律文件和安排来授权外汇基金账户的管理者在多个市场（尤其是在交易活跃且流动性强的美元市场）中筹集资金，来促进资本市场渠道持续的畅通。进而，还通过偶尔地在市场中发行以外币标价的公债保持对市场的参与，以促进对资本市场的利用。此类发行有助于提高投资者对加拿大发行的债券的熟悉程度，这个因素能够潜在地降低未来的借贷成本。与此同时，审慎负债管理要求小心避免某个市场或某种货币的过度饱和。这主要是通过不过于频繁的发行以保持加拿大名义下的稀缺性得以实现。最后，如果市场遇到困难，只能在不理想的条件下利用资本市场时，能够确保通过银行融资来获得支撑。

二、分散筹资渠道

外币负债管理的一个关键指导原则就是确保筹资渠道的分散。目前有许多具有不同特征的筹资项目。这些项目基于成本、风险分散以及期限结构的考虑，于不同的时间设立（见案例 6.1）。

案例 6.1　外汇储备筹资项目

加拿大债券是一种以美元为标价的期票，发行期限最多为 270 天。它是一种贴现债券，于 1986 年首次发行。投资者通过直接向加拿大集团和美国投资交易商购买来参与加拿大票据项目。

加拿大票据是以美元为标价的记账式期票。票据以浮动利率或固定利率发行，发行期限为9个月或者以上。1996年3月这个项目在银行集团和投资交易商的支持下开始发行，也同时接受“反向询价”，因此最大化了发行的可能性。①

欧洲中期票据（EMTNs）是在美国和加拿大之外发行的外币中期票据，通常期限超过一年。这种票据可以以固定利率或是浮动利率发行，还可以附带嵌入式期权。可以用一种货币支付票息，另一种货币偿还本金。该项目始于1997年3月，用于私人配售和公开发行。

外汇换汇交易自引入伊始增长迅速，已成为储备筹资的主要渠道之一。它是将本国的加元负债同交易对手持有的以外币标价的负债进行互换。跨国货币互换的显著增长体现了由加拿大在本国市场上明显的比较优势所带来的成本节约。为了使影响本国债券市场的风险最小化，外汇换汇交易要在严格的条件和指导方针下实行。②

全球债券是以外币发行的固定利率或浮动利率的集团化的可交易债务工具。从20世纪90年代中期起，加拿大发行了最高期限为10年的债券。

这些项目的发行可以帮助完成储备积累的目标以及强化加拿大作为成功的发行者在国际资本市场中的形象。尽管大多数的全球债券是以美元发行的，这个项目在用来借入其他货币时也取得了成功。全球债券有两个缺点：首先，它不像其他筹资项目那样具有成本效率。其次，鉴于规模庞大，它阻碍了再投资效率的提升，因为它需要一些时间来对收到的大量资金进行适当的分散。

备用信贷额度于20世纪70年代末期首次投入应用。这是一个涉及国际银行财团的额度，在过去用做外汇基金账户操作核心流动性的来源。这个额度从1986年起再未使用过，现在只是作为备用手段而保留下来。

多年来，对不同筹资项目的使用和活动水平一直在变化，这体现了在考

① 在反向询价中，投资者可能要求加拿大发行特定特征或结构的票据，通常是非公开的私人配售。需要注意的是，并非所有的反向询价最终都能够有票据发行。

② 关于此互换项目的细节，见 Kiff、Ron 和 Ebrahim（2000～2001）及 Nowlan（1992）。

虑成本效率的前提下，储备积累的合意速度以及市场上可以利用的机会。在目前的筹资工具得以应用之前，大多数借贷都是以美元债券的形式进行的。即便在通常为了利用其他市场上临时的成本机会而使用了非美元的发行方式，负债的货币特征也常通过使用货币互换转换成美元。

最近，作为其成本效率的体现，以本国负债的跨货币互换形式发行的负债部分持续增加。截至 2001 年 12 月 31 日，外币债务余额约为 342 亿美元。总负债的约 83% 由债券和外汇换汇交易的名义金额所构成。约 8% 的负债是加拿大债券的形式，而加拿大票据和欧洲中期票据则构成剩余部分（见图 6.5）。

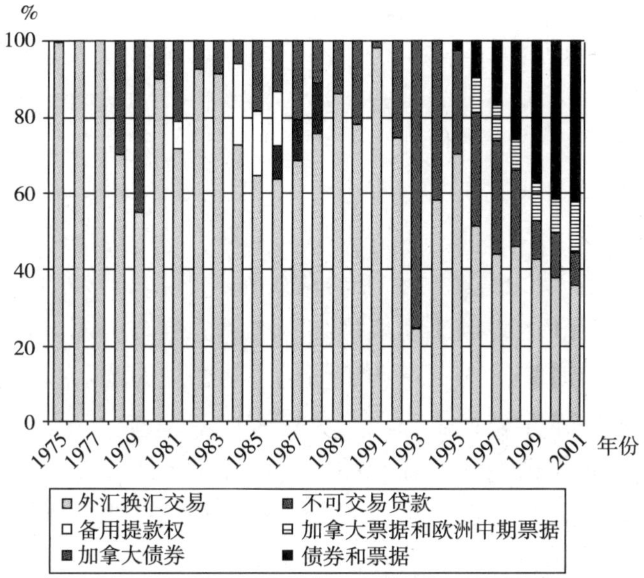

注：负债余额数据以 2001 年底账面价值计价。

资料来源：加拿大银行。

图 6.5　1975～2001 年外债的构成

三、降低再融资和“借新还旧”的风险

在审慎负债管理中，最后一个主要考虑的问题是将发行新债偿还旧债和再融资的风险降低到一个可控的水平。这些风险指的是，假如加拿大不得不

在利息上升的环境下发行证券或为已到期的负债再融资所引起的潜在的成本上升。

为了最小化这些风险，需要保持发行余额具有审慎且均衡的特征。在实践中，通常是通过避免负债到期时间的过度集中，特别是通过保持一年之内到期的外币负债总量少于总流动性外币资产持有量的1/3，来实现这一目标。同样地，通过保持资产和负债的期限匹配来降低与投资活动相关的“借新还旧”风险。

第五节 资产管理

外汇基金账户的投资组合资产有两个层次：流动性层次和投资层次。流动性层次的资产用来满足外汇基金账户全部的核心流动性需求。这类资产能够为干预目的或满足政府其他外币要求随时变现。流动性层次的资产由高评级的以美元标价的可交易的短期资产（一年以下）组成，如贴现票据和银行存款。

投资层次的资产规模要大于流动性层次，它由分散化的高评级的以美元、欧元、日元标价的大额流动票据和基准债券混合组成。总的来说，投资层次资产的日常管理追求对资产和负债期限的密切匹配。投资表现由基于投资组合的负债的基准来评价。

目前，外汇基金账户资产管理的主要任务是最小化储备持有成本，同时维持充足的流动性水平和确保资本安全。对于流动性和资本安全的要求深植于投资指导方针之内，是投资活动的指导原则。此外，规范的风险管理控制体系也被用于确保这一指导方针得到切实的落实。

一、持有成本最小化

在这一点上，主要的策略是对外汇基金账户的资产组成进行了改动。这涉及减少分配在投资于美国国债的部分，而改投资于其他的高质量的固定收益证券。后者的交易收益率（价差）要高于美国国债，是所谓的“价差产品”。这种证券的收益率接近甚至超过加拿大对外借款所支付的利率。

另一个近期的步伐是对欧洲货币投资组合的发展以及更为灵活的使用。

这是越来越多的更具成本效率的融资方式和对美元以外货币进行投资所带来的衍生物。最后，持有证券的成本通过一个主动证券借出项目[①]所获得的收入得以降低。

二、维持充足的流动性和资本安全

维持充足的流动性水平的需求建立的前提是潜在的现金外流不可预测。充足的流动性水平能够保证在进行干预行为或兑现其他外币承诺的时候有可供使用的资金。在实践中，可以通过投资于可交易的短期贴现票据和商业银行存款以及高评级的国家、机构和超国家机构发行的长期证券来维持流动性。

维持资本的安全性，使得储备资产不会因信用违约或暴露在可能无法挽回的资本损失下而减少。实践中，通过投资于高信用评级的债券以及维持高度的投资分散化来实现这一目的。避免投机性的投资也维持了加拿大审慎的储备管理者的声誉。

三、风险管理

投资于更高回报的债券就需要承担更高的信用风险和流动性风险。综合风险管理框架便应运而生了[②]。与此同时，消除外汇基金账户的市场风险的主要手段是维持资产负债的紧密匹配，如前所述，这一措施主要用于对投资组合进行“免疫”。

有许多方法被用来限制外汇基金账户信用风险和流动性风险的暴露。可以通过设置一个较高的最低投资信用评级水平来控制信用风险，还有其他一些约束可以确保信用的分散化；对于特定的发行人类别以及每一类别下所能够投资的金额都有所限制；信用约束条件都被统一地执行，这样就可以在不同的货币和期限的投资组合中应用；最后，最近一段时期，担保和抵押投资的地位受到了越来越多的关注。

流动性风险通过将投资限制在公开交易并满足最低规模要求的债券上加

---

① 1996 年，一个通过代理将证券借出给不同的交易对手的项目开始设立。贷款由交易对手提供的抵押以及代理人的担保作保证。

② 关于风险管理框架的细节，见 Rochette（2001 ~ 2002）。

以控制。这些债券通常是得到交易商们广泛认可的大规模和有流动性的基准债券。因为许多交易员都必须进行大量的特定基准债券的做市交易。同样，也有约束条件来限制外汇基金账户所能持有的任意一只基准债券的最高比例。

最后，为了保持对各种交易更好的控制、信用风险和流动性风险的暴露以及对操作的检查，风险管理部门需要每日提交报告，并定期进行回顾，以确保对对外资产的管理与官方指导方针一致。

第六节 结束语

在加拿大，国际储备持有量的增长一直伴随着储备管理透明度和周密程度的提高。自1999年7月起，加拿大每周都对其分散的储备头寸进行报告。加拿大也是最早完全达到国际货币基金组织和G10国家新的国际储备数据报告格式要求的国家之一。更大规模的储备持有也需要付出更多的努力来与金融市场发展保持一致，需要去接受并适应市场创新来满足外汇基金账户的需求。

这些努力包括投资组合管理的方方面面，如投资、信息系统、风险管理和筹资操作，致力于使得加拿大银行能够通过对储备的管理继续履行好作为政府财政代理人的角色。

本文是对2000～2001年度出版的加拿大银行回顾中部分内容的更新，得到加拿大银行的授权在此发表。

参考文献

[1] Bank of Canada (Various years) *Summary of Government of Canada Direct Securities and Loans*, Various issues, 1975－2001.

[2] Faure, F. (1977), "Technical note on temporary Bank of Canada-Exchange Fund Account swaps", *Bank of Canada Review*, July, 15－20.

[3] Finance Canada (Various years) *Annual Report to Parliament on the Operations of the Exchange Fund Account by the Minister of Finance and Report of the Auditor General to the Minister of Finance on the Examination of the Accounts*

and Financial Statements of the Exchange Fund Account. Ottawa: Department of Finance, Various issues, 1975 - 2001.

[4] Finance Canada (1996), *Budget Plan* 1996, March, Ottawa: Department of Finance.

[5] Finance Canada (1998), *Budget Plan* 1998, February, Ottawa: Department of Finance.

[6] Finance Canada (Various years) *Debt Management Report*, 1997 - 1998, 2000 - 2001, Ottawa: Department of Finance.

[7] Finance Canada (Various years) *Debt Operations Report*, 1993 - 1996, Ottawa: Department of Finance.

[8] Finance Canada (Various years) *Debt Management Strategy*, 2000 - 2001, 2002 - 2003, Ottawa: Department of Finance.

[9] Kiff, J., Ron, U. and Ebrahim S. (2000 - 2001), "The Federal Government's Use of Interest Rate Swaps and Currency Swaps", *Bank of Canada Review*, Winter, 23 - 34.

[10] Nowlan, G. (1992), "Exchange Fund Account cash management swaps: A technical note", *Bank of Canada Review*, May, 3 - 10.

[11] Rochette, M. (2001 - 2002), "Risk Management in the Exchange Fund Account", *Bank of Canada Review* Winter, 27 - 36.

Chapter 7

第七章

发展中国家的储备管理

Michael Naameh
皇冠经纪资产管理公司董事

第一节　引言

工业化国家与发展中国家间的经济状况反差巨大。经济合作与发展组织的30个成员国占到了世界总产值的80%、世界贸易的75%以及外国直接投资（FDI）的60%。这些国家居民的人均收入是其他国家①的15倍，拥有世界黄金储备的大部分（见图7.1）②。尽管存在着收入和财富上的鸿沟，发展中国家，以142家③中央银行为代表，在过去的十年中取得了显著的进步。其经济和社会的成就不能单纯从财务方面来衡量。发展中国家和体制转轨国

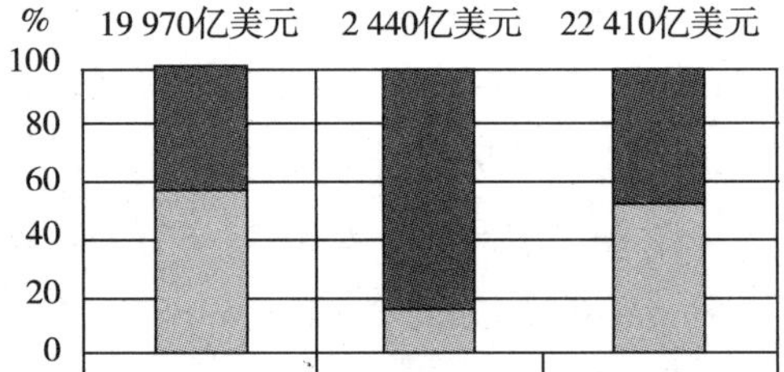

	外汇	黄金	外汇与黄金
■ 工业国家（%）	41	84	46
□ 发展中国家（%）	59	16	54

资料来源：国际货币基金组织。

图7.1　世界储备（2001年）

① 引自2000年世界发展指标。

② 国际货币基金组织定义的“工业化国家”比经济合作与发展组织的成员国少8个国家。因此图7.1中描述的储备比低于发达国家实际持有的比例。

③ 这个数字包括了3个区域型中央银行（东加勒比中央银行、中非洲银行和西非洲中央银行），总共代表22个国家。

家的中央银行积累了丰富的经验。在十分困难的情况下制定经济政策和建立机构所带来的挑战在它们的储备管理活动中显得尤为突出。

对于工业化国家中的中央银行来说，储备管理主要是维持经济和金融稳定。而在发展中国家以及转轨国家中，储备管理则扮演着更宽泛的角色。其中包括确保稳定和基本的经济安全，满足对外债务的偿付需求，安全实现国际贸易和金融体系一体化，以及健全机构职能。

在接下来的章节里将检验发展中国家形成储备管理政策最基础的因素。文章还将解释过去的10年中储备迅速积累的原因并指出这个趋势可能会结束，并且没有哪个国家会达到“最理想的”储备水平。最后一节考虑了能力发展问题，并回顾了政策实施的一些方面，如货币干预和储备投资组合管理。

第二节　国家特征和储备政策

储备的充足率通常以一国的进口、外债或资本流动[①]来度量。这种度量方法是有用的“经验法则”，主要源自于经验，并没有坚实的理论基础。许多尝试想要定义一个最优化的储备水平，但适当的水平会受到许多难以度量的因素的影响，如对货币市场进行干预的需要，对交易对手经济表现的期望，投资组合流动和本国政策等。对于国家可能选择采用、修改或忽视这些充足率规则的原因和时机并不是一直都很清楚。中央银行对于风险和储备组成的态度时常会随储备水平而变化。因此从那些实施储备政策应对当前国际经济趋势的一国经济的基本特征来看，会有所帮助。每一个国家都有其特殊性，依据它们在某方面的共性可将其大致分为5个组。这一区分在某种程度上带有一定的随意性，主要基于影响国家货币机制选择、它们愿意持有的储备规模以及不同的储备分配顺序作出的划分。

---

① 标准的度量方法是：（i）储备与进口的比率（进口支付），对发展中国家来说通常是3～6个月；（ii）储备与短期外债的比率或储备与债务成本的比率；（iii）储备与货币供给量M_2的潜在可转换（外资流入）部分的比率。

一、第一组

大约1/4的发展中国家（34个）人口少于150万。它们是典型的小疆域国家或是遥远的岛国，地处加勒比和太平洋以及非洲地区。普遍在物质和金融基础设施方面都比较有限。外债水平适度，基本上属于中高收入国家类别。一般来说，这些小而开放的商品依赖型国家比起大而且收入来源更加多样化的国家来说收入的变化会更大些。这些小国家易受周期性的贸易和环境冲击，迫使其人均持有的外汇储备超过了世界平均水平的3倍。这个组里的大部分国家将其货币盯住它们最大的贸易伙伴并通过超额储备①和资本账户限制联合来维持这种盯住安排。

那些较小的石油出口国是这个组中特殊的成员。尽管这些经济体都依赖于单一的商品，但是它们充足的金融资源能够轻松地吸收价格冲击并降低资本控制的需求。它们的中央银行出于货币政策的需要持有充足的储备，并且将这些超额储备作为给“后代们”的财富储存加以管理。

二、第二组

那些较大的农业化的以商品为基础的发展中国家总体来说更为贫穷，负债也更高。它们较低的储蓄和投资率限制了其生产力提升、经济发展和财政操作。这些国家中位于撒哈拉以南的非洲地区（见图7.2）和部分亚洲地区②的国家负债情况都很严重。其中的一些依赖于外国援助来为它们经常账户赤字提供资金以及维持充足的总储备水平③。其中大部分国家不能利用国际资本市场。不过令人鼓舞的是，在过去的十年中，多个国家已在债务减免、私有化以及宏观经济政策的作用下开始逐步摆脱贫困陷阱。这些改革不可避免地带来了货币贬值、社会困难以及政治风险，但如乌干达、坦桑尼亚、肯尼亚和莫桑比克等国家如今已能够集中力量和资源用于改善经济状况和吸引外国

---

① 严格的定义“超额储备”是不可能的。因为在货币需求理论中，中央银行持有储备具有交易和预防动机。财富动机可以解释持有额外储备的需要，也可以用来安抚债权人和投资者并阻止投机。

② 如老挝、缅甸和巴基斯坦。

③ 总储备是指所拥有的（净）储备加上专用于提升储备水平的外币贷款。一些国家的净储备是负值，因为它们的负债超过了其资产。

投资。这些国家以及其他一些重债穷国①倡议的受惠国尽管依然依赖于商品出口，但都在努力增加储备，以期达到能够维持相对的宏观经济稳定。

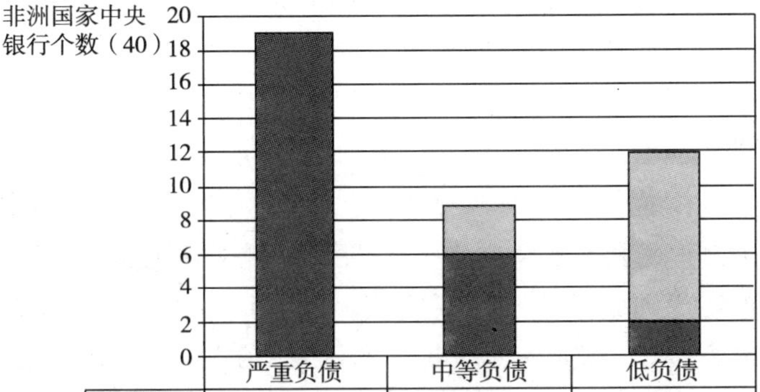

	严重负债	中等负债	低负债
中等收入	0	3	10
低收入	19	6	2

图 7.2　1999～2000 年非洲国家收入和外债

尽管是有限的，但区域性合作②在贸易和货币的范围里，与不断增加的外国直接投资一同为撒哈拉以南的非洲地区国家储备的累积和增长建立了有利的环境。流入这一地区（主要是基于商品的流动）的外国直接投资成倍增长，从 1990 年占 GDP 的 14% 上升到 1999 年占 GDP 的 29%③。一些国家已经部分自由化了资本账户，但除了南非以外，流入这些国家的投资依然涨幅不大，本国的金融市场仍旧很脆弱且发展滞后。这些使得它们与近年来全球金融的蔓延相隔绝，然而具有讽刺意味的是，这种蔓延本身抑制了商品需求和商品价格。这进一步凸显了区域联合和汇集资源的需要，包括储备资产④。

总的来说，这个组中的国家的储备管理政策关注于支付外债、建立净储备以及防止在贸易和资本账户、金融部门逐渐自由化过程中汇率过度贬值。

---

① 在重债穷国倡议下，有 41 个国家获得了债务减免。

② 通过如东南非共同市场、南非发展联盟、西非国家经济共同体、东非联盟、非洲金融联盟等组织。

③ 见 UNCTAD（2001）世界投资报告 2001 附表 B.6，纽约与日内瓦：联合国。

④ 西非国家经济共同体和东非联盟正试图建立一个经济和货币联盟，包括在长期内采用一种单一货币。

三、第三组

规模更大和发展程度更高的东亚和东南亚经济体拥有世界上最高的储蓄率。这一点再加上大量的外国投资流入使得它们获得了更快的工业化发展和由出口带动的增长。它们的储备多年以来在其通过干预防止汇率过度升值的政策下一直强劲地增长。除了中国以外，它们所取得的成就都在一定程度上受到了资本外流的侵蚀，并导致了 20 世纪 90 年代末的货币危机和银行危机。私人部门过度的外汇借款、缺少透明度、糟糕的投资决定以及日渐增长的经常账户赤字等因素激化了这些危机。自那时起，这些国家稳定了本国经济并建立起可观的“防御性”储备。泰国和韩国采取了通货膨胀目标制的货币政策。它们还与其他东盟组织①成员国以及中国和日本一起加入到协作性货币互换协定②中，以抵御对其货币的投机性攻击。

中国人民币兑美元的固定汇率机制在区域经济稳定中起到了基础性的作用。大规模的外国直接投资涌入以及随之而来的低成本借贷，使得中国累积起了大量的外汇储备。有些分析家错误地指责是中国在 1994 年让人民币兑美元大幅贬值导致了亚洲的危机。事实上，中国只是将官方汇率改变到和非官方汇率一致的水平上，因为大多数的交易都是在这一水平上进行的。在 1997 年亚洲危机时，中国坚持不加入到各国的竞相货币贬值之中，并以此帮助这一地区走出了衰退并重建了各自的储备。

大致上来说，这个组中的国家加上印度，都在寻求维持出口竞争力以及吸引外国投资。它们用可观的储备作为投资者信心的保证，威慑货币投机者以及防止汇率的过度升值。

四、第四组

拉丁美洲最大的三个经济体——墨西哥、巴西和阿根廷——同样成功地吸引了大量的资本流入。然而，与亚洲的参照国家相比，在上一个十年里，它们经历了更为频繁的经济恶化和货币危机。它们经济的特点是低储蓄率、

---

① 东盟组织包括文莱、柬埔寨、印度尼西亚、老挝、马来西亚、缅甸、菲律宾、新加坡、泰国和越南。

② 2000 年的清迈倡议。

高通货膨胀率、资本外流以及财政过度。三个国家都是中高收入国家，但阿根廷和巴西同样都深陷债务之中。墨西哥削减了其大规模的短期外债并与巴西、智利、秘鲁和哥伦比亚一道采用了以通货膨胀为目标的浮动汇率机制。这一新机制明显地减轻了这些国家储备的压力。阿根廷在其货币局制度的试验失败后可能也会采取一个与之相似的机制。因此对于主要的拉美国家来说，尽管储备管理政策的成功程度有所不同，但大都关注与维持投资者的信心，满足短期偿债要求和防止大规模的货币对美元的波动。

五、第五组

这个组由 27 个转型经济体所组成。这些国家在过去的十年中完成了建立以市场为基础经济体系的巨大跨越。工业化国家提供的物质和技术上的支持虽然对其有所帮助，但主要依靠的还是它们自己的技术和本来就已经相当不错的工业化基础设施。12 个中东欧国家[①]和 3 个波罗的海国家[②]成功地将其对外贸易从前苏联地区转移到了欧盟地区。波兰、匈牙利、捷克和斯洛伐克加入了经济合作与发展组织并即将同这一地区其他几个国家一起加入欧盟。爱沙尼亚[③]、立陶宛、保加利亚和波黑已经采取了货币局制并且其储备已经有了显著增长。几乎所有其他的中东欧和波罗的海国家都承诺遵守财政和货币原则，这给储备积累提供了必要的条件。然而一些巴尔干国家仍竭力吸引足够的外国投资以及试图克服严重的失业和基础建设问题。这 15 个国家的储备管理政策通常着眼于汇率稳定（主要是对欧元）以助其控制通货膨胀，促进本国生产力发展和吸引外来投资。

而由俄罗斯所领导的独联体国家[④]，尽管它们有丰富的能源和矿产资源，但其经济发展依然缓慢。高企的石油价格帮助俄罗斯从 1998 年的危机中恢复过来，并重建了外汇储备，但总的来说独联体政府仍继续在与大规模

---

① 阿尔巴尼亚、波黑、保加利亚、克罗地亚、捷克、匈牙利、马其顿、波兰、罗马尼亚、斯洛伐克、斯洛文尼亚和南斯拉夫。

② 爱沙尼亚、拉脱维亚和立陶宛。

③ 爱沙尼亚的战前黄金储备为其货币提供了初始的支撑。

④ 独联体由前苏联 15 国中的 12 个国家组成：亚美尼亚、阿塞拜疆、白俄罗斯、格鲁吉亚、哈萨克斯坦、吉尔吉斯斯坦、摩尔多瓦、俄罗斯、塔吉克斯坦、土库曼斯坦、乌克兰和乌兹别克斯坦。

的灰色经济和公众的不信任作斗争。债务、资本外流、美元化以及相对较小且脆弱的金融部门仍是储备管理政策主要考虑的问题。

六、关键因素

从以上讨论可以清楚地看到，决定储备政策的因素远比文献中认为的复杂且多变。总有一些混合结构的政策诱导和暂时性的影响在起作用，但总有一到两个因素至少在一段时间起着决定性作用（见图 7.3）。概括来说，在 1/3 到一半的发展中国家里，GDP 波动①和外债是决定适当储备水平的关键因素，并且储备水平也取决于这两个因素如何随时间变化重叠。在那些相对

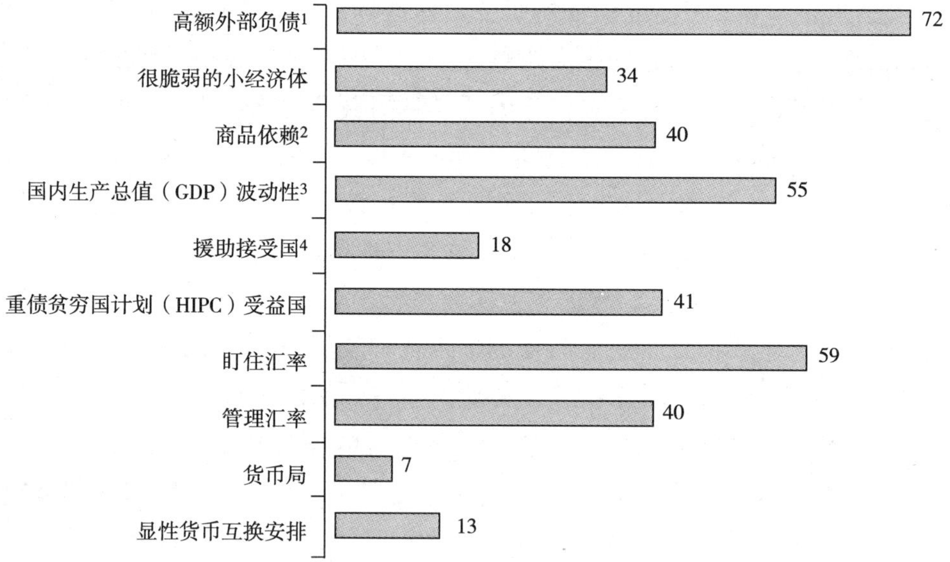

注：部分国家受到多种因素影响。

1 1998 年人均低于 3 030 美元。

2 超过出口 40%。

3 人均真实 GDP 的标准差意味着对外部冲击有较高的风险敞口，并对这些冲击具有较低的适应力，根据高水平或中等水平的政治共同体脆弱指数对国家进行分类。

4 超过进口 20%。

图 7.3　储备管理政策的关键因素和国家数（中央银行数）

---

① 人均 GDP 标准差，表明对于外部冲击的高风险暴露和遭受冲击后的低恢复能力。

较发达的发展中和体制转轨经济体中，汇率目标制[①]在决定储备水平过程中则扮演了更重要的角色。

如果出现以下 3 种情况，所有的国家都会以更高的储备水平为目标：（1）加入到世界经济一体化[②]当中导致国家经济更多地暴露在冲击下；（2）结构性改革不能够促进本国经济的灵活性和恢复；（3）政策的可靠性不能拯救国家的金融危机蔓延或降低在国际市场中的借贷成本。

七、储备积累

从 1990 年起，汇率逐渐从更为固定的高估的汇率向更自由的汇率转变（见图 7.4）。储备积累一直都没有如理论认为的那样慢下来。国家看到了过度的货币流动存在的风险并认识到了持有多余储备在确保外国投资者和贷款者信心上的价值。前十年里，发展中国家持有的外汇储备占世界外汇储备总量的份额稳步增长，从 40% 增加到 60%。整个时期内，储备占 GDP、进口和外债[③]的比例也在上升。流向发展中国家的净私人资本从 20 世纪 90 年代初的 400 亿美元增加到 2000 年的 2 300 亿美元。外国直接投资的资金也偏爱这个最大的新兴市场经济体，同一时期内外国直接投资从占发展中国家 GDP 的 0.5% 上升到 2.7%。显然，更高的开放度和增长的投资给储备的积累作出了贡献。这个过程同时也带来了更多的政策要求。

这个趋势看起来似乎没有止境，但持有储备的机会成本的上升已经让一些国家开始分享它们的储备。东盟以及周边国家参与的合作安排能够同时减少储备的规模和成本。其他国家也会跟着效仿，尤其是那些有大量的国际贸易和资本流动的国家，以及那些计划在未来建立货币联盟的国家。储备积累也会因为对浮动汇率机制下的通货膨胀目标制偏好的改变，转而回归到货币局制度（见图 7.4）下而减缓。

因此，最优储备水平的概念仍然难以把握，它既依赖于改变国家特有的因素，也依赖于变化的市场对政策可信度的预期。格林斯潘对于最优性显然

---

① 汇率目标制包括有管理的浮动和货币局安排，被认为在辅以适当的货币财政和结构性改革政策的情况下，有利于在中期内控制通货膨胀，稳定国内投资和促进生产力发展。

② 通过贸易和汇率体系以及资本账户和国内金融部门的自由化。

③ 摘自世界银行编制的《世界发展指标》，根据多个年份编辑。

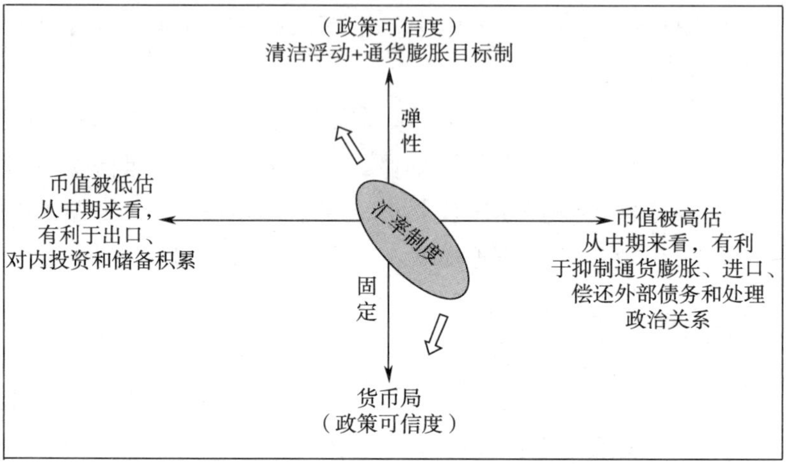

图 7.4　20 世纪 90 年代发展中国家汇率机制方向的改变

持有一种不可知的观点。他让各国自行决定是否存在基于冲销干预的成本和收益的最优储备水平。有趣的是，这种观点忽略了黄金和其他可能的储备使用。在最近对“主权净值”这一概念的研究中，认为有一种方法有可能得到众人向往的最优性。在这个概念下，最优性需要与其他公共财务如税收、债务和公共投资同步。这个观点认为，国家能够完全利用资本市场并且对本国资产和外国资产一视同仁。储备的持有只是基于预防的目的，最优水平由可能的经济冲击规模来决定。

第三节　能力发展和政策实施

一、机构发展

自 1990 年起至今，共有 34 家中央银行成立，其中大多数是在体制转轨国家。这激起了国际货币基金组织对新加入的成员及已经感受到全球化影响的国家空前水平的技术支援。1992 年，23 家工业化国家的中央银行同意与国际货币基金组织和国际清算银行协作为那些新的和重组的银行提供集中的技术支持。从那时起，成立了若干个区域性培训机构①，以满足体制转轨及

① 例如维也纳联合研究所，东南非宏观经济和金融管理研究所，西非金融与经济管理研究所以及国际货币基金组织新加坡区域培训研究所。

发展中国家日益增长的援助需求。援助主要包括货币和外汇操作，储备管理，支付系统和中央银行会计与审计等方面。

在储备管理方面，注意力主要集中在建立必要的组织结构的基础设施以支持外汇、债券和衍生市场的高水平活动。由于持有储备的机会成本的上升，中央银行在控制风险的同时也在寻求更好的投资回报。为了实现这一目标，并满足更为透明的要求，中央银行必须制定明确的指导方针，提升内部技能，投资更成熟完备的系统并采取不同的会计方法①。不稳定的外部环境以及因为私人部门的竞争而难以找到称职的员工，都使得它们的工作更为复杂。例如，储备的频繁告罄使得一些国家的高管不得不将内部发展计划束之高阁并改变操作指导方针，将更多的重点放在流动性和现金流管理上而较少顾及增加回报率。

当今，大多数体制转轨国家的中央银行都采用了最新的主动储备管理操作。其他一些国家对能力建设的逐步重视帮助这些银行得以重组并磨炼了技能。在偏远地区，规模较小的中央银行以及那些储备水平较低且不稳定的中央银行则处在明显不利的地位。然而，当有需要时，它们也能够在投资组合管理方面获得外部援助。其他那些拥有充足资源和组织深度的国家，也依然会感到难以采用更为主动的储备管理方式②。限制因素包括董事会及高管层级任期的不稳定，较强的风险厌恶倾向（尤其是对声誉风险），以及对于决策权下放，改造薪酬激励和由更主动的方式所带来的频繁的文化改变问题的考虑。

不过在撒哈拉以南非洲地区以及别的地区还是有一些中央银行克服了似乎无法逾越的组织约束的不错的例子。它们能够成功地建立起一个有效的储备管理操作体系，很大程度要归功于本国市场的自由化，区域性培训组织的援助以及银行管理层和员工对长期机构建设的奉献。在明确的指导方针下，在国内外公开市场上的自由操作无疑强化了对员工的教育和培训，并增强了他们的信心。

---

① 特别是对表内与表外中央银行资产与负债的确认和定价。

② 主动方式并不意味着管理储备资产时要承担更多的风险，或是背离“被动”的基准位置。而是这种方式认为银行能够事先预计并控制所有的相关风险并从宏观经济和金融的角度主动寻求储备投资组合优化。

二、货币干预

大多数发展中国家包括中国最近已建立起了银行间外汇市场。正如人们所预料的，这些市场还处在不同的发展阶段。发展进程取决于国家的汇率机制，中央银行干预的频率以及外国银行参与的强度。在固定汇率机制下，银行间市场能够提高效率并促进贸易和外来投资，但中央银行仍必须平衡市场的供求。银行可以通过施加外汇管制来限制过度的外币需求，但这可能会限制市场的发展并导致双轨汇率。好的一方面是，如果一种货币不是完全可兑换的，就不会受到如近年来东南亚货币所遭受到的集中的投机攻击。

在自由汇率机制下，银行可以通过在市场中进行干预来改变供求平衡的状况进而改变汇率。在市场发展的早期阶段，商业银行间的交易量比较低，外国银行可能不被允许在这个市场中进行交易，买卖差价会比较大。在这种情况下，作为外币的大买家或者大卖家，中央银行通过主持货币拍卖来出清市场或进行干预，能够体现出相对于发达完善的市场中对汇率更高的控制力。实际上，中央银行必须有节制地进行货币干预，以使得银行间即期市场和远期市场得以发展。

在一个发达的市场中，外部冲击会带来一些问题。当通货膨胀率较高时，实行宽松的财政政策会由于人为的压低利率而损害货币政策。在这种情况下，外币的需求上升，中央银行可能会被迫冒着耗尽储备的风险进行干预。冲销干预会给短期名义利率带来上涨压力，但不能有效遏制汇率的下降，尤其是在美元化的经济体中。当遇到危机时，中央银行可以采用紧急利率政策并施加资本控制，但也要冒着失去外国投资者和导致经济衰退的危险。这种情景对于那些已将贸易和汇率体系自由化，却仍遭受严重的财政和结构性问题的国家来说可能会相当熟悉。最近几年的例子包括俄罗斯、巴西、阿根廷和墨西哥。

三、投资组合管理

对最优化的寻求不仅要关注储备水平，也要考虑储备的组成。在决定该持有哪种货币和工具以及以何种比例持有时，中央银行所依照的通常是本国的风险特征、国际市场中的操作经验以及投资组合优化技术，通过优化试图寻找能够在可接受风险水平及其他限制条件下的最佳投资组合。限制条件通常是关于币种、债券市场和工具的选择。实践中，只有那些拥有较高且稳定储备存量的国家才能享受不受限制投资的待遇。举个极端例子，非洲金融联盟区中的一个国家可能需要用美元偿还债务，用日元支付净进口以及在外汇市场上用欧元进行干预。在这种情况下，投资组合将受到严重制约，因而能获得的最佳资产及其相对的权重不能决定其回报和风险。投资组合优化带来的产出较少，因而不那么有价值。

储备水平的大幅波动也会降低回报。投资组合比较倾向于短期货币市场工具和干预货币。尽管有这些约束，有关国家仍试图在任何情况下都将储备维持在最低水平。如果有必要它们会动用信贷额度或通过更多的借入来防止最低安全水平被破坏。在国际货币基金组织支持的经济调整项目中，有关国家通常设定一个净对外资产目标额度，低于这个额度它们就要寻求从国际货币基金组织获得援助。因此，由于中央银行能够一直将储备稳定地维持在最低水平上，主动管理便能专注于投资组合配置上了。

因此，中央银行看到了将储备划分成不同的子投资组合所带来的好处。很多中央银行如今将其储备分成“流动性”、“投资”和“未雨绸缪”三个子投资组合，每一个组合都有自己的投资目标、基准和指导方针（见图7.5）。这使得储备更易于管理。中央银行的目标和风险容忍度都变得可测量和更为透明。受委托管理这些子投资组合的职员的技能提高速度更快，且由于给予了具体的职责、权力和指导方针中的限制，其管理投资的可靠性也提高了。按照定义，与流动性投资组合不同，子投资组合不是针对大规模的不可预测的现金抽离和注入，因此可以设计为能够获得更高且稳定的收入，并且在获得高收益的同时也不必损失流动性，因为这些资产可以在短期内通过抵押在回购协议市场①变现。子投资组合也可以通过持有和债务投资组合相同的货币来部分对冲外债，也可以为这个目的建立专门的“负债匹配”子投资组合。

中央银行也更多利用衍生工具来管理这三个子投资组合中的风险。黄金

① 协议回购市场涉及卖家在出售证券获取现金的同时承诺以特定价格在确定的未来某日买回所出售的证券。实际上协议回购就是一笔短期抵押贷款。

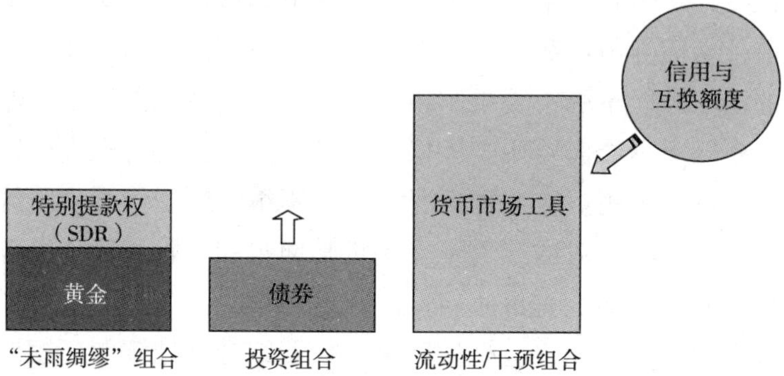

图 7.5 储备投资组合的结构

生产者已经使用衍生工具很多年了。当前，拉美地区、东南非洲和西欧都在使用这一工具。作为一种度量投资组合风险①的简单方式，“风险价值”的发展帮助储备管理者们更容易监督及报告其投资组合头寸。压力测试，包含回顾和前瞻概率的测量技术也给管理者们在投资组合分配策略上带来了更多的信心。

总的来说，在过去的十年中，透明度、效率和风险控制都有了明显改进。同样的改进也体现在国债管理方面。2001 年国际货币基金组织出版的储备和国债管理指导方针体现了决策者对这些问题的关注。公共资产和负债的联合管理存在理论上的可行性，但即使在最发达的国家也难以实现。然而，这些通过在国际资本市场借款来增加本国储备的国家可能已经发现了更综合的风险管理方式。

尽管金融风险的管理不断进步，发展中国家仍视储备为一种昂贵的自我保险方式。储备是一种用来为经济恶化和政策失败提供保护的方式。然而市场并不总认可或是奖赏好的长期政策。事实上，存在这样一种趋势，市场更愿意奖励经济表现而不是好的政策。因此中央银行在考虑充足率时，总愿意持有更多而不是更少的储备。

最后的一点想法是：那些在发展中国家和体制转轨国家中寻找政策成功

① 衍生工具使得投资组合管理者能够控制对汇率、利率、流动性和信用风险的风险暴露。投资组合的总体风险可以通过“风险价值”的方式完全以现金的形式来度量。

证据的市场或许应该多看看“硬币”的另一面，即关注外国直接投资的流入，而不是建立起过多的储备。外国直接投资对大多数国家来说依然是发展和增长最重要的工具，尤其是那些储蓄率低、金融部门不发达的国家。在这个标准下，发展中国家和体制转轨国家在过去的十年中做得相当出色。下一步，国家之间应该分享、储存并有效降低其储备。这才是对其成功和自信的最真实的反映。

本章作者是伦敦皇冠经纪资产管理公司董事，供职于皇冠经纪海外监督与管理部。

8 Chapter

第八章

瑞士国家银行的观点

Erich Gmuer 瑞士国家银行风险管理部副主任
Gion Cavegn 瑞士国家银行风险管理部

瑞士国家银行资产负债表上的资产金额大约是 1 000 亿瑞士法郎。这些资产主要由外汇、黄金和以瑞士法郎标价的金融资产组成（从用来操纵货币市场和证券的回购协议交易中获得）。这些资产用于行使货币政策职能，并且它们也代表了瑞士的国家财富。资产负债表负债方主要是由两部分组成：一部分是基础货币，另一部分是为应对不同风险的准备金。换句话说，除了流通中的货币和银行所承担的负债之外，没有别的有明确定义的负债。这使得瑞士国家银行的资产方理论上能够负担得起较大额度的风险。

外汇储备构成了超过 40% 的总资产。本章描述了瑞士国家银行管理外汇储备的主要原则以及在这方面外部资产管理者所扮演的角色。瑞士国家银行是最早将部分储备交给外部进行管理的几家中央银行之一。20 世纪 70 年代末，第一笔委托交给了一家资产管理公司。到 2000 年，外部管理者的数量和委托类型都有所增加。

第一节　储备管理概述

瑞士国家银行储备管理的指导原则是由《中央银行法》规定的。该法律规定，投资必须限制在安全且流动性强的证券上。为此，该法律中列出了瑞士国家银行允许持有的合格工具。此外还有其他一些法律的限制，其中一些相当得严格。这一情况可能会随着新的修订版本法案的推出而改变，这个版本现在正由瑞士议会进行讨论。该法律近年来已经做过修订，1997 年所做的改动允许瑞士国家银行针对期限、工具以及币种来扩展投资领域。近年来，除了安全性和流动性方面，对回报方面的考虑变得越发重要了。

瑞士国家银行的一部分利润用于风险的预防，剩下的分配给联邦政府和各州。瑞士国家银行和财政部之间有一个协议规定了分配的额度。为了稳定每年的分配量，每 5 年的金额都是固定的。

超过80%的外汇储备投资在以欧元和美元标价的证券上。大部分货币储备投资在了主要工业化国家的政府债券上。此外，美国机构债券、德国抵押债券和抵押支持证券也是重要的资产类型。有一小部分也投资在大银行的定期存款以及超主权国家发行的债券上。债券期货和利率互换用来管理利率风险。然而，股票和公司债是不可以投资的。货币风险是最重要的风险因素，占到了外汇储备总风险的80%，利率风险占了剩下的20%。

瑞士国家银行并不像其他一些中央银行那样区分“流动性”和“财富”投资组合。对流动性因素的考虑主要通过持有高于仅从风险回报角度来说适当的美元水平来体现，以及将投资限制在流动性较低的资产类型上。在内部管理上，货币储备被分成几个单独的货币投资组合由一名到两名投资组合经理进行管理。投资组合管理部门并不获取主动的货币头寸。因为瑞士国家银行不想在外汇市场上获取短期交易头寸，这可能是由于在特定市场条件下易被误解，并可能导致投资组合管理和货币政策之间不希望出现的利率冲突。

第二节　为什么中央银行应当雇用外部管理人

从历史上看，外部管理的储备在中央银行的储备管理框架中只占有很小的比例。对于大多数发展中国家的中央银行来说都是这种情况。流动性和安全性是其外汇投资组合的主要特点，对回报的考虑居于次要的地位。近年来，许多中央银行储备管理的目标都发生了一定程度的改变，风险收益方面的考虑被赋予了更高的权重。因此中央银行的职员感觉需要改进投资程序、考察并扩大投资范围。将特定资产类型委托给外部代理可能会对实现这些目标有所帮助。

对于雇用外部管理人以及他们相对重要的依据，对每个选择这一方式的中央银行来说可能不尽相同。通常，会提及以下一个或多个原因：知识技能转移；给银行内的投资活动提供参照基准；获得额外资产类型的投资机会并强化风险调整回报。所有这些论据都有其优点，尽管还是必须要谨慎：初看上去每一项可能都很有道理，但也都承担着一些不能完全预料到的风险。

知识技能的转移能够改进内部投资过程的质量。然而基本的知识和技术能够很容易地转移，但外部管理人分享他们“专业秘密”的意愿却值得怀疑。因此，知识技能的转移可能会不太完美。

有了外部参照基准就能够更准确地监督和评估内部投资组合管理人。然而，在许多情况下，外部管理人可能并不是一个适当的参照标准。内部投资组合管理人的激励机制可能和外部管理人有所不同。此外，内部管理的投资组合规模通常都更大，因此限制了能够采用的头寸的余地。

对特定资产类型进行管理的成本可能会很高。而通过雇用具有相应市场上有能力和知识的外部管理人来获得对那些额外资产类型的利用可能会更有效率。这个论点对资源密集型部门显然是成立的。由外部管理人对这些部门进行管理能够以一种有效的方式来扩大投资范围。尽管如此，毋庸置疑，内部职员仍必须了解这些资产类型的风险特点以及那些相应市场的功能。这些技能内部必须掌握，以便于对外部管理人实施的投资策略进行经常性的检查。

强化特定资产类型的风险调整回报是实行外部管理更进一步的依据。可以通过对外部管理人进行明确规定的以误差率为目标的跟踪，将一部分风险预算分配给他们。如果他们拥有出众的技能，或是与内部管理人不同领域的技能，将能够更有效率地运用风险预算，并获得更高的风险调整回报。然而，前提条件是在银行之中，选择管理人的程序足够成熟，能够真正找到有能力的管理人。

第三节　为什么瑞士国家银行雇用外部管理人

瑞士国家银行在外部管理人方面的经验可以追溯到20世纪70年代末。在布雷顿森林体系最后的几年及其崩溃之后的余波中，由于对货币市场的干预以及当时瑞士所实行的货币政策，瑞士国家银行的外汇储备显著增加。基础货币主要通过外汇的即期交易和互换交易进行操控。几乎所有外汇储备都存在于美国货币市场。1976年，瑞士国家银行第一次建立起与一家资产管理公司的联系。这家公司被雇来为瑞士国家银行的部分货币储备管理方面提供建议。两年之后，瑞士国家银行首次将一部分美元投资组合委托给一位外部管理人进行管理。其主要目的是为了能够直接进入到美国市场，以及从这位管理人那里学习一些经验，并给内部管理人树立参照基准和增加回报。投资的范围限定在货币市场工具上。

在《国家银行法》经过1997年的修订之后，就允许对期限超过一年的债券进行投资了。这为将货币储备分散到多种货币中提供了可能性。这些币种的较长期债券比相应的货币市场工具更符合流动性标准。在这个背景下，上述的货币市场委托改成了美国政府债券的委托。投资工具主要由国库券和机构债券组成。相应地，也制定了特定的参照标准。

在3年之后的2000年，外部委托的范围扩大到了全球债券和抵押支持证券。扩大范围的原因主要是：（1）通过增加新的资产类型来进一步分散货币储备并由此增加资产的风险调整回报；（2）确保面对的一直是业内最先进的投资程序并迫使内部管理人不断地审视内部程序；（3）在实践中检验多管理人项目的不同的操作问题。我们希望能多获得一些经验，以便于在未来建立起更完善的外部管理人项目。这些经验还可以在我们考虑未来储备管理发展时作为参考。

第四节　外部管理人计划的实施

一、授权结构

委托必须适应现有的储备管理机构框架。这个条件在相当程度上减少了可能委托类型的范围。从法令约束的角度出发，剩下的可能性中，全球债券和抵押支持证券被作为最适合进行委托的类型挑选出来。美国的抵押支持证券作为新的资产类型被添加进来。

全球债券委托的设立与外汇储备结构在货币配置和工具上类似。唯一区别在于外部管理者会主动管理货币。在挑选过程中，对外部管理者的货币管理技能进行了特别考察。货币管理外包的委托则作为可用货币的替代成为一种资产类型。但由于可能的声誉风险和这类委托的复杂程度，目前不会对其作进一步考虑。

二、全球债券的授权结构

投资组合在一个明确的期望跟踪误差率在100～200个基点的范围内进

行主动管理。主动的利率和货币决定可能由投资组合管理人来作出。参照基准是以摩根大通政府债券指数为基准制定的。无参照基准投资也被许可，因而美国机构债券和德国抵押债券以及超主权国家发行的债券也被包括在投资范围之内，但分散产品的总风险暴露是受限制的。外汇远期也可以用于货币管理，但只能用在储备货币范围内。瑞士法郎不会涉及任何的远期合同。利率互换和债券期货可用于期限管理。除了跟踪误差率的限制外，其他类型的限制也在指导方针中有所定义。管理人报酬以固定佣金形式支付。这一决定基于这样的假设：管理公司的投资过程和决策不会与在绩效薪酬下有任何不同。委托关系能够短期内被终止确保了在这一激励下管理人会争取好的结果。

抵押支持证券管理需要特殊的知识和技能，这对内部来说实现成本会很高。作为资产类型之一，抵押支持证券提供了一些有趣的特征。美国的抵押支持证券市场几乎和国债市场具有同样的流动性，信用风险是最小的。抵押支持证券可以更好地对货币储备的美元部分进行分散化，而其回报则超过国债。因此对抵押支持证券管理的要求从分析的角度看会更高。在挑选过程中需要对外部资产管理人的风险管理能力进行仔细检验。

三、MBS 授权结构

投资组合在一个明确的期望跟踪误差率在 50 ~ 100 个基点的范围内进行主动管理。雷曼抵押支持证券指数作为参照基准，表现以美元衡量。除了国债和美国机构债券，投资范围限于机构抵押支持证券，但包括待宣布证券（远期抵押支持证券）和特定类型的抵押支持证券衍生品，即所谓的抵押担保凭证工具。债券期货和利率互换可用来管理利率风险。抵押支持证券管理人收取固定佣金。前面提到的全球债券在此同样适用。

总的来说，外部资产管理公司管理着大约 10% 的外汇储备。它们占外汇储备总风险的份额也大致与此比例相当。

第五节　管理人挑选程序

由相关部门员工组成的委员会掌握着整个挑选过程。风险管理部在外部管理人的挑选中起主导作用。与此同时也开始寻找监督人。一家投资咨询公司为瑞士国家银行的整个挑选过程提供建议。

第一步，首先定义出委托的基本特点。基于投资咨询公司提供的信息，列出一个大名单并向名单上所列的外部管理人发放征求建议书。征求建议书依据一套预设的标准进行评估。这些标准包括投资程序、内部风险管理结构、管理团队素质、他们在既有方针下能够带来价值方面的技能，以及绩效结果的风险回报特点。每一个潜在外部管理人都依据这些标准被排序。投资咨询公司的评价则作为复核。基于这个排名，再列出一个小名单。小名单上的管理人被邀请来给瑞士国家银行作介绍。介绍能让员工了解外部管理人一方的人员，以核对排名并作出最终选择。

管理人的挑选不仅基于每个管理人的总得分，也要看管理人不同的投资程序。在这方面只是宽泛地得出每个外部管理人投资程序的特点，并考虑超额回报的相关矩阵。这个想法是为了通过资产类型以及不同的管理人投资策略的分散化来增加这个项目的效率。这可以通过雇用投资程序相关程度不高的管理人来实现。

组织机构与执行问题

2000 年，外部管理项目的增加对瑞士国家银行的组织机构只有很小的影响。无须建立新的组织结构，现有的部门——风险管理部和投资委员会——是领导。这包括了决定委托的类型，选择管理人，制定指导方针，建立参照基准并监督其遵守。

2000 年外部管理人数量的增长带来了雇用外部监督人的需要。在 2000 年之前，所有外部管理人实施的交易都通过内部的事务部门进行清算。但由于抵押支持证券的清算需要专门的知识技能，因此，决定将所有外部管理人的交易交由一个外部监督人进行清算。这个监督人也负责计算绩效的数据。同时为降低成本，还使用了一个涉及监督人的证券借贷计划。

风险管理部门监督储备和风险头寸，并每日计算风险参数。为此，外部管理人的头寸由监督人传达。然而，数据在质量上还存在着一些小问题。因此，内部管理的资产日常所遵循的程序不能应用在所有的外部管理的资产上。

外部管理人每季度提交的详细报告详尽地阐明了他们的投资策略、绩效以及对经济和金融市场的展望。监督人每月编制绩效报告。瑞士国家银行同外部管理人每半年召开一次投资组合评估会议来更深入地讨论当前的问题并交换对市场发展的看法。

第六节　评价与结论

当然，现在对整个项目的成本收益下最终的结论还为时尚早。项目实行3年之后会对其进行彻底的评估。这个时间维度同样也在管理人的指导方针中有所规定。从纯统计上说，这个维度可能太短而不能判断每个管理人的绩效，但有外部管理人的总绩效只是所有评估时考虑的方面之一——尽管是很重要的一个方面。绩效数据以及相关成本能够评价内部管理与外部管理的优劣，也能够评价主动管理和被动管理的优劣。此外，绩效数据也使我们可以检验并在必要时调整挑选外部管理人的方法。最后，归因分析和风险贡献分析能够让我们检验投资的方式并比较最后的结果和征求建议书以及介绍中所声称的是否一致。

评估能够给适合瑞士国家银行外部管理人项目的委托类型提供一些启示：是广义的委托，如全球债券，还是特殊化的委托，如抵押支持证券更适合我们的需要呢？

除了与绩效相关的评估，我们还尝试评价外部管理项目的“软性”收益。这其中之一便是能够深入了解管理人的投资过程。这能够让我们更敏锐地注意到内部过程的缺点。另一方面是从对额外的市场的监督上获取知识。内部职员必须追踪各个市场和工具，否则就不能实现有效的监督。持续与不同市场打交道的需要强化了对相应市场及其相互依存程度的总体了解。

这个外部管理项目强化了对一个完善的监督体系的需要。我们发现，我们不具备所有必要的工具来对管理人进行足够详细或是频繁的监督。我们正计划建立一个银行范围内的风险预算编制程序。这个想法是为了将所有的投资组合头寸集成到一个系统中，来计算其各自对总体风险和积极风险的贡献，并分解总体风险和积极风险相应的风险因素。在这个基础上，对风险的管理可以将风险预算分配到不同的管理人和资产类型上。

总的来说，我们发现要成功应用外部管理项目需要满足几个特定的先决条件：技术基础设施必须能够实现对管理人和他们的储备头寸进行随时详尽的监控。员工必须了解管理人使用的投资策略。此外，内部员工还需要掌握与所使用的投资工具相关的技能和知识来挑选管理人，以及评估他们是否真地带来了在项目开始时承诺的东西。如果所有这些先决条件得到了满足，部分储备的外部管理会对整体投资活动作出贡献。

然而，储备管理中真正重要的任务——关于资产范围，对投资组合不同要求的权重（流动性、安全性、回报率），以及如何选择储备总体参照基准的问题——仍然需要在内部进行。众所周知，最主要的投资组合风险回报特征是由总体参照基准的设置来决定的。

9 Chapter

第九章 货币储备的风险管理

Ib Hansen 丹麦国家银行风险管理部主任
Christian Olgaard 丹麦国家银行部门负责人
Peter Kaer Jensen 丹麦国家银行经济学家

与其他金融机构一样，中央银行同样暴露在一些金融风险之下。然而中央银行最主要的目标是它的经济政策角色而不是经济成果。因此，中央银行风险管理所面临的问题与一家“标准”的金融机构所面对的问题有所不同。本章从丹麦国家银行的经验出发，讨论若干个在中央银行风险管理中会遇到的问题。

国家银行的首要任务是发行钞票和硬币以及执行外汇和货币政策，因此，丹麦国家银行持有着丹麦克朗以及其他货币资产，随之而来的一些特定风险是国家银行无法避免的。例如，外汇储备总与一些汇率风险相关联，其他的风险诸如利率风险更多反映的是风险与收益的权衡。

国家银行的政策是在测算内在风险的同时，由风险的规避来反映明确的决定以及权衡风险和收益。因此，国家银行的风险是从总体的角度加以考虑的。比如利率风险不会脱离开外汇储备和国内证券投资组合以及外汇储备规模进行单独的考虑，因为它不会影响银行的总体利率风险。外汇储备配置在若干个市场上以降低银行的利率风险。外汇交易是按照远期条件进行操作的，以确保汇率风险主要存在欧元之中，从而使汇率风险最小化。

银行的信用风险被保持在一个很低的水平，并且国家银行的政策目标是完全避免信用损失。高信用水平的交易对手、风险的分散化以及为贷款计提抵押都是重要的影响因素。

除了市场风险和信用风险，丹麦国家银行和其他金融机构一样也面对着法律风险和操作风险。不过这些并不在本章的讨论之内。

第一节　国家银行的核心收入

和其他企业一样，国家银行的风险特征应该从诸如银行收入的角度来考虑。国家银行的收入主要来自三个核心方面：

1. 钞票和硬币：钞票和硬币的流通可以看做是对国家银行的无息贷款。从这项“贷款”得来的收入用来孳生利息，带来铸币税。

2. 外汇储备以及为其融资：从国家银行的视角看，外汇储备体现以丹麦克朗标价的来自银行或中央政府的贷款，并投放在储备中。由于丹麦克朗的利率高于欧元利率，而且丹麦克朗与欧元相比更稳定，孤立来看外汇储备会给国家银行带来成本。丹麦克朗走弱意味着国家银行获得收益——同样也是孤立地来看——因为以丹麦克朗计价的外汇储备价值上涨了。

3. 银行的净资本：净资本被资产产生的回报所抵消。

当然还有其他一些核心方面的收入来源，但它们对国家银行收入的贡献相对小一些。

这三个核心方面与丹麦国家银行作为中央银行的角色紧密相连。这些收益可被称为银行的核心收入。如果资本由于利率和汇率波动发生损失的风险维持在尽可能低的水平上，并且银行只进行作为中央银行所应进行的交易，这个核心收入就是银行的收入。

这样一个投资策略就意味着国家银行进行非常短期的借贷并以官方利率配置在丹麦克朗上。而国外资产则以短期欧元利率配置在欧元上。在这种策略下，银行的收入将会逐年和短期利率与欧元区的短期利率差价保持同步。但国家银行不会面临因利率波动带来的价值调整。以 2000 年 5 月初的利率来计算 1999 年末资产负债表上的组成项目，国家银行的核心收入估计约为每年 30 亿丹麦克朗（见表 9.1）。

表 9.1　国家银行核心收入

	利率①（%每年）	金额②（十亿丹麦克朗）	利息（十亿丹麦克朗）
对应钞票和硬币	4.10	46	1.9
外汇储备和为储备融资	-0.35	160	-0.6
对应净资本	4.10	42	1.7
总计			3.0

注：①钞票和硬币以及国家银行净资本的贷款利率按 5 月初计算。对于外汇储备，欧洲中央银行官方利率与国家银行贷款利率之差按 5 月初计算。

②按 1999 年末计算。

第二节 国家银行的金融风险

然而，国家银行的实际收益也受到一些风险因素的影响。这包括一些市场相关因素，主要为利率和汇率以及信用相关因素，如与交易对手偿债能力相关的因素。有些风险不可避免地与前面提到的核心方面相关联，但国家银行也会面临一些并不是严格意义上的作为中央银行角色所带来的风险。因此，国家银行的收益除去那些核心收入之外，也包括那些通过承担额外风险所获得的收益。这些风险是在不可避免的风险之外的，由国家银行投资组合的指导方针所带来的。这些方针由董事会成员决定。

总体而言，敏感度和风险是有区别的。敏感度是国家银行在特定风险因素（比如利率）改变的情况下可能发生损失的程度。外汇敏感度的编制是基于外汇储备额的市场价值。利率敏感度表示利率每上涨 1 个百分点给国家银行带来的资本损失。

在编制这一风险时，损失的概率通过将敏感度与风险因素发生变化的概率相结合来估算。例如，风险价值用来编制总市场风险。它表示在给定时间区间内、给定的概率下的最大损失。

国家银行的损失风险主要归因于与外汇储备配置和国内的投资组合相关的利率风险。国家银行的汇率风险相对比较有限，因为其外汇风险暴露主要是以欧元标价的。与那些通过承担信用风险来实现收入的私人银行相比，国家银行的目标是避免信用损失。

一、利率风险

国家银行将国内投资组合和一部分外汇储备配置在一定期限的债券上。一方面，它需要承担利率上升带来的资本损失风险，但另一方面，它通常会带来更高的收益，因为长期利率通常要高于短期利率。对利率变化敏感度的度量是以利率变化 1 个百分点，以丹麦克朗为标价的市场价值的敏感度，这又被称为“克朗久期”。

总的利率敏感度被分配在欧元区、美国、日本和英国的金融市场上，如表 9.2 所示。这样分配的目的主要是为了分散资本损失的风险。经验显示，不同的金融市场上存在着特定的关联（协方差）。这个关联不是很完美，因此，资本损失风险可以通过分散化利率风险并配置在若干个市场上来降低。

表 9.2　国家银行的利率敏感度

利率上涨 1% 的资本损失（十亿丹麦克朗）	2000 年末	2001 年末
克朗	1.3	1.2
欧元	1.1	1.0
英镑	0.2	0.2
美元	0.8	0.8
日元	0.1	0.1
总计	3.4	3.3

测算大多数国家银行持有的债券的利率敏感度相对来说比较简单。然而对于发行人拥有提前还款权的丹麦抵押债券来说却不是这样。抵押债券复杂的利率敏感度依靠若干个因素，例如当前利率水平、利率波动性和房主未来的提前还款行为。抵押债券的利率敏感度通过期权模型来计算，并辅之以持续的经验评估来改进模型的结果。以前，利率敏感度是以丹麦金融管理局为计算银行利率变动敏感度而编制的因素来计算的。这些因素每季度都会更新，但如果利率敏感度由于利率波动而发生了变化，这个时间段对于总利率风险的适当调整来说就太长了。

当外汇在很短的期限内买卖时，配置也会受到影响。国家银行的总利率敏感度可通过改变外汇储备而保持不受影响。这可以归结为两个原因。首先，外汇储备的变化不会影响净资本。如前所述，外汇储备的变化被银行净头寸或中央政府账户的变化所抵消。其次，外汇储备的增加不会提高国家银行的盈利能力。换言之，国家银行承担损失的能力不会受外汇储备变化的影响。

二、为什么国家银行承担利率风险

从历史上看，长期利率平均一直高于短期利率。换言之，在一定时期内，投资在长期债券上的收益要高于从可变利率上如短期银行存款中的收益。此外，信用风险可以通过投资在政府债券上来降低，而不是存在银行里。

因此，国家银行将包括外汇储备在内的一部分资产投放在固定收益债券中。尽管长期来说期望回报会更高一些，但这种投资在特定时期内仍存在资本损失的风险。国家银行通过将资金只投资在可变利率资产上来规避这一风险。然而，与获得的回报溢价相比较，这一风险程度还是合理的。

三、利率风险与外汇储备的规模

风险水平的评估是与国家银行承受损失的能力相关的，表现为收入和自有资本的规模，因而风险评估的基础是总的资产负债表，而不是单独的外汇储备。这意味着外汇储备的波动不应影响到利率风险水平。外汇储备的变化通常会伴随着国家银行的负债在可变利率下等额的变化，因此承受损失的能力并不会发生变化，所以不需要增加国家银行的总利率风险。总利率风险被维持在一个稳定的水平上，这是因为，对于负债而言，外汇储备的变化是随着短期利率工具的波动而发生的。另外，如果增加的外汇储备投资在固定收益债券上，国家银行的杠杆比率将会提高，因而自有资本的部分风险会增加。

第三节　克朗久期的概念

管理国家银行利率风险的总目标是克朗久期。一个投资组合的克朗久期是它的久期乘以其市值①。克朗久期可以解释为当利率上涨1%时以克朗计算的损失。这个目标描述了利率期限结构的平行移动。

当使用一个固定的克朗久期目标来管理利率风险时，外汇储备的波动不会影响到利率风险。当外汇储备增加时，如果新增外汇储备被投资于零久期金融工具上，即投资于货币市场，那么克朗久期就会维持在一个固定的水平上。另外，外汇储备的固定的久期会使得国家银行的利率风险上升同时伴随着外汇储备的增加。

克朗久期并不表示给定利率变化的概率，因而并不是一个风险的度量值。相反，克朗久期可以视为国家银行对利率的期限结构平行移动的敏感度

① 使用的是修正久期。债券的修正久期是当利率波动1%时，价格变动百分比的近似值。

的度量。

一、确定克朗久期水平

2000 年末，国家银行的克朗久期目标为 34 亿丹麦克朗，主要分布在外汇储备和国家银行持有的以克朗标价的债券之间。2000 年末，外汇储备的克朗久期为 18 亿丹麦克朗。

克朗久期目标在国家银行总体金融风险的基础上固定，并确保这是一个可接受的水平来保护国家银行的金融能力。因为如前所述，克朗久期可以用来度量国家银行对利率波动敏感度，其本身并不代表可能发生的损失规模。估算后者的基本工具是风险价值和压力测试。风险价值用来度量在给定概率下利率和汇率波动给国家银行带来的损失。经验显示，风险价值不能适用于极端的情况，因此把压力测试作为补充。压力测试是将当前资产负债表的结构与历史上利率和汇率波动的极端情况下的资产负债表作比较。

二、决策过程

前面提到的外汇储备的克朗久期目标体现了长期收益与风险的权衡。董事会每年至少批准一次国家银行的总克朗久期水平及其在外汇储备上的分布以及本币投资组合。

国家银行的实际克朗久期目标可能会与中央目标有所偏离。这种偏离发生在同一个框架下的如下两个阶段之中，这种情况也是通过董事会批准的（见图 9.1）。第一个阶段是策略性头寸，体现了对利率长期发展的期望。这一头寸每月都要进行评估。第二阶段体现对外汇储备进行日常配置的投资组合管理人所控制的短期头寸。实际克朗久期是中央目标与其他两个头寸之和。

三、外汇储备投资的基准

对给定的克朗久期，需要适当地分散风险。需要让选定水平的克朗久期分布在不同的币种和期限上，这样才能确保利率风险和流动性风险的分散，以及作为外汇储备投资的参照基准的总体结构。实际参照基准通过分配市值到一定币种和期限的特定的债券以及投资货币市场来得到。这样这些证券总

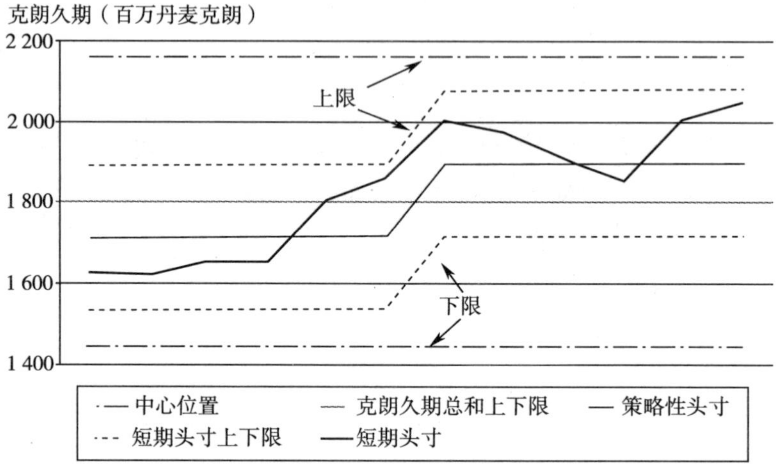

注：此图为理论上克朗久期随时间变化的示例。

图 9.1 克朗久期波动区间

的市值就与外汇储备的规模相符了。

国家银行设计了自己的外汇储备参照基准。同样也可以选择主要投资银行中的一个指数作为替代。但有一个缺点是，它们是根据发行人对期限的偏好进行管理的。通过建立自己的参照基准，国家银行能更主动地为外汇储备选择投资策略。

四、克朗久期的币种分布

回报和风险的比率可以通过将克朗久期分散到额外的币种来改善，即给定克朗久期的期望风险可以通过分散投资来降低。储备投资的币种间利率协方差越小，分散化的收益越大。分布于若干个币种也可以分散流动性风险。

外汇储备投资在四种货币上：欧元、美元、英镑和日元①。选择这些货币是因为欧元区成员国、美国、英国和日本拥有最具流动性的债券市场，以及很高的信用排名。这四个地区是世界最大的几个经济体，也是国家银行最熟悉的几个经济体。投资管理需要掌握该地区金融市场趋势的知识，同时也要积累这方面的专业知识。

---

① 可能还有其他货币上的投资，但与提到的四种货币相比份额很小。

超过一半的克朗久期投资在欧元市场（见表9.2）。出于固定汇率政策，克朗是与欧元联系的，因此很自然会将一大部分的外汇储备投资在欧元上。还有很大一部分克朗久期是投资于美元的。美国债券市场具有最好的流动性，并且使用美元进行干预也是对欧元的一个可行的替代。剩下20%的克朗久期等量分配在英镑和日元上。这主要是为了分散利率风险和流动性风险。

五、克朗久期的期限分布

对于这四种主要货币，克朗久期分配的期限在0~10年。期限被分成10年的范围，每一个范围都分配总克朗久期的一部分。给定范围内的市值由克朗久期除以久期来计算。剩余的则按可变利率投放在银行存款中。

图9.2显示了以美元投资组合为例的市值和克朗久期的相关度。10个期限范围中的克朗久期都是相等的，为4 600万丹麦克朗。对更长的期限，在其他因素相同的情况下，一只债券的久期会更长，而实现一个给定久期的市值会更小。因此，平均分配的克朗久期使得市值与期限共同减少。货币市场投资的市值由260亿丹麦克朗的总投资减去投资在债券上的170亿丹麦克朗来决定，约为85亿丹麦克朗。

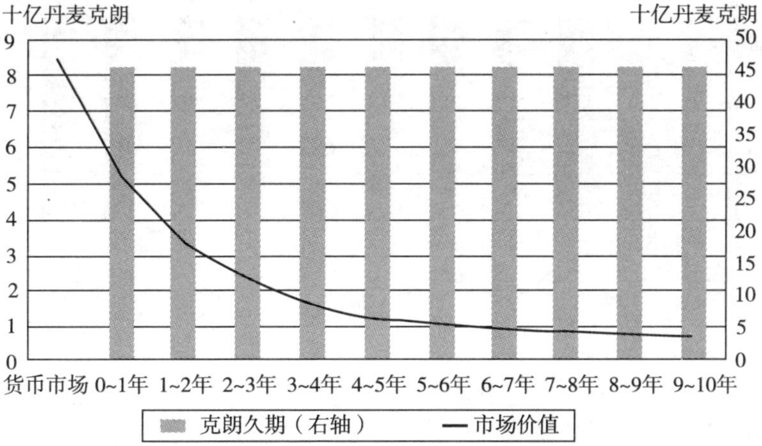

图9.2 克朗久期和市场价值按期限分配的示例

原则上，目标是使利率风险在收益曲线上平均分布，即如图 9.2 所模拟的。对此的解释是外汇储备对整个 0～10 年收益曲线上利率波动的敏感度是相同的。虽然克朗久期这一概念本身就是用来度量对期限结构平行移动的敏感度的，其在曲线上的分布表示依据参照基准针对不同期限的对利率波动的敏感度所作出的选择。

决定投资在某种货币上的总规模以便实现适合的货币市场投资水平。对于英镑和日元，这意味着可采用的头寸。与克朗久期的增加相关的参照基准可以通过减少货币市场投资并增加债券投资组合来实现。选择一个略高的美元货币市场投资水平是出于美元作为干预货币的角色。

作为干预储备的要素之一，在欧元货币市场上的投资处在一个特定水平之上。通常干预行为只涉及这些投资额度的变化。如果在欧元货币市场上的投资下降了，可以通过如改变克朗久期的期限分布来使之增加。通过增加长期部分的克朗久期并减少短期部分的，资金会从债券市场上释放出来，因为给定的克朗久期是通过使长期部分市值少于短期部分来实现的（见图 9.3）。

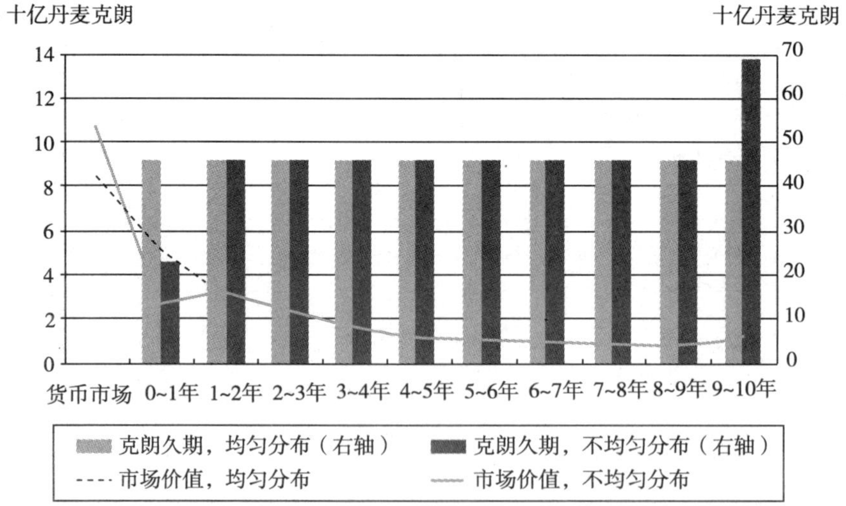

注：负的金额表示当外币价值增加时，丹麦国家银行持有负债。特别提款权的价值分配在相应货币中。

图 9.3　克朗久期分配的改变对市值按期限分配的影响示例

六、基准中的证券

为每一种货币都选择了一种或若干种不同期限的有价证券。参照基准中给定的有价证券的权重是在期限范围内市值与总市值的比率。剩余期限的减少意味着久期在缓慢下降，因而有价证券的市值必然在缓慢增长，以保持克朗久期的恒定。证券权重的重新平衡每日都在进行。当一种有价证券快到期时，就要有新的剩余期限较长的有价证券被添加进来。

参照基准投资组合只由政府债券构成。国家银行的外汇储备信贷政策是只投资于中央政府、政府担保机构和超主权国家机构所发行的债券。在这些发行者当中，政府债券是所有期限范围中最佳的证券来源。这确保了在不同币种和期限范围内的一致选择。

以欧元标价的投资组合非常特殊，因为欧元是若干国家间的一个货币联盟，因此以欧元标价的投资能够分散到多个国家当中。欧元的参照基准目前包括德国、法国和意大利的不同期限范围的证券。国家的数量保持在三个以维持一个相对简单的参照基准。这三个国家是根据市场流动性以及更好的收益机会两个条件选定的。

第四节 汇率风险

外汇风险是指由汇率波动所带来的资本损失风险。丹麦国家银行持有相当多的外汇资产，首先是作为干预储备使用的外汇储备。和其他中央银行一样，丹麦国家银行也不能避免外汇风险。以外汇为标价的资产中的汇率风险通过远期卖出美元、英镑和日元得到欧元来控制。这降低了丹麦国家银行的这几种货币的债券市场和货币市场投资的汇率风险。例如，2001年末，丹麦国家银行持有价值110亿丹麦克朗的英镑资产，同时卖出了价值110亿丹麦克朗的英镑远期，因此总体净英镑价值总计为零。但汇率风险也不能完全通过卖出远期货币得到克朗来消除，因为这将会影响克朗的汇率。

丹麦国家银行的外汇储备敏感度几乎完全紧跟欧元（见表9.3）。丹麦克朗对美元、日元和英镑汇率的变化只对丹麦国家银行产生有限的影响。

表 9.3 丹麦国家银行的外汇头寸

市值（十亿丹麦克朗）	2000 年末总额	2001 年末		
		持有	远期合同	总额
欧元	127	96	62	158
英镑	2	11	-11	0
美元	-2	41	-43	-2
日元	1	8	-8	0
黄金	5	5	0	5
总计	133	161	0	161

注：负的金额表示当外币价值增加时，丹麦国家银行持有负债。特别提款权的价值分配到相应货币中。

中央政府以外币标价的债务筹集主要用来给国家银行提供充足的外汇储备，因此国家银行的收益会转移给中央政府。从 1992 年起货币的分配由国家银行和中央政府合作管理。这消除了中央政府和国家银行在中央政府筹措或支付债务时总体风险的大幅波动。其基本原理是将中央政府和国家银行发行的净债务看成一个整体，除了不可避免地持有欧元风险敞口之外，这些净债务将面临有限的外汇风险。从丹麦的固定汇率政策的观点看，欧元被认为是风险最低的货币。因此，中央政府负债和丹麦国家银行的资产的汇率风险主要集中在欧元上。合作管理已于 2001 年 1 月 1 日终止。这个政策确保了借入和偿还都使用同一种货币。

和中央政府偿还债务尤其是美元债务一致，整个 20 世纪 90 年代，考虑到欧洲市场增加的投资机会，国家银行的非欧元货币储备大量减少了（见图 9.4）。

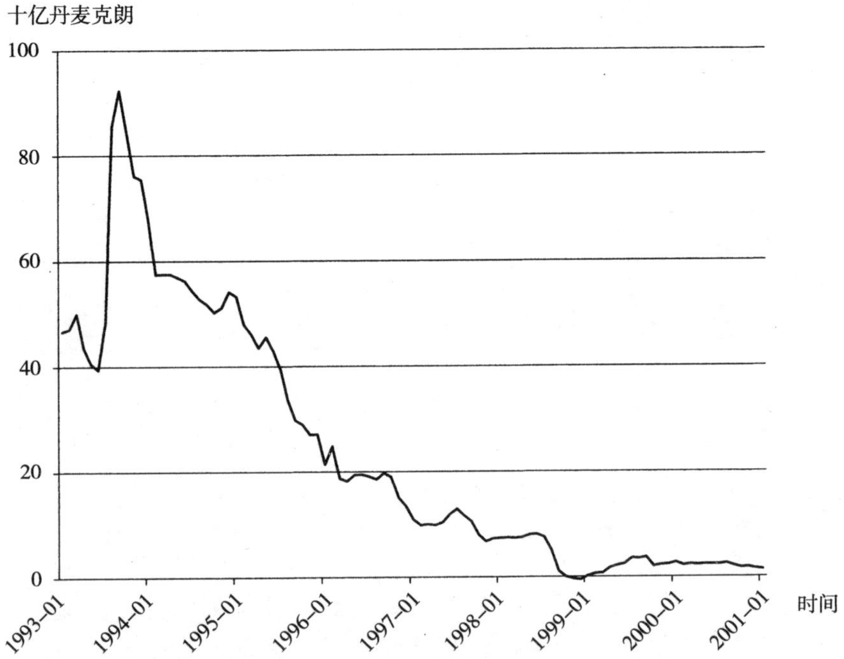

图 9.4　丹麦国家银行的非欧元货币敞口

第五节　流动性风险

当然，在丹麦克朗需要支持的时候，外汇储备必须是可用的。因此，部分外汇储备必须保持随时可用于干预目的。为了对干预的范围有个大致印象，图 9.5 显示了 1991 ~ 2000 年，国家银行基于每日给定金额范围内进行干预的天数。这幅图还包括了 1993 年欧洲货币体系动荡时期，由于波动范围扩大，因而国家银行也进行了相当金额的干预。

如果干预带来对货币市场投资的显著下降，可以通过调整克朗久期的期限分布来使其增加。

另一个为干预目的提供流动性的工具是抵押债券借款。当债券抵押达成

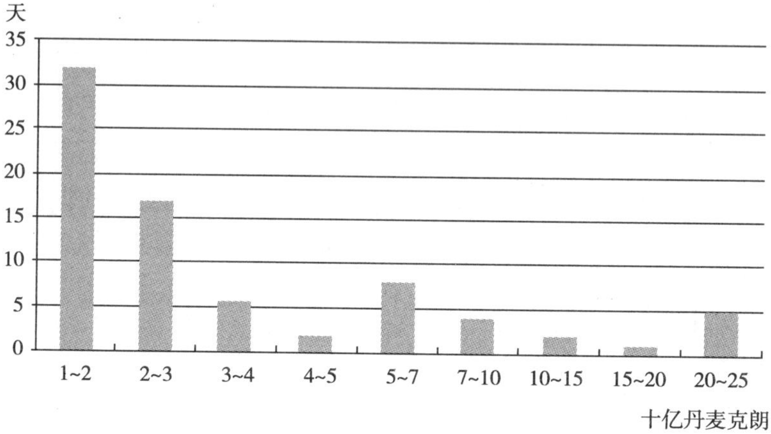

注：少于十亿丹麦克朗的干预行动没有被包含在内，这种类型的干预经常发生。

图 9.5 1991 ~ 2000 年日常干预卖出外汇并买入丹麦克朗（按规模分布）

协定，国家银行获得流动性，而交易对手得到债券作为保证。国家银行将波动风险计入债券在借贷时约定的回购价格，因而克朗久期不会受到这一交易的影响。

因此，在决定克朗久期水平的时候并不把流动性储备作为一个特别的限制因素。然而，它可能会限制克朗久期的期限分布。因此，外汇储备也投资在能够用于干预的容易变现的证券中。部分储备以银行存款的形式持有。债券的投资分散在若干个有流动性的市场里。即便在个别市场出现了流动性问题，仍然可以出售其他市场的债券来弥补。最后，外汇储备也会投资在一些高信用评级的债券中，这些债券能够作为抵押品进行抵押贷款。通过这种方式，债券可以不用出售而获得流动资金。国家银行与其他几家国际银行签署了协议，这样债券可以很快地被用来进行抵押贷款。这也确保了当银行储蓄不充足的时候利率风险不会对其带来影响。

另一个流动性储备的工具是中央政府的商业票据项目。这些项目由国家银行进行管理。这个信贷额度能够在短期内提供最多 120 亿美元的信贷。依照欧洲汇率机制第二协定，当丹麦克朗对中央汇率的波动达到了限制程度时，国家银行也在欧洲中央银行拥有自动借款权。

第六节 信用风险

当交易对手的债务违约时，国家银行会遭受损失，这被称为信用风险。与商业金融机构不同，国家银行不追求通过承担信用风险获利的目标。商业金融机构必须预料到它们的一部分客户（交易对手）会违约，并造成信贷损失。相比之下，国家银行信用风险管理的目标是避免信贷损失。

信贷政策目标有三种实现方式。首先，国家银行只与高信用水平的交易对手进行交易。评价交易对手的信用水平，最主要是依靠声誉良好的国际评级机构发布的评级。其次，投资分散在多个高评级的交易对手中。最后，需要对国家银行的大部分债权要求担保。

外汇储备投资在债券和银行存款中，并且只购买由高评级国家或由高评级国家明确或隐性担保的机构所发行的债券，或者以相对较短期限存放在评级比较高的银行里。作为高评级要求的补充，国家银行还与一些银行签订了提供担保的协议。近年来，国家银行投资模式越来越趋向于对大部分银行存款进行担保。

表 9.4 外汇储备总信用敞口和国内证券投资组合（2001 年末）

单位：十亿丹麦克朗

	2000 年总额	债券		银行债权		超主权国家机构	总额
		政府	其他	有担保	无担保		
Aaa	66.6	57.2	19.9	—	9.2	4.5	90.8
Aa1	11.0	4.6	1.1	9.1	4.3	—	19.1
Aa2	12.4	0.7	7.9	0.7	9.2	—	18.5
Aa3	52.8	12.4	1.9	17.1	15.8	—	47.2
A1	5.1	—	0.4	3.4	1.7	—	5.5
A2	2.2	—	—	3.4	0.4	—	3.8
A3	2.4	—	—	—	—	—	—
无评级	15.7	—	3.4	0.4	0.1	9.7	13.6
总额	168.2	74.9	34.6	34.1	40.7	14.2	198.9

注：采用了穆迪信用评级。评级的范围从 Aaa 级到 D 级，Aaa 级是最高信用级别。

国家银行在特定的国际机构如国际货币基金组织和国际清算银行也有账户，这些机构是没有评级的，但都被认为是具有较高信用水平的交易对手。国际货币基金组织的账户体现了国家银行的国际承诺。国内的投资组合则投资在丹麦中央政府债券以及抵押债券和类似具有高信用等级的债券上。

国家银行也会面对一些与货币政策操作相关的信用风险，其中，一些银行可能借入短期贷款，还会与国家银行进行日内提款的结算交易，以及银行的现金储存。这一风险可以通过担保的要求加以控制。

第七节 风险量化

表9.2、表9.3、表9.4显示了国家银行对利率、汇率和信用因素的敏感度，这些都是国家银行面对的金融风险。然而，敏感度不是国家银行由于这些指标变化引起损失风险的单一指标。评估国家银行风险特征是相当复杂的，因为除了这些敏感度的度量之外，还需要评价利率、汇率和信用因素未来各自变化的可能性。

发生损失的风险还与这些风险因素未来的协方差有关。国家银行在低的协方差下，可以通过在多个市场分散投资来降低损失风险。在这种情况下，在一个市场上遭受损失同时也在另一个市场上遭受损失的概率就比较小。而高的协方差通常表明在一个市场的损失会伴随着在另一个市场的损失，因而投资组合分散化不能明显降低总风险。

在过去十年中，量化风险的方法有了显著的发展，尤其是在量化市场风险方面，如由于利率和汇率变化造成损失的风险。在利率和汇率方面有大量的历史数据可应用于统计分析上。然而大量数据也不能保证未来的变化会按照历史的图形波动。

并没有一个很明确的用来编制总市场风险的方法。因此，要应用多个不同的市场风险度量方法来分析当前的其他投资组合结构可能的损失。而量化信用风险远比市场风险更困难，其主要原因是量化信用损失概率更困难，尤其是对高信用质量的交易对手的量化。

一、在险价值

在险价值是最常用的市场风险度量方法。这种方法给出了一定期限内一定概率下的最大损失。国家银行有两种在险价值的计算方法——基于分析和基于历史的在险价值。时间跨度选择一般为一年，这样可以将估算的在险价值与年收入相比较。基于分析的在险价值是在估算所有（原则上）相关金融变量波动的相关性的基础上计算的。结合国家银行投资组合的数据可以得出国家银行基于分析的在险价值。

基于分析的在险价值存在着若干个方法上的问题。一个总的问题是假设价格变化是正态分布的。但经验显示，在实践中，“尾部”区域要比正态分布更宽，因而这种方法会低估大规模损失的风险。

一个与此有关的更具体的问题是在险价值估算的跨度。所使用的来自外部提供者的相关性和波动性通常是基于近期数据计算出来，因此三个月以外的观测值就显得不重要了。然而，如前所述，国家银行选择的风险是以一年时间为跨度的。换句话说，该风险是基于期限很短的历史数据进行评估的，这些数据的期限明显低于估计在险价值所使用的时间长短。

基于历史的在险价值是基于利率和汇率数年的实际变动计算的。特别地，利率和汇率的变动（分布在一年期限的时间段上）是以从一个时期结束到下一个时期结束来计算的。基于国家银行 1999 年底的投资组合结构，国家银行的在险价值调整可以用这些利率和汇率的变化计算得出。基于 1991 ~ 2000 年的数据，可以计算出 110 个独立的月度价值调整，按规模和年度排序。所得出分布的 5%（包括最大的 6 笔损失）是期限为一年的、显著水平为 95% 的基于历史的在险价值。

这种方法的不足是，它不能完全捕捉到波动性或相关性随时间发生的结构性的改变，这种方法认为，5 ~ 10 年前利率和汇率的变动代表了未来利率和汇率的变动，正如代表最近一年利率和汇率变动一样。

尽管存在一些不足，但这两种在险价值的度量方法对计算国家银行的市场风险有着重大的贡献（见表 9.5）。1999 年底基于分析的在险价值（不包括黄金）约为 33 亿丹麦克朗。这意味着，按照基于分析的在险价值，国家银行下一年最大的资本损失不超过 33 亿丹麦克朗的概率是 95%。1998 年秋，当在俄罗斯危机之后金融市场动荡达到了峰值时，基于分析的在险价值约为72亿丹麦克朗，但随着市场逐步稳定而相应逐渐下降。大部分基于分析的在险价值是由于利率变动导致的（见图9.6）。这幅图也显示了国家银行的在险价值随投资组合的分散化明显下降。

表9.5 国家银行在险价值（1999年末）

单位：十亿丹麦克朗

显著水平95%，限度1年	基于分析	基于历史	
	不包括黄金	不包括黄金	包括黄金
包括克朗/欧元风险	3.3	5.2	5.0
不包括克朗/欧元风险	3.2	3.3	3.7

注：现在在险价值的计算中不包括黄金。

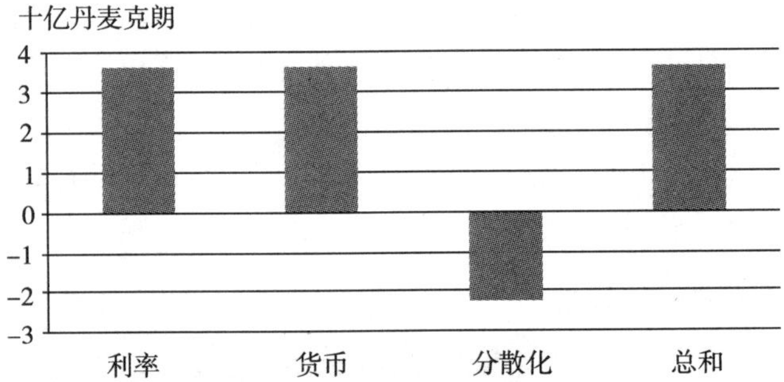

图9.6 对基于分析的在险价值的贡献因素

基于历史的在险价值（不包括黄金）是52亿丹麦克朗，高于基于分析的在险价值。这主要归因于20世纪90年代前半期丹麦克朗对欧元的波动幅度明显大于最近几年。尤其是发生在1992～1993年以及后来的1995年的欧洲的货币动荡也起到一定作用。

从固定汇率政策的观点看，丹麦克朗对欧元的风险并不是传统意义上的市场风险。只要这个政策继续执行下去，这个风险的长期实际值就是零——尽管日常会有一些小幅波动。此外，不同于几乎所有其他金融机构，国家银行不仅有机会也有责任去影响丹麦克朗对欧元汇率的变动。只有丹麦克朗对欧元升值才会使国家银行蒙受损失。

因而丹麦克朗对欧元的风险属于内在风险，在计算国家银行的在险价值时最好将其剔除出去。这表明基于分析的在险价值只要出现很小的下降，而基于历史的在险价值则会下降30%～40%。这样，用这两种方法进行在险价值估算的结果都是30亿～35亿丹麦克朗的规模。

黄金可以加入到基于历史的在险价值的计算中。然而，尽管黄金在国家银行资产负债表所列资产中具有最大的市场风险，但对结果的影响是有限的。在计算中加入黄金甚至还会稍微减少在险价值（见表9.5）。这一结果需要谨慎理解，由于观察值的数量有限以及黄金的作用，因而在险价值对于所选区间很敏感。更普遍地说，计算结果体现出黄金价格（以丹麦克朗计价）与其他金融变量的价格相关程度较低。换言之，黄金对风险的贡献比乍看上去要小。

二、压力情景

在险价值估算给总的风险损失提供了信息，但不包含极端情况（在价值调整分布的极端的右边"尾部"）。压力情景在这方面有一定的作用。压力情景就是对极端市场变动情况下造成的结果的计算示例。当然，压力情景的结果与所使用的压力程度有关。这个情景必须是极端的，但仍要反映现实情况。

这里使用的方法考虑了利率和汇率在1991～2000年的历史变动，用来识别特别不利的时期。基于1999年末的投资组合，如果相同的变动发生，对国家银行的损失进行估算。有以下三个具体的情景被提出：

1. 造成总的利率和汇率损失最大的年度。

2. 造成利率损失最大的年度，加上汇率损失最大的年度。这些损失无须同时发生。

3. 每个一年期限时段内每种货币造成最大的利率损失的年份，加上每种货币造成最大的汇率损失的年份。这些损失无须同时发生。

这三个情景共造成了110亿～170亿丹麦克朗的资本损失（见表9.6）。最大的损失是由总利率上升2～3个百分点以及丹麦克朗升值约4%共同造成的。

如在险价值的计算一样，压力情景也受到丹麦克朗对欧元汇率风险的影响，尤其是丹麦克朗在1993年8月走弱之后又逐渐走强的影响。如果不考虑这一因素，损失将明显降低。

表 9.6 压力情景（1999 年末）

十亿丹麦克朗	包括丹麦克朗对欧元汇率风险			不包括丹麦克朗对欧元汇率风险		
	总损失	利率损失	汇率损失	总损失	利率损失	汇率损失
情景 1	10.8	3.8	7.0	7.4	6.5	0.9
情景 2	13.6	6.6	7.0	8.0	6.6	1.4
情景 3	16.8	8.4	8.4	10.5	8.4	2.1

三、总结

国家银行的净资本在 1999 年末是 420 亿丹麦克朗，国家银行的核心收入年均在 30 亿丹麦克朗。银行的信用风险可以用“非常有限”来形容。在这一背景下，在利率和汇率（不包括丹麦克朗对欧元变动）上的最大损失 20 年中有 19 年不会超过约 35 亿丹麦克朗，因此无须过虑。

压力情景会造成重大损失，但不会对银行的净资本造成严重影响。在最极端且不太可能的情形下，损失金额大约为银行净资本的 40%。作为比较，1994 年国家银行的美元风险暴露比如今要高许多，资本损失达到了净资本的 30%。总体结论是国家银行所面对的市场风险相当适中的，总体的风险特征可以认为是审慎的。

10 Chapter

第十章

更少的政府债券：反思储备组合

Roberts L. Grava
拉脱维亚银行外汇部负责人

近年来，中央银行对储备投资组合的回报日益重视起来。传统上，中央银行是藏在“保守主义”的斗篷下，最大化流动性并最小化储备的市场风险。但如今，更多的努力集中在了降低持有储备的成本或提高持有储备的收益上。如果储备是借贷来的，则其有形成本中包含了可能能够最小化的成本。如果储备是以未达到最优的投资组合的形式持有的，则显然存在机会成本。许多中央银行的操作资金都来自于储备管理的收入，因此增加回报成为其一个重要目标。同时，由于全球更为透明化的趋势一直在持续，越来越成熟的监管者、政府、公民和股权人要求中央银行对国家资产的使用体现出效率。

因此，中央银行的储备管理者越来越多地使用或讨论将非政府证券应用于储备投资组合当中。本章试图将这个讨论更深入地进行下去。拉脱维亚银行在投资非政府固定收益证券方面已有数年的经验，我们在此分析的目的是对更多地在储备投资组合中持有非政府证券的观点表示支持。我们还将讨论一些传统观点，这些观点曾经让中央银行过度地将资产分配在政府固定收益证券上，尽管这些资产不能提供满意的回报。

我们有足够充分的理由说明，不仅需要将非政府证券引入到中央银行储备投资组合中，也需要投资更多的份额到这类资产上。此外，我们发现传统的观点在考虑储备投资组合适当的风险参数时似乎缺乏金融基础。尤其是，我们发现，对于当需要干预时将非政府证券变现的交易成本会带来重大负面影响的担心，显然是过了头的。这个担心要成立，非政府证券的买卖价差必须要上升到一个只在偶尔相对缺乏流动性时才会有的不合理的水平上，只有这样，才能给维持短期流动性部分或长期过度分配在政府债券上的行为提供理由。因此，中央银行可以考虑增加在非政府证券上的投资。

第一节　历史数据分析

本章中，我们分析了美林债券指数从 1978 年 1 月到 2002 年 6 月的月度数据。我们还将美国政府、美国机构以及美国 AAA - AA 级别和 A - BBB 级别的公司部门分成了 1 ~3 年、3 ~5 年、5 ~10 年、10 ~15 年以及大于 15 年的期限组，分析了它们总的回报数据。同时，类似地，我们也对美林 3 个月美国国债指数信息进行了分析。不同于随意选择一个历史时间段并使用观测的平均回报值和波动作为分析基础的方法，我们运用了放回抽样的方法将历史数据输入来计算模拟的可能回报。

为了得出一种资产类型（此处定义为特定期限组中的特定部门）的年回报，我们随机从历史数据中选取了一个数据。那个月的每种资产类型的实际总回报以及接下来两个月的观察数据构成了每种资产类型的季度总回报。在此我们使用季度回报而不用月度回报，以此来观察这些资产类型的共同变动。这个随机选取数据的过程会再重复进行三次，从而得出四个每种资产类型的季度回报值，一同构成一个年度总回报数字。运用这种方法，我们给每类资产生成了 100 000 个模拟年度回报值，并用这些数据来计算年均回报和标准差，把得出的两个数字作为期望年回报和风险。

此外，我们还想知道是否将注意力更多地放在最近的数据上会得出显著不同的期望回报和风险参数。为此，我们构建了三个不同的加权集合："最近"、"近期"和"同等权重"。我们为每个场景选择了一个衰减因子以期降低把更早的数据选到模拟回报样本中的可能性。特别地，设衰减因子为 d，相对于更近期的观测值，较早的观察值会有一个（1 - d）的概率权重，以此降低选到较早观测值用于年回报计算的可能性。

"最近"加权集合使用 0. 9843 作为衰减因子，最近的观测值被包含进年度回报样本的可能性比最早的观测值高 100 倍。"近期"加权集合使用 0. 9921 作为衰减因子，最近的观测值被包含进样本的可能性是最早的观测值的 10 倍。"同等权重"加权集合使用 1 作为衰减因子，因而观测值的选择的可能性是相同的（见表 10. 1）。

表 10.1　期望回报和风险　　单位：%

权重	部门		期限（年）					
			短期国库券	1～3	3～5	5～10	10～15	>15
最近	政府	年均回报率	5.21	6.83	7.76	8.25	8.62	9.16
		标准差	0.97	2.33	4.38	6.30	7.06	9.63
	机构	年均回报率		7.11	7.97	8.67	8.88	9.50
		标准差		2.35	3.99	5.94	6.64	9.10
	AAA－A	年均回报率		7.64	8.32	8.66	8.80	9.03
		标准差		2.36	3.95	5.73	7.09	7.67
	A－BBB	年均回报率		7.29	7.85	8.14	9.05	8.32
		标准差		2.35	3.70	5.40	6.95	7.36
近期	政府	年均回报率	5.99	7.47	8.36	8.83	9.44	10.02
		标准差	1.31	2.94	5.06	7.18	8.60	10.93
	机构	年均回报率		7.71	8.52	9.21	9.56	10.35
		标准差		3.03	4.81	6.99	7.95	10.14
	AAA－A	年均回报率		8.16	8.72	9.21	9.59	9.80
		标准差		2.87	4.60	6.44	8.42	9.12
	A－BBB	年均回报率		8.08	8.59	8.96	9.84	9.47
		标准差		2.84	4.33	6.25	8.07	8.75
同等权重	政府	年均回报率	7.42	8.59	9.21	9.30	10.10	10.44
		标准差	1.70	3.94	6.28	8.71	10.94	12.95
	机构	年均回报率		8.78	9.38	9.81	10.09	10.93
		标准差		4.15	6.31	8.93	10.27	11.82
	AAA－A	年均回报率		9.07	9.37	9.83	10.20	10.30
		标准差		3.76	5.95	7.72	10.52	11.49
	A－BBB	年均回报率		9.30	9.59	9.76	10.47	10.26
		标准差		3.61	5.45	7.63	9.91	11.01

资料来源：美林债券指数（1978 年 1 月至 2002 年 6 月）。

初步分析能很快得出几个结论。首先，数据离现在越近，得出的所有类型资产的期望年回报越低。这和 21 世纪初整体利率与 20 世纪 70 年代普遍较高的利率相比相对较低的状况是相符的。其次，越近期的数据体现出来的风险越低，这再次和当前利率与 20 世纪 70 年代相比波动性相对较低的情况相符。

不考虑加权数据，短期和中期政府债券的表现要落后于机构和投资级别的公司债券，而机构和公司债券所高出来的风险有些时候甚至低于政府债券的风险，几乎可以忽略。在较长的期限上，公司债券的期望回报率就变得不那么吸引人了，不过从降低风险的角度来说仍然有明显的好处。

用夏普比率（与无风险资产相比的平均或期望超额回报/超额回报的标准差）对资产类型的表现进行比较也很有用，数据如表 10.2 所示。

表 10.2　夏普比率

		期限（年）				
权重	部门	1 ~ 3	3 ~ 5	5 ~ 10	10 ~ 15	>15
最近	政府	0.802	0.616	0.499	0.498	0.419
	机构	0.922	0.733	0.602	0.569	0.481
	AAA – AA	1.158	0.825	0.625	0.522	0.511
	A – BBB	1.019	0.764	0.566	0.570	0.434
近期	政府	0.591	0.497	0.408	0.412	0.375
	机构	0.657	0.558	0.477	0.461	0.438
	AAA – AA	0.859	0.625	0.518	0.438	0.427
	A – BBB	0.858	0.642	0.492	0.490	0.407
同等权重	政府	0.344	0.302	0.222	0.250	0.236
	机构	0.374	0.328	0.276	0.265	0.300
	AAA – AA	0.490	0.343	0.322	0.268	0.254
	A – BBB	0.592	0.419	0.314	0.312	0.262

从表 10.2 中可以看出，越近期的数据夏普比率越高。这再次和当前的利率波动性较低（与 20 世纪 70 年代相比）的观点一致，这一因素降低了夏普比率的分母。此外，结果还显示与无风险资产（3 个月期限政府债券）相比，越近期的数据超额回报越高，这使得夏普比率的分子增加了。在所有的加权集合和范围中，1 ~ 3 年期限组总能得出最好的夏普比率。这也许能说明为什么许多中央银行的非现金参照基准都选择 1 ~ 3 年的范围作为中性期限目标。

表 10.3 不同期限的最佳夏普比率

权重	1~3	3~5	5~10	10~15	>15
最近	AAA-AA	AAA-AA	AAA-AA	A-BBB	AAA-AA
	1.158	0.825	0.625	0.570	0.511
近期	AAA-AA	A-BBB	AAA-AA	A-BBB	机构
	0.859	0.642	0.518	0.490	0.438
同等权重	A-BBB	A-BBB	AAA-AA	A-BBB	机构
	0.592	0.419	0.314	0.312	0.262

表 10.3 根据期限组和加权数据列出了有最佳夏普比率的范围。值得注意的是，没有一个期限组或是加权数据类别的政府债券能够得出最好的夏普比率——总能够找到更好的风险回报权衡组合。对不同的加权数据类别进行比较，在“同等权重”组，最低投资级别的公司债券在短期和中期期限上有着最好的收益，而在近期的组别中，最高投资级别的公司债券有着最好的收益。换句话说，从风险回报的角度看，近年来增加短期和中期期限上投资组合的信用质量能够获得更大的效用。相反地，在考虑“近期”数据时，在投资组合中降低较长期限的信用质量能够带来最好的结果。而在“同等权重”加权组中，机构债券在大于 15 年期限上得到了最佳夏普比率，而在“最近”加权组中，AAA-AA 级公司债券得出了最好的结果。

目前我们还不能够很好地解释为什么在 10~15 年期限组中，A-BBB 级债券始终都是最好的。我们推测那个期限范围的特定发行特征可能提供一些解释。此外，我们认为将 A 级和 BBB 级的债券归到一个风险范围里是不适合的，我们的初步研究和经验都认为，这两者的表现区别很大，本章研究很多 A 级公司债券的投资收益都被 BBB 级债券的负效果所抵消了。不过，对特定评级证券的表现进行更详细的分析超出了本章的研究范围。

第二节 单一资产回报模拟

前面的章节描述了基于不同期限和权重数据假设的不同资产类型的期望回报和风险统计量。本章将关注在特定持有期内持有单一资产投资组合的相关收益（或成本），并与在相同投资期限内持有特定政府证券投资组合进行比较。从现在开始，在本章中，我们只使用“最近”加权集合。如前文所显示的，当使用近期数据时，期望回报和期望风险都有所下降，这一变化在各类资产中或多或少都有所发生，在任意的加权数据和期限组合中都存在着对政府债券的普遍厌恶（效用上的）。进一步地，直觉告诉我们要用相对近期的数据来建立前瞻性假设。

在这个模拟中，尽管我们使用到了前面章节的加权数据，我们还将计算全新的回报场景，以期能够获得准样本外的回报集合来和前面章节的结果进行比较。我们使用了和上节相似的方法，用随机日期映射到实际观测值上计算出一个年回报，权重使用的是“最近”的加权集合。我们重复这一程序 10 次，每一个资产类别都获得了一组 10 个年回报。这组以 10 年期限循环，每个资产类别的终值根据这 10 个年回报进行计算，然后计算出每种资产类型的几何平均年回报，并与两种资产的相应的几何平均作比较：3 个月期和 1 ~ 3 年期政府债券，这二者都是流行的中央银行储备投资组合参照基准。该资产类型的几何平均回报与参照基准之一的几何平均回报之差就是这 10 年期限内的平均年超额回报。如果这个差是负数，就意味着参照基准的终值大于特定资产类型的终值。

这个过程重复 1 000 次，接着我们计算出每种特定资产类型对每种参照基准的平均年超额回报。此外，我们计算了模拟的 10 年持有期中资产类型终值小于参照基准的百分比——这被称做“表现不良的风险”，或某种特定资产类型在 10 年投资期间内表现不如特定参照标准的概率。结果如表 10.4 和表 10.5 所示。

表 10.4 期望年超额回报对 3 个月期政府债券（使用“最近”数据）

部门		期限（年）				
		1 ~ 3	3 ~ 5	5 ~ 10	10 ~ 15	> 15
政府	平均超额回报（基点）	157	244	283	315	347
	表现不良风险（%）	0.8	3.0	6.1	6.0	11.9
机构	平均超额回报（基点）	185	266	326	342	384
	表现不良风险（%）	0.5	1.6	3.3	3.8	8.1
AAA – AA	平均超额回报（基点）	239	301	327	331	347
	表现不良风险（%）	0.2	0.6	2.6	4.8	5.7
A – BBB	平均超额回报（基点）	203	256	276	356	280
	表现不良风险（%）	0.2	1.2	4.0	3.5	10.1

注：10 年后资产的终值低于短期政府债券终值的概率。

表 10.5 期望年超额回报对 1～3 年期国库券（使用“最近”数据）

部门		期限（年）					
		短期政府债券	1～3	3～5	5～10	10～15	>15
政府	平均超额回报（基点）	-157	0	87	126	158	189
	表现不良风险（%）	99.2	0.0	10.7	17.6	15.4	20.8
机构	平均超额回报（基点）		28	109	168	184	226
	表现不良风险（%）		1.9	3.0	7.4	10.3	15.5
AAA-AA	平均超额回报（基点）		81	144	169	174	190
	表现不良风险（%）		0.0	0.8	7.0	14.3	14.7
A-BBB	平均超额回报（基点）		46	98	118	198	122
	表现不良风险（%）		4.3	4.2	14.2	9.9	25.8

注：10 年后资产的终值低于政府债券终值的概率。

结果与第一节中得出的一致——降低信用质量（到一定程度）会带来与政府债券相比显著的超额回报。增加期限会增加期望最终回报，但波动或者表现不佳的风险也会更大。不论信用风险的偏好类型如何，政府债券的长期不良表现是那些仍坚持现金型参照标准的中央银行应该认真考虑的事情了。

显然，在中央银行的储备投资组合中增加非政府证券将会面临一系列新的风险。如违约风险、价差风险、流动性风险、集中度风险、行业风险、声誉风险等，这些都必须加以控制。管理这些风险需要额外的人力资源和信息技术投资，并且中央银行必须权衡这些风险的成本和期望的收益。尽管如此，高质量投资级别公司债券的风险回报特征依然十分吸引人，尤其是和政府债券相比。对这种投资组合的管理需要依靠中央银行可以胜任的职员和相对现代化的信息技术基础设施来进行。

尽管公司债券投资组合管理实务方面的内容并不在本章的讨论范围之内，但是我们还是提供几个可能会对中央银行在考虑投资这些工具时有所帮助的重要观点。例如，评级不低于 A 级的公司债券的违约率和信用损失率（见表 10.6）都是几乎可以忽略的。如果一家机构把投资限定在这些证券上，保持投资组合跨行业分散，最小化集中度风险并专注于分析寻找应该避免的公司（基本面趋弱的）而不是可能带来超额回报的公司，坚持在评级降级或负面公司消息发生时执行止损策略，这样这家机构很有机会获得比相似期限的政府债券更显著的超额回报。

表 10.6 评级类别信用的描述性统计 单位：%

	Aaa	Aa	A	Baa	Ba	B	Caa - C
平均年度违约率（1970 ~ 2001 年）	0.00	0.02	0.01	0.15	1.21	6.53	24.73
平均年度信用损失率（1982 ~ 2001 年）	0.00	0.02	0.01	0.12	0.88	4.15	16.43

资料来源：穆迪投资者服务。

第三节 分散化投资组合模拟

分散化在公司债券投资组合管理中是十分重要的，同样，这也是普通投资组合管理的基本原则。前面章节讨论了单一资产类型的风险和回报的特点，但不管夏普比率是如何指示的，一个机构不可能百分之百地持有由比如 1 ~ 3 年期 AAA - AA 级别公司债券组成的投资组合。

在接下来的章节里我们将前两节的期望回报数据应用于持有不同比例非政府证券投资组合的分析。我们将用到第一节“最近”加权集合的期望回报和风险以及协方差数据，接下来我们使用这些信息作为一个均方差最优化试验的输入。在加入了传统的卖空和杠杆机制的限制之后，在与百分之百投资在 1 ~ 3 年期政府债券组合的期望风险参数相同的限制条件下，我们构建了一些最大化期望回报的投资组合。这些投资组合间的不同之处在于非政府证券的比重不同——我们构建的 6 个投资组合中最大允许持有非政府证券的比重分别是 0、20%、40%、60%、80%、100%。然后我们将用第一节中的数据进行优化过的投资组合与第二节的 10 年持有期的回报相对照。最后，我们从终值中计算出了 10 年投资期限的年超额回报数据，结果见表 10.7。

表 10.7　不同比例非政府债券的投资组合的年期望超额回报

	非政府证券最大比例					
	0	20%	40%	60%	80%	100%
平均超额回报（基点）对比 3 个月期政府债券	161	178	194	210	225	239
表现不良风险	0.5%	0.1%	0.0%	0.0%	0.0%	0.0%
平均超额回报（基点）对比 1～3 年期政府债券	0	17	34	50	65	79
表现不良风险	0.0%	0.0%	0.0%	0.0%	0.0%	0.0%

可以看出，在平均水平上增加非政府证券的比例（甚至是在市场风险调整过的基础上）会给投资组合带来显著的超过政府债券的超额回报，并减小持有期表现不佳的风险。

第四节　流动性成本

当然，很多中央银行会强调持有储备的主要原因之一就是具有真正流动性的“储备”，可以在短期内用于干预。即便它们赞同非政府证券在较长期限的投资组合中能够带来收益，它们可能也希望保留一部分储备投资在流动性最大化、市场风险最小化的工具上，这样它们就可以以最小的交易成本变现而无须承担出售特定工具遭受损失的风险。因此，中央银行界对于储备管理的普遍观点是，在资产组合中维持一个满足上述标准的“流动性部分”用于干预是有好处的。然而，遵从这种策略会造成一些机会成本，在此我们试着将这些机会成本进行量化。

使用上一节中的投资组合优化方法，我们增加了一条新的投资组合限制，即流动性部分的规模。流动性部分的规模是该投资组合中 3 个月期政府债券的最低比重，而非政府证券则占据了投资组合中剩下的比例。投资组合总的期望风险需与百分之百投资在 1～3 年期政府债券（以此来保持较大的流动性部分同时不会降低投资组合的总期限）的投资组合相等。

再次，用第一节的回报数据计算出最佳的投资组合权重；用第二节的回报数据计算终值、几何回报平均值和表现不佳的概率。结果见表 10.8、表 10.9、表 10.10 和表 10.11。

表 10.8 期望年超额回报（基点）对比 3 个月期政府债券

		非政府证券最大比例					
		0	20%	40%	60%	80%	100%
流动性部分规模	0	161	178	194	210	225	239
	10%	155	170	185	200	214	228
	20%	149	163	176	190	202	215
	30%	142	155	167	179	190	201
	40%	137	146	157	168	177	187
	50%	130	139	148	155	163	170
	60%	121	127	134	141	146	150
	70%	108	114	118	121	125	127

表 10.9 表现不佳的风险对比 3 个月期政府债券

		非政府证券最大比例					
		0	20%	40%	60%	80%	100%
流动性部分规模	0	0.5%	0.1%	0.0%	0.0%	0.0%	0.0%
	10%	0.5%	0.2%	0.0%	0.0%	0.0%	0.0%
	20%	0.7%	0.3%	0.2%	0.0%	0.0%	0.0%
	30%	1.4%	0.7%	0.2%	0.2%	0.0%	0.0%
	40%	1.7%	1.1%	0.7%	0.4%	0.2%	0.0%
	50%	2.4%	1.4%	1.1%	0.9%	0.7%	0.6%
	60%	4.0%	3.1%	2.7%	2.1%	1.6%	1.6%
	70%	6.2%	5.4%	4.6%	4.2%	3.9%	3.7%

表 10.10 期望年超额回报（基点）对比 1～3 年期政府债券

		非政府证券最大比例					
		0	20%	40%	60%	80%	100%
流动性部分规模	0	0	17	34	50	65	79
	10%	-6	10	25	40	54	68
	20%	-11	2	16	29	42	54
	30%	-19	-6	6	18	30	41
	40%	-24	-15	-4	7	17	26
	50%	-30	-21	-13	-6	3	10
	60%	-40	-33	-26	-19	-15	-11
	70%	-52	-47	-43	-39	-36	-33

表 10.11 表现不佳的风险对比 1～3 年期政府债券

		非政府证券最大比例					
		0	20%	40%	60%	80%	100%
流动性部分规模	0	0.0%	0.0%	0.0%	0.0%	0.0%	0.0%
	10%	92.3%	2.5%	0.0%	0.0%	0.0%	0.0%
	20%	94.0%	42.3%	4.5%	0.5%	0.2%	0.0%
	30%	91.0%	70.0%	30.7%	7.9%	2.3%	0.7%
	40%	94.8%	81.9%	61.2%	31.3%	16.9%	9.0%
	50%	95.6%	89.4%	75.9%	62.6%	46.3%	33.1%
	60%	93.5%	90.3%	84.9%	77.8%	72.2%	64.9%
	70%	91.3%	89.8%	87.4%	84.7%	83.2%	82.9%

显然，维持流动性部分要承受长期的成本，流动性部分大的投资组合比流动性部分小的表现更差。这不是因为更多地持有政府债券能够降低总投资组合风险（我们运用最优化问题来建立风险中性投资组合），而是因为这类投资组合比流动性部分较小的投资组合更像一个“杠铃形”的结构。一个机构实际上将经营两个投资组合，一个风险较小而另一个与 1～3 年期政府债券参照标准（基本上是“子弹形”结构）相比风险较大。其净结果在机构范围内是未达到最优化的。

第五节 加入干预因素

以上分析讨论的是维持没有被用来进行任何干预的流动性部分的成本。普遍观点认为，当一个机构用所持有的流动性部分进行干预时将能够获益，因为这能够给机构节省大量的交易成本。在需要进行干预的时候通常也正是普遍相对缺乏流动性的时候，此时买卖价差会在很大程度上加大，因此为应付这种情况而在手中持有充足的超流动性证券被认为是明智的。

表面上看来，这个观点似乎很吸引人，但当对维持一个有效率的最优策略所需采取的行动进行深入思考时，却会发现问题。首先，需要对必需的流动性部分的规模有所了解，也就是说，能够预测潜在干预的规模。如果实际干预规模小于流动性部分的规模，则机构将因为持有过多的超流动性证券而遭受长期的拖累。如果干预的规模超过了流动性部分的规模，其他的证券也必须变现，并带来交易成本。接下来，在干预发生之后，这个机构将在何时以何种方式重新调整储备投资组合呢？如果中央银行精确地预测到了将要发生的干预的规模，它会在交易成本较低的时候变现流动性部分，但接下来呢？剩下的，由比中性投资组合更有风险的资产所组成的投资组合能满足中央银行的风险参数吗？如果不能，这个投资组合就要立刻重新调整，这又将造成交易成本。如果中央银行可以持有一个比所期望风险更大的投资组合并等待一段时间，那这段时间应该是多长？谁将决定何时市场的流动性变得足够好了，并且买卖价差足够小了，能够进行重新调整的操作了？万一在这期间，当投资组合主要由缺乏流动性的债券构成的时候，又需要再进行下一轮的干预了，这又该怎么做呢？

执行这样的策略是件复杂的事情，需要依赖若干个相互独立的预测，但现实情况是这些预测大多数都不太准确。对上述操作的一个替代是仅仅持有一个满足中央银行长期要求的投资组合，并把干预当做是不可预测的现金流。整个投资组合随时都可出售，适当金额的政府、机构和公司证券将在任何市场价格上被出售，以确保投资组合风险的水平保持恒定。当然，如果在执行干预期间伴随着较大的买卖价差，将会给中央银行带来较高的交易成本。

比较两种方法的优劣，我们使用上一节在10年的投资期限里的投资组合和回报，并加入额外的干预冲击。我们假设中央银行完美地预测到了干预的规模，因而在干预时，一个分成两部分的投资组合的整个流动性部分被无成本地变现了。每个分成两部分的投资组合都有一个没有分部分的投资组合作为参照。参照组的投资组合都持有最大的非政府证券比例。这些投资组合也遇到了同样的干预规模，但同时变现为政府和非政府证券，这样每一种资产类型的权重在干预后仍保持不变；在变现为机构和公司债券的时候会发生交易成本。此外，我们假设分部分的投资组合立即进行重新调整，而没有交易成本（这在现实中是不可能的，但增加了这个分析当中分部分的投资组合的吸引力）。接下来，我们得出了会使得分部分的投资组合的期望终值等于未分部分的投资组合的期望终值的交易成本。换言之，在10年期限内有干预发生的时候，实际交易成本必须超过盈亏平衡成本，以使得分部分的投资组合表现超过未分部分的投资组合表现。结果见表10.12。

表10.12 干预时的盈亏平衡交易成本

		非政府证券最大比例				
		20%	40%	60%	80%	100%
流动性部分规模	10%	6.52%	7.57%	11.39%	9.12%	10.47%
	20%	6.86%	8.03%	9.38%	9.96%	11.41%
	30%	7.31%	8.57%	9.68%	10.70%	11.86%
	40%	7.23%	8.97%	9.83%	11.13%	12.09%
	50%	8.24%	9.18%	10.36%	11.47%	12.69%
	60%	8.59%	9.68%	10.88%	12.23%	13.58%
	70%	9.42%	10.68%	12.03%	13.30%	14.47%

注：交易成本占可变现的非政府证券市值的百分比，能够使得分成两部分的投资组合的期望终值等于未分部分投资组合的期望内在价值。

例如，一个拥有40%流动性部分的投资组合，另外还有40%分配在非政府债券上，持有期超过10年，当干预发生的时候，买卖价差必须要扩大到1 794个基点（8.97%乘以2），其表现才能够超过未分为两部分的对照组。我们认为流动性强的机构债券及投资级别公司债券买卖差价达到这种水平的风险是很小的，因此通过维持流动性部分能够在危机时最小化交易成本从而给中央银行带来好处的论点很难站住脚。维持极度流动性的成本要超过更高的交易成本所带来的负面影响。

诚然，在这些例子中我们以3个月期政府债券构建了流动性部分。有人可能会争论说，在一个完全由1~3年期证券构成的投资组合中，持有的政府债券可以用来组成流动性部分，而非政府债券的部分可以作为“投资”部分，不必在干预时变现。对于期望回报，我们已经证明了，增加非政府债券上的配置能够增加期望回报。当考虑干预时，我们依然觉得变现等值的政府债券和非政府债券（保持一个恒定的比例）会是一个比遵循一套复杂的变现规则更好的策略，即使仅仅因为这样可以保持投资组合长期的一致性，并显著降低储备投资组合管理的复杂性。

第六节 结论

最终储备投资组合中投资在非政府证券上的比例还是要由每家中央银行的机构风险容忍值来决定。然而，由于越来越趋向于更高的透明度，中央银行会面对越来越多的通过最小化直接成本和机会成本来更有效地使用国家资产的压力。在这样的背景下，我们提出了意见，倾向于减少在政府债券上的分配，并发现传统上维持大规模政府债券配额（更高的流动性，更低的交易成本）的理由从金融角度越来越难以得到支持。在不考虑涉及干涉的现金流时，在储备投资组合中加入机构和高质量公司债券能够长期增加机构及国家的财富。

拉脱维亚银行已将部分储备投资组合投资在这类型的高质量的非政府证券上若干年了。我们没有维持一个单独的短期限的流动性部分，因此市场出现危机时会变现一部分非政府债券以满足需要。我们在回报和风险方面的经验与本章中的数据完全一致。我们投资在非政府证券上的成果是非常显著的。

参考文献

[1] Brown, David T. (2001), "An Empirical Analysis of Credit Spread Innovations", *Journal of Fixed Income*, Volume 11, Number 2, September, 9 – 27.

[2] de Beaufort, Roberto (2000), "The changing nature of reserve management risks", in S. Frowen, Robert Pringle and Benedict Weller (eds), *Risk Management for Central Bankers*, 61 – 70, London: Central Banking Publications.

[3] de Beaufort, Roberto, Benitez, Sandra and Palomino, Francisco (2002), "The case for reserve managers to invest in corporate debt", *Central Banking*, Volume XII, Number 4, 79 – 87.

[4] Beck, John et al (2001), "Life Cycle Investing, Holding Periods, and Risk", *Journal of Portfolio Management*, Volume 27, Number 2, Winter, 101 – 111.

[5] Johnson-Calari, Jennifer (2000), "Risk management at the World Bank: global liquidity portfolios", in S. Frowen, Robert Pringle and Benedict Weller (eds), *Risk Management for Central Bankers*, 71 – 82, London: Central Banking Publications.

[6] Keeley, Terrence (2002), "Reserve management: a new era", *Central Banking*, Volume XII, Number 3, 71 – 77.

[7] Moody's Investors Service (2002), "Default & Recovery Rates of Corporate Bond Issuers", *Moody's Investors Service Global Credit Research*, February 2002.

[8] Ramaswamy, Srichander (2002), "Managing Credit Risk in a Corporate Bond Portfolio", *Journal of Portfolio Management*, Volume 28, Number 3, Spring, 67 – 72.

[9] Schirripa, Felix and Tecotzky, Nan D. (2000), "An Optimal Frontier", *Journal of Portfolio Management*, Volume 26, Number 4, Summer, 29 – 44.

[10] Sharpe, William F. (1994), "The Sharpe Ratio", *Journal of Portfolio Management*, Volume 22, Number 1, Fall, 49 – 59.

[11] Zhou, Chunshėng (2001), "Credit Ratings and Corporate Defaults", *Journal of Fixed Income*, Volume 11, Number 3, December, 30 – 40.

11 Chapter

第十一章

投资公司债务的案例

Roberto de Beaufort
哥伦比亚共和银行外汇储备部主任
Francisco Palomino
哥伦比亚共和银行高级研究分析师
Sandra Benitez
哥伦比亚共和银行高级风险专家

将非政府债券特别是公司债券引进到储备管理，一直以来都是各家中央银行最具争议的话题之一。一方面，是对公司债券违约对中央银行造成的声誉或政治损失的担忧；而另一方面，实证证据显示，将公司债券加进政府债券投资组合能够增加整体投资组合的效率。而这并不一定会与储备投资组合必需的高安全性标准和流动性相违背。

本章的目的是从自由浮动汇率机制的发展中国家储备充足率目标的角度展示一个储备管理公司债券的案例。本章将强调分散化的收益和流动性的特点，也会涉及这一选择下储备管理所承担的管理风险。在结论部分中还将讨论到声誉的问题。

第一节　储备充足性目标

过去十年里储备管理中最重要的发展之一就是中央银行持有的总体外汇储备水平出现了惊人增长。这一增长最主要来自于亚洲和拉丁美洲国家。尽管从理论上说，开放的汇率机制会减少干预的可能性。储备水平的增加是因为发展中国家觉得自身变得更容易受到“反复无常的”国际资本流动的冲击，尤其是在这段国际金融危机传染愈演愈烈的时期。

国际货币基金组织 Mulder 和 Bussiere（1999）关于“新兴市场经济体的外部脆弱性：多高的流动性能够弥补脆弱的经济基础和传染效应”的实证研究显示，那些能够足够但不确定地从国际资本市场上获取资金的国家，如果维持至少等于短期外债总额的储备，就能降低受传染的可能性。众所周知，主要信用评级机构和国际机构使用的国家风险模型中就包括了估算一国流动性的方法，特别是运用储备或短期负债相关指标来描述一个国家的信用度。

不考虑维持高水平流动性中道德风险的问题，采取浮动汇率制的发展中国家的储备充足率目标实际上降低了反复干预的可能性。这个效果对储备管理政策有着重要的含义。可以把公司债券加入到储备管理中来就是在这样的背景下进行分析的。

第二节 公司债券分散化的好处

传统上，外汇储备主要投资在政府债券上。因此，这种投资组合的回报和风险特点由这类资产的表现所决定，进而依赖于利率周期。以美国为例，如表 11.1 所示，不同的时期 AAA – A 级债券与相同期限的政府债券指数相比，其表现得更为有效率。

表 11.1 期限调整的公司指数回报对比 1 ~ 5 年期政府债券

回报		政府债券	公司债券 AAA – A
1981 ~ 2001 年	平均回报	9.32%	9.80%
	标准差	3.18%	2.87%
	信息比率	2.93	3.42
	最差年回报	–0.79%	0.12%
1991 ~ 2001 年	平均回报	7.16%	7.70%
	标准差	2.26%	2.12%
	信息比率	3.16	3.63
	最差年回报	–0.79%	0.12%
1996 ~ 2001 年	平均回报	6.78%	7.01%
	标准差	1.98%	1.82%
	信息比率	3.43	3.85
	最差年回报	1.34%	2.34%

注：统计数据使用所罗门美邦 1 ~ 5 年期指数获得。公司债券指数通过调整使得有效期限与政府债券相等。

表 11.1 中显示，所有时间段中的最高信用评级公司债券指数的回报风险特征都要好于政府债券。此外，在这些年份中，公司债券的最差年回报也要明显高于政府债券。

第三节 风险的特征

尽管这些结果显然支持中央银行将全部储备投资组合投资在公司债券指数，而不是政府债券指数上，能获得更高的收益。但这也将使它们面临不同性质的风险。对政府债券来说只有一种风险，那就是政府债券收益曲线变动所带来的回报波动。而公司债券还会面临两种额外的风险，其回报可以分解成下列等式：

$$R_{corporate} = R_T + R_{spread} \approx Y_{Treas} - Dur\Delta Y_{Treas} + Spread - SpreadDur\Delta Spread$$

其中：$R_{corporate}$为公司债券总回报；

R_T 为参照政府债券回报；

R_{spread}为利差回报；

Y_{Treas}为政府债券回报率；

Dur 为参照政府债券的修正久期；

$SpreadDur$ 为利差久期。

公司债券的第一个风险来自政府债券回报率曲线的变化，这是影响所有公司债券发行人的系统性风险，这一风险可以通过出售短期政府债券来对冲。

公司债券回报的利差部分受两类风险的影响，这两类风险是政府债券所没有的。首先，每一个信用质量水平债券利差变化带来的系统性风险会影响到那个信用级别整体的回报；其次，违约和转换的非系统性风险（产品特有的），这些风险能够通过分散化来消除。

一、系统性利差风险

系统性利差风险只能通过减少整体投资组合中公司债券的比例到一个适当水平来控制。

二、非系统性风险

非系统性风险对储备投资组合的风险回报特征有两方面重要影响。一是系统性风险在充分分散化的最高信用等级指数的情况下可以按照正态分布进行建模，但对未完全分散化的投资组合来说，违约和信用等级变化事件可能导致回报分布的不对称程度更高；二是非系统性风险会使得中央银行面临声誉风险，这一风险我们稍后将进行讨论。

为了限制这一不对称，需要进行大量的分布模拟以确保尽管投资组合中所持有的发行者的数量少于指数，但表现仍然和指数相类似。为此，这个投资组合的久期和凸度必须和指数相一致。此外，这个投资组合还需要有相同的 α，可以假设系统利差变动的 β 为 1，以便构建一个回报的分布，能够描述不同情景变化造成的不对称。如图 11.1 所示，发行者的数量越大，投资组合表现和指数的期望回报的相似度就越高，因为单一的违约对总体回报的影响已经通过对单一发行者的比例限制得到了控制。同时，投资组合还需要和指数有着相同的行业集中程度。

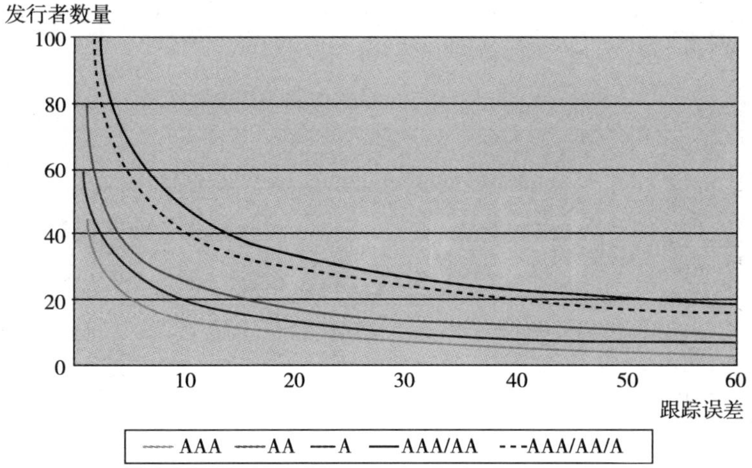

资料来源：所罗门美邦指数。

图 11.1　不同信用等级的跟踪误差（基点）和发行者数量

表 11.2 给出了平均的和最差的年违约概率的情况。表 11.3 给出了 1981 年以来信用等级变化的概率。这个表不仅表明了非系统性风险能够通过分散化来降低，而且也显示出在投资级别以上的公司债券中，发生这种事件的概率很小。此外还有一点值得注意的就是，违约很少会造成完全的损失，通常优先级公司债券的平均回收率是 51% 左右。

表 11.2　1981 年以来的违约概率　　单位：%

评级	平均值	最大值
AAA	0.00	0.00
AA	0.01	0.16
A	0.04	0.43
BBB	0.24	0.70
BB	0.98	4.70
B	5.30	14.94
CCC	21.94	40.00

资料来源：标准普尔。

表 11.3　1981 年以来的信用等级变化矩阵　　单位：%

	AAA	AA	A	BBB	BB	B	CCC
AAA	93.65	5.83	0.40	0.09	0.03	0.00	0.00
AA	0.66	91.72	6.95	0.49	0.06	0.09	0.02
A	0.07	2.25	91.76	5.18	0.49	0.20	0.01
BBB	0.03	0.26	4.93	89.25	4.44	0.80	0.15
BB	0.03	0.06	0.44	6.66	83.23	7.46	1.04
B	0.00	0.10	0.32	0.45	5.72	83.62	3.84
CCC	0.15	0.00	0.29	0.88	1.91	10.28	61.23

资料来源：标准普尔。

第四节　流动性风险

中央银行的另一个顾虑是相对于政府债券、公司债券存在流动性问题。如果以交易成本来度量流动性，这的确是个值得考虑的问题。表 11.4 中显示了用不同信用级别的政府债券和公司债券的正常的买卖价差，以及累积平均价差来弥补这一成本所需的天数。

表 11.4　买卖价差和回复时间

资产类别	期限（年）	平均交易规模（百万美元）	平均交易成本（占价格的百分比）	回复时间
政府债券	2	100~250	1.7	
	5	100~250	3.0	
	10	100~250	5.0	
公司债券 AAA/AA	2	5~50	4.8	13
	5	5~50	10.0	29
	10	5~50	15.4	38
公司债券 A	2	5~50	5.7	14
	5	5~50	12.0	25
	10	5~50	23.0	45

资料来源：内部调查。

此外，在危机情况下，流动性状况会显著恶化。"9·11"恐怖袭击、长期资本管理公司事件、俄罗斯债务违约、亚洲和墨西哥危机中都体现出了这一点。

现在正好让我们来回忆一下流动性风险的本质。一方面，投资者可能会面对为了满足干预的需要而接受以高于正常的交易成本来变现一个投资组合的风险。另一方面，为了避免高于正常的交易成本，投资者可能面对不能及时满足干预的需求的风险。在了解了流动性风险的本质之后，就很清楚了。可以设计一个政策，通过支付一定的费用，获得一段合适的时间，以使得中央银行能够变现投资组合中较缺乏流动性的资产，这样就可以像管理其他风险一样来管理流动性风险了。在设计这样一个流动性政策时，有三个因素需要考虑：份额、应急额度和困难的财务状况下公司债券的表现。

大多数中央银行已经熟知“份额”的概念很多年了，尽管大多数情况下这一概念指的是投资组合中市场风险规模越来越大的部分。而在流动性中“份额”的概念则有所不同。它特指那些投资组合中由不同程度流动性资产组成的具有相同的市场风险的各部分。例如一个部分仅由政府债券和机构债券等高流动性资产组成，另一部分则由具有同样期限或市场风险的高流动性和低流动性资产混合组成。由于两个投资组合具有相同的市场风险，更有流动性的部分可以先用来进行干预，而不用改变总体的市场风险。

在储备的投资组合中建立这样的流动性储备主要考虑的是在困难的金融环境下整个投资组合的变现。由最具流动性的资产组成的部分应该能够坚持到流动性较强的资产以尽量接近正常的交易成本完成变现的时候。这涉及根据以往的干预事件和对国际收支平衡的不同组成部分的波动性及相关性的分析来建立压力场景。必须有规则来约束从一个部分到另一个部分的转移，以确保有足够的时间让流动性较强的资产的流动性质量在变现之前恢复到正常的状况。

运用“应急额度”的政策也能够帮助以较低的成本降低流动性风险。比如，以更有流动性的那部分政府债券作抵押运用回购协议提供临时的流动性。目前市场条件下这种方式的成本为每月 6 个基点，而流动性较差资产的交易成本的上升会显著高于在危机条件下的涨幅。

最后，需要着重考虑公司债券在危机条件下以及危机过后的表现，以评估需要多长时间来让流动性较差的证券能获得与政府债券相同甚至更好的表现。表 11.5 显示了过去十年当中不同时期的影响市场的重大危机过后政府债券和公司债券指数的累积回报。可以发现，除了亚洲金融危机，在危机对市场造成打击的当月，两者的指数都有正向的表现，尽管公司债券的表现要落后于政府债券。在开始的 6 个月中，公司债券的表现趋向优于政府债券的表现。

表 11.5　危机过后政府债券和公司债券指数表现　　单位：%

危机	1 个月		3 个月		6 个月	
	政府债券	公司债券	政府债券	公司债券	政府债券	公司债券
黑色星期一	2.42	1.96	3.80	3.56	6.72	7.11
墨西哥比索危机	1.56	1.61	3.78	4.13	7.87	8.60
亚洲危机	-0.12	-0.32	1.73	1.40	3.93	3.49
俄罗斯危机	1.59	0.91	3.93	2.85	4.47	4.54
“9·11”事件	1.59	1.11				

资料来源：所罗门美邦指数；由作者计算得出。

第五节　管理风险

多年以来，中央银行一直在探索通过外部资产管理项目来增加政府债券指数回报的可能性。然而，由于有资产类型选择的限制，这类计划主要依靠期限以及偶尔的货币策略实现增值。有一个简单的方法可以评估一个资产管理人实现增值的可能性，可以表述为下列公式：

$$E.R = \sum_{i=1}^{N} w_i \times \sigma_i$$

其中：$E.R$ 为资产管理人带来的超额回报；

w_i 为资产 i 的权重；

σ_i 为资产 i 的波动；

IR 为由公式 $IR = \frac{\mu\ (er)}{\sigma\ (er)}$ 计算得出的管理人信息比率，其中 er 为对比参照基准的超额回报。

这个指数中许可偏差数值的波动越大，则超额表现或损失的范围就越大。关于这一点，如表 11.6 所示，货币和期限策略的波动性要比信用风险策略大。

表 11.6　不同资产类型的波动性　　单位：%

时期	1～5 年政府债券	1～5 年投资级别（BBB）	德国马克	日元
1981～2001	3.13	3.23	11.34	12.73
1991～2001	2.22	2.39	10.00	13.01
1996～2001	1.82	2.07	9.26	14.30

资料来源：所罗门美邦指数；不同币种：WM 公司。

外部管理人每种策略的成功率是基于每种资产都有平均水平的回报的假设。尽管这个方法太过简单化了，但却能够帮助更好地把握每种策略相对的优点。图 11.2 显示，信用风险策略有着最高的平均回报特征。

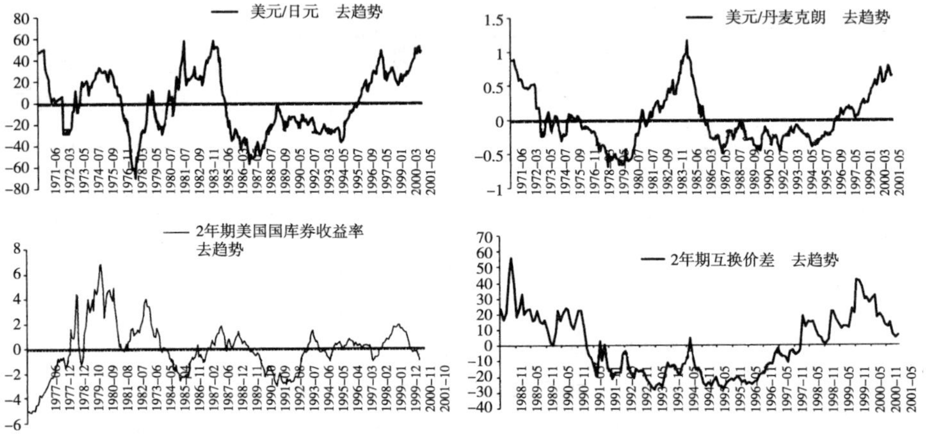

资料来源：Bloomberg，由作者计算得出。

图 11.2 选定策略的去趋势均值回归特征

将部分储备通过外部资产管理人投资在公司债券上的主要优点是使得中央银行能够利用专家优势来进一步降低违约和评级改变的风险，而不需要具有处理发行人特定风险的内部分析能力。然而需要提到的是，这一选择可能会降低公司债券指数的表现。众所周知，资产管理人更趋向于偏重安全性以避免违约和评级改变的发生，因为这些事件可能会让他们失去客户。

第六节 结论

在过去十年中，发展中国家中央银行的储备水平迅猛增长，在一些情况下甚至都超过了对金融危机传染进行干预所需的额度。这一点对于那些实行浮动汇率制的国家尤为明显。在许多情况下，储备水平占到了 GDP 的较大比重，因而提高投资组合回报的重要性日渐加强了。

实证分析表明，公司债券与政府债券相比在不同的时期内都具有更好的风险回报特征。这给予了未来对这一问题的决定有力的技术支持。此外，公司债券的系统性风险和非系统性风险与其他类型风险一样是可以量化和控制的。

一、流动性角度

从流动性角度来看，公司债券只有在储备水平足够让中央银行依据用于干预的可能性将储备分成不同的流动性部分时才能够被加入到储备投资组合中来。如果是这种情况，则公司债券只能被加入到用于干预可能性最低的部分当中。此外也应有一些关于如何进行变现的规则，以及使用应急额度支付一定的费用，获得足够的时间，得以以可接受的交易成本变现较缺乏流动性部分的政策。此外，高评级公司债券指数在危机状况下的表现表明，尽管表现不如政府债券，即便是在最坏的场景下，但其表现的绝对值也很少会是负数，并会在危机发生后 6 个月内恢复。而且，储备的变现速度也往往快于人们的预期。

最后，中央银行可以以合理的成本利用专业的外部管理人来管理公司债券发行人的特定风险，而无须维持一支昂贵的内部信用风险分析团队。

二、声誉风险

在此，还要考虑将公司债券加入到储备管理中所带来的声誉风险。如果中央银行在遇到违约事件时被认为是疏忽的——这个风险可以控制，但不能完全避免——则中央银行将会受到公众的强烈关注，并损失掉执行货币和汇率事务所必需的信用。本章研究表明，这样一种选择主要由于分散化而增加了投资组合的效率。这个政策在金融理论和实证检验上也得到了很好的支持，这使得在违约事件发生时能够得到公众的支持。

在每一个风险成分都得到了充分控制的情况下，公司债券的风险回报特征明显高于政府债券。因此中央银行需要考虑的是，是否政府债券的投资组合由利率上涨所带来的损失比起公司债券由于违约等其他类型的风险所造成的损失更可接受呢?

12 Chapter

第十二章 持有黄金的利弊

Peter Bernholz
巴塞尔大学商业与经济学中心名誉教授

第一节　近年来关于黄金储备的讨论

数十年前，美国政府开始在国际货币体系中降低黄金的地位，尽管与其他发达国家相比，美国财政部的黄金储备仍占世界黄金储备的很大一部分。但只是在最近的几年里，其他一些国家，比如德国和瑞士，开始质疑中央银行持有的黄金储备的作用，并开始出售部分黄金储备。最近，德意志联邦银行行长 Ernst Welteke 建议出售部分黄金储备，以收益购买股票。波恩大学货币经济学家 Manfred Neumann 在一份主流报纸——《法兰克福汇报》上赞成了这一计划。

使用非必需的外汇储备购买外国股票的提议并不新鲜。早在 1971 年，Karl Brunner 在康斯坦茨货币会议上就提出了这样的建议。但是，他为德意志联邦银行构思的这个提议仅仅是为了在固定汇率制下布雷顿森林体系中解决由于美国扩张性的货币政策所造成的美元异常流入问题。使用非必需的美元购买美国资产可以防止基础货币的扩张进而阻断输入型通货膨胀。

今天的情况有所不同。几乎所有的欧洲货币都与美元保持着弹性的汇率。从 1973 年到 1999 年，对于德国马克、与德国马克保持“蛇形”浮动的货币以及欧洲货币体系（成立于 1979 年）来说也都是如此。目前的欧元、英镑、瑞典克朗与瑞士法郎也不例外。在这种情况下，我们首先要问中央银行是否需要持有国际储备；其次，如果前一问的答案是肯定的，中央银行应持有多少数额的国际储备；最后，国际储备应如何构成，国际储备中的外国货币市场投资工具、黄金、以外币计价的债券以及外国股票的比例应如何确定；等等。

为了回答这些问题，我们必须考虑几个问题。在讨论国际储备的构成时，我们必须考虑不同储备资产的流动性、收益与风险（包括政治风险）。

在讨论减少国际储备时，考虑到政治程序的特性，减少国际储备所引发的国内经济与政治问题是十分重要的因素。

在后面的部分，我们将以瑞士的进展为例分析这些问题。我们也将讨论与此有所不同的德国与其他欧元区国家的情况。我们将重点放在黄金储备的作用上，因为近年的讨论大多限于黄金储备的减少上。

第二节　不同货币体系下持有国际储备的必要性

首先，我们讨论不同货币体系下中央银行储备的重要性。在金本位下，货币当局有必要持有黄金储备以保持货币的可兑换性，因为公民有权利以平价将银行券兑换为黄金。而在法币体系下，情况就不是这样了，严格来说，货币当局不再需要持有黄金储备。但正如我们稍后要说明的，这并不意味着中央银行以黄金形式持有部分国际储备没有好处。其次，如果一国实行固定汇率制的货币体系，中央银行就有必要持有外汇储备，通过在外汇市场上进行干预以维持汇率平价。相反，在弹性汇率制下，货币当局就没有必要持有外汇储备，至少原则上是如此，因为汇率能调节外汇市场上的供给与需求。但是，经验表明，弹性汇率表现出极大的短期波动性，中期来说，弹性汇率也会在 5 ~ 12 年的时间内持续偏离购买力平价，偏离度可达 30%。图 12.1 描述了一个相关的历史情况。但是弹性汇率的这些波动特征从 18 世纪中叶以来就很典型［Bernholz（1982），Bernholz、Gaertner 和 Heri（1985）］。政府和中央银行往往不能接受汇率的如此波动，外汇市场干预成为一种常例，而不是偶然为之。因此，尽管在货币之间保持弹性汇率的情况下，中央银行仍有必要持有外汇储备。

就固定汇率制下中央银行应持有的足够的外汇储备数量，目前仍没有定论。但存在这样一个共识：外汇储备数量应随进口的规模而变化。更多的实证分析表明，之前的货币政策越稳定越可信，中央银行就可以持有较少的外汇储备。这样的货币政策增强了货币当局的可信度，所以市场力量，包括投机者，也能起到稳定货币的作用。

弹性汇率制下中央银行应持有多少外汇储备才足够？这个问题更难以回答。人们似乎认同政府干预无法阻止汇率的长期变动（即使是完全被预见

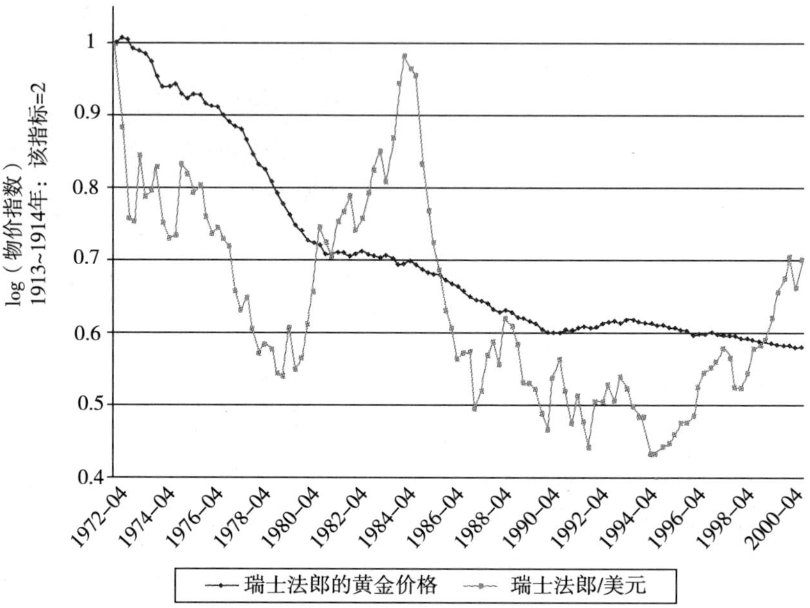

资料来源：国际货币基金组织：国际金融数据，月度报告。欧洲中央银行：月度报告，联邦机构数据（1981）。

图 12.1 购买力平价德国马克/美元汇率（1999 年 1 月 1 日后为欧元/美元汇率）

的变动）。因此，大部分中央银行采取“逆风向”政策减轻汇率的短期波动。但也有例外。1978 年，瑞士法郎被严重高估，给出口以及进口竞争性行业造成了很大的负面影响，政治压力不断积累。于是，瑞士国家银行大力进行干预，宣称将在 1978 年 10 月使德国马克上升到 1 马克兑 0.8 瑞士法郎的水平。但是，这一举措导致了外汇储备非意愿流入以及基础货币的持续扩张，造成了相当大的通货膨胀。1984 ~ 1985 年，美元的严重高估也引发了同样的政治压力。与此同时，货币的严重低估会导致输入性通货膨胀，如果货币当局想扶持坚挺的货币，就必须持有外汇储备以供在外汇市场上出售。

既然确定一个充足的外汇储备水平几乎不太可能，尤其是在弹性汇率制度下，那么人们就会预料到，在决定国际储备水平的过程中，特殊利益集团、党派、中央银行和财政部将发挥重要的作用。在我们随后讨论国际储备的减少，尤其是黄金储备的减少时，我们将考虑这些问题。当政治家们惊讶地发现因为某些事件资金可以重新分配时，这种讨论常常会发生。

第三节　持有黄金储备的经济利弊

我们首先考虑中央银行国际储备的构成问题，尤其是国际储备是否仍有必要包括黄金储备。在这里，我们需要考虑三个方面的问题：黄金储备与其他储备资产相比较的相对收益，尤其是与货币市场投资工具股票投资的比较；流动性问题以及用于外汇市场干预的不同储备资产的短期可获得性；不同储备资产的风险以及减持黄金储备的风险。在此我们要区分经济风险和政治风险，后者包括来自国内外的风险。

一、持有黄金储备的弊端

我们主要通过瑞士的实例进行问题的讨论。当不同资产的收益进行比较时，众所周知，股票投资在长期来看有最高的收益。另外，投资于美国政府债券或其他货币市场工具的收益并不明显高于持有黄金的收益，但货币市场工具的名义收益的确较高，尽管黄金储备可以通过借贷或签发期权获得收益。例如，瑞士国家银行在2000年通过这些黄金交易获得了1.734亿瑞士法郎的收益（《瑞士国家银行年报（2001)》，第83页）。在下一部分，我们将讨论黄金储备相对于其他货币市场工具的实际收益。

第二个问题是关于“非必需”黄金储备的出售。如果中央银行的黄金储备被出售，收益被转移到财政部，这些收益就可以用来扩大政府支出、降低税收或是减少政府债务。当然，出售其他的储备资产也能获得这些收益，但这一问题在近年来没有讨论。

考虑到储备资产的流动性，货币市场工具优于黄金，甚至优于债券和股票。货币市场工具能立即出售，基本没有损失，且可以用于干预外汇市场。黄金甚至股票都没有这些优点，常常只能折价出售。

二、持有黄金储备的好处

在决定储备资产的构成时，我们不仅要考虑资产的名义回报率和流动性，也要考虑资产的安全性，在这里要从国家的角度考虑安全性。外汇储备仅仅是以外币为面值的对外国政府或机构的求偿权，通常是以货币市场工具的形式持有。外汇储备面临着许多风险，我们可以把它们称为市场风险和政治风险。市场风险涉及债务人的安全性、资产到期前价格及回报率的改变以及汇率的改变。

除了后面要讨论的政治风险以外，如果资产的持有人是中央银行的话，第一类市场风险可以忽略不计。第二类风险，只要中央银行出于流动性考虑将资产投资于短期资产，也可以忽略不计。但是，由于汇率的波动性，如果没有通过远期市场规避风险的话，汇率风险可能会很大。规避汇率风险的成本也很高，对于一种强势货币，比如瑞士法郎来说，这种成本往往相当于高的国外利率和低的国内利率之间的差额。中央银行通常会选择不去规避汇率风险。结果由汇率变动带来的损失并不低于，有时还高于由于黄金价格变动造成的黄金储备损失。

从长期来看，如果作为储备资产的货币有较高的通货膨胀率，汇率风险就有可能恶化，因为外币以本币衡量的价格会不断下降，而汇率会围绕它波动。通过比较以瑞士法郎表示的美元和黄金的价格变动情况（见图 12.2），

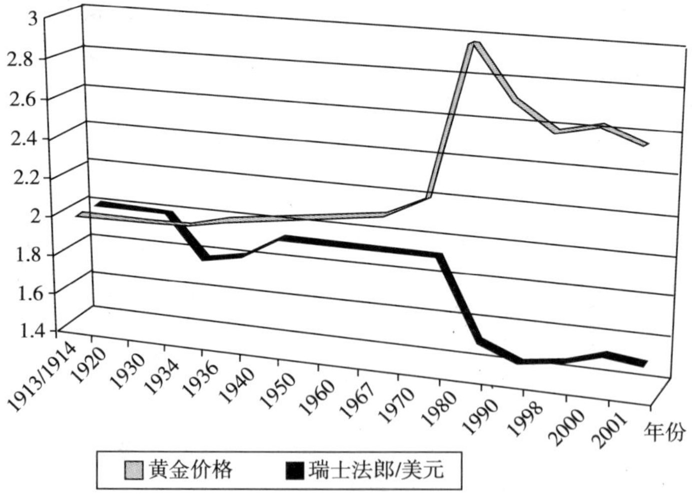

资料来源：Mitchell，《生活成本》，1976；1979 年黄金平价之前的数据来源于国际货币基金组织《国际金融数据月报》；以后的数据来源于世界黄金委员会的《官方持有的黄金》，13 号出版物，2000 年 10 月；2001 年数据来源于《苏黎世报》。

图 12.2　以瑞士法郎表示的美元和黄金的价格变动

我们可以看到，瑞士国家银行持有的美元储备所面临的汇率风险是不容忽视的，而以美元计价的外汇储备是瑞士国家银行的主要资产。如图 12.2 中所示，在 1967 年以后的所有年份中，黄金的价格均高于美元的价格，黄金价格有上升的总趋势而美元价格有下降的总趋势。通过计算过去 71 年瑞士国家银行所持有的储备资产实际回报率的差异，我们可以看到这种差异的长期重要影响。在 1930 年，黄金和美元价格指数均约为 100（以 1913 年、1914 年为基期，价格指数为 100）。到了 2001 年，黄金的价格指数上升到了 391.23，而美元的价格指数下跌到了 31.17。通过计算这一段时间内的平均名义年收益率，我们可以得出黄金的平均名义年收益率为 1.94%，而美元为 -1.62%，差额达到了 3.56%，这一差额必须加到黄金的名义收益率上，以便和货币市场工具的名义收益率进行公平的比较，而后者在这一时期内平均为 5.59%。这样的话，黄金的实际回报仅低了 2.03%，而且我们还没有考虑持有黄金储备的名义收益。如果考虑持有黄金和持有货币市场工具的政治风险的话，两者也存在差异。此外，自 1971 年以来，黄金的实际收益率事实上要高过美国货币市场投资的收益（见图 12.2）。当我们考察以德国马克表示的美元和黄金的价格时，我们可以发现相似但不那么明显的变动轨迹（见图 12.3）。

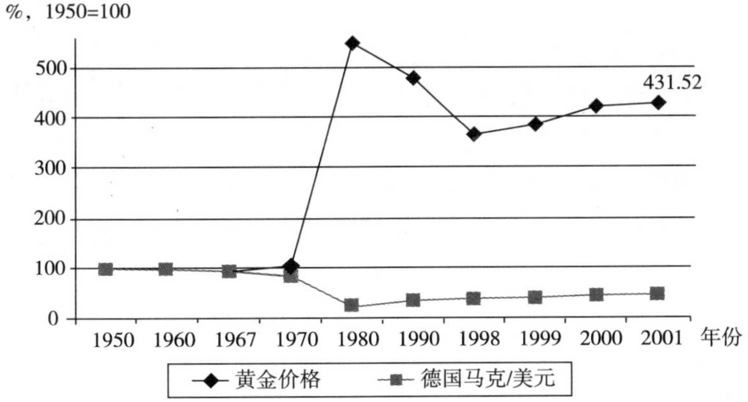

资料来源：图 12.2 以及联邦机构数据 Statistisches Bundesamt（1981，2000）。

图 12.3 以德国马克表示的美元和黄金的价格变动

以外国股票作为储备资产会面临与货币市场工具相同的外汇风险，此外还要面对股市高度不稳定的风险。但是，从长期来看，股票的真实收益仍高于黄金和货币市场工具的收益。

三、考虑外国政治风险时持有黄金储备的好处

外汇储备以及外国股票也受政治风险影响。我们首先来看这样一个事实：美国经常冻结境内的外国资产，包括外国中央银行持有的外汇储备（在很多国家的外汇储备中，美元占了很大一部分）。例如，在第二次世界大战期间，美国从1941年开始冻结瑞士的资产（包括瑞士国家银行持有的黄金储备）（《瑞士国家银行年报（1987）》，第33页），直到1946年华盛顿协议签署后才解除冻结，而事实上的解除直到1949年才实现。在此期间，瑞士国家银行决定只将出口贸易赚取的美元外汇兑换为瑞士法郎，而不兑换投资资本形式的美元外汇，官方汇率是1美元兑4.28瑞士法郎。这些储备只是对外国债务人的美元求偿权，因此已被美国政府冻结，瑞士国家银行无法使用这些储备资产。于是，美元外汇市场就被分割为贸易美元与资本美元两个市场，而资本美元市场上的美元汇率跌到了官方汇率的5%（《瑞士银行股份公司年报（1987）》，第175页；《瑞士国家银行年报（1982）》，第33页）。

我们来看另一个例子。1971年，尼克松总统对外国持有的美元外汇储备实施了部分管制，美元外汇储备、美国公司发放的股息以及出售股票的资本利得均不得自由交易。这时，一国在本国内持有的黄金储备就不会面临这样的风险。

美国在2001年9月遭受了恐怖袭击，而美国政府采取的应对措施让我们又一次看到外汇储备在政治风险前的脆弱。债权国可能无法在需要时动用外汇储备，或者相应的汇率会大幅下跌，恐怖袭击之后，美元与欧元的汇率均大幅下跌。如果一个国家在谁是恐怖分子、哪些账户应该被冻结等问题上与美国意见不一致，美国甚至有可能冻结该国的美元外汇储备。

布什总统的宣言中关于查封恐怖分子账户的部分听起来极具威胁性。我们读到这样的语句："恐怖分子黑名单提醒全世界注意，如果你和恐怖分子做生意，支持或资助恐怖分子，你就休想和美国做生意。"（《华尔街日报》欧洲版，2001年9月25日，第一版）。正如《华尔街日报》欧洲版（同前，第一版）所

评论的："布什政府的支恐嫌疑人名单不仅包括那些通常被认为是本·拉登同伙的嫌疑人，还包括一些被美国怀疑为基地组织输送资金的慈善机构。"

请注意"支恐嫌疑人"与"通常嫌疑人"这些词，美国政府决定了哪些人是有嫌疑的，其他国家要做的只是确认这个名单。这再一次说明了如果外国公司或政府不能满足美国的要求，美国政府会保留单方面冻结外国资产的权力。

的确，政治风险和市场风险可以通过外汇储备的分散化得以减少。瑞士国家银行过去几年就是这样做的（见图12.4）。但是这样也会带来短期的损失，瑞士国家银行在分散外汇储备时增加了欧元的比例，造成了一些损失。而且不同的货币可能受共同因素影响朝同一个方向变动，或者美国和欧盟有可能联合起来制裁瑞士，威胁或事实上冻结瑞士的外汇储备。

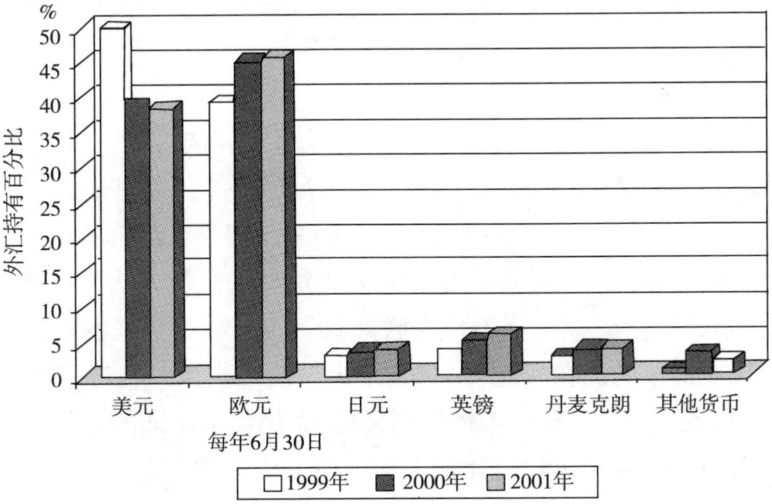

资料来源：《瑞士国家银行年报（2001）》。

图12.4 瑞士国家银行外汇储备中各币种的比例

第四节 出售黄金储备所引发的国内政治问题

如果政府得到了出售黄金储备的部分或全部收益，这些收益对政治家们来说就无疑是一笔恩赐。因为他们就可以为选民集团或压力集团谋求利益，同时不增加公众的负担。因此，在怎样分配这笔收入的问题上就产生了争议。目前瑞士就出现了这种情况。政府想将出售“非必需”黄金储备所获得的收入的全部或至少一部分用于团结基金。这一想法理所当然地得到了瑞士援助机构（致力于援助国内外贫困人群的组织）的支持，它们希望能从这笔收入中分一杯羹（巴斯勒日报，2001 年 9 月 11 日）。

另外，各州政府坚持认为，作为瑞士国家银行的主要股东，他们有获得大部分收入的法律权利。但是，右翼政党瑞士人民党（SVP）则提议将收入用于国家养老体系——瑞士养老保险（AHV），这样在十年内政府就不用提高税收了，这一提议得到了部分社会民主党人和工会的支持。联邦院（相当于美国的参议院）提出了一个反提案，建议将黄金变现收入的 1/3 用于团结基金，1/3 分配给州政府，1/3 用于国家养老体系。国民院（下议院）经过讨价还价在 2001 年 9 月 24 日通过了这一反提案。可以预料到的是，要求处置瑞士国家银行“非必需”储备的声音会越来越多。这一问题最终将会在 2002 年秋季通过全民公决进行表决。

瑞士国家银行与联邦财政部于 1998 年 4 月 24 日签订了一项关于瑞士国家银行部分利润年度分配的为期三年的协议（《瑞士国家银行年报(2000)》，第 101 页），但这一协议也存在问题，因为联邦政府在瑞士国家银行中未持有任何股份。这一协议也受到相关法律的挑战，法律规定分配给股东的股息不得超过 6%。那么为什么联邦政府应当参与瑞士国家银行的利润分配呢？这项协议的内在问题在 2002 年 3 月凸显出来，在这项协议到期之前，瑞士国家银行宣布 2002 年将特别分配 10 亿瑞士法郎的利润，并将在未来十年中向中央政府和州政府分配 130 亿瑞士法郎的“过多的储备”。这种自由决定的行为不受规则约束，使得日常的政治斗争对外汇储备及其构成施加影响成为可能。

如果新的决定得以实行，它可以提高政府支出或是在十年中降低税收。但这也存在问题。因为这种改变本质上是持久的，在十年之后可能会造成预算赤字的上升。从这个角度来说，只有将收入用于偿还政府债务的方案是不存在什么问题的。

第五节　欧元区中央银行持有黄金储备的问题

欧洲经济与货币同盟成员国的中央银行持有黄金储备的情况在许多方面和瑞士、英国和瑞典的中央银行不同，这三个国家仍保留自己的货币，并与美元和欧元保持着弹性的汇率。众所周知，欧盟成员国的中央银行已经将部分储备，包括黄金储备，转交给欧洲中央银行管理。后者发现自己和这些国家的情况比较相似，尽管欧元区的规模和美元区更为接近。有趣的是，欧洲中央银行似乎认为其国际储备是充足的，因为它目前还没有任何减少储备的计划。

与之形成对比的是，欧盟成员国的中央银行似乎不再需要充足的国际储备用于外汇干预。但是，在《马斯特里赫特条约》中关于欧洲中央银行体系的附件中还包括了两个安全阀门。首先，欧洲中央银行可以向成员国中央银行要求更多的国际储备。其次，成员国的国际储备交易如果超过一定的数额就必须经过欧洲中央银行同意。这些规定就引出了欧洲中央银行是否允许以及在多大程度上允许成员国减少储备或改变储备结构的问题。

除了这些规定以外，成员国中央银行还面临这样一个问题，即它们是否应当出售部分黄金和货币市场工具储备，将收入投资于长期来看有着更高收益的外国股票。需要注意的是，这种投资必须是用外国货币——主要是美元——购买的股票，并投资于欧元区外的股票市场。否则，当货币市场工具或黄金储备减少时，欧洲货币同盟内的基础货币也会同等数量地上升。这也许是欧洲中央银行规定成员国中央银行的任何国际储备交易都必须经其同意的另外一个原因。

所以，如果成员国中央银行剩余的国际储备确实是非必需的，将它们转化为股票投资就是可取的，因为股票投资长期可以获得更高的收益。但是，上面所讨论的政策风险仍是反对出售国家黄金储备的重要理由，在紧急情况下，一国国内持有的黄金储备仍是最后的保障。

我们也不能忘了另外两个问题。第一，欧洲货币同盟一旦解散就会引发很大的问题，外汇和黄金储备的出售会使得这些问题更加难以解决。第二，当成员国中央银行管理以外国股票形式持有的新财富时，它们应当如何应对政治压力？

为什么要由中央银行来管理这些财富？为什么不让别的公共部门甚至是财政部来管理？这会不会诱使政治家为了赢得选票而出售股票并将收入用于扩大支出或削减税收？

事实上，政治斗争已经开始了。当洪水袭击了德国东部地区后，Ernst Welteke 建议中央银行将出售黄金的收益用于建立一个长期的基金，基金的收益将用于自然灾害的救援（《金融时报》，2002 年 8 月 22 日）。基督教民主联盟/基督教社会联盟（CDU/CSU）的党主席候选人 Stoiber 提议将德意志联邦银行超过 35 亿德国马克的利润用于援助洪水灾害，而不是用于法律规定的偿还原民主德国带来的债务。这一提议马上被 Welteke 和财政部部长 Eichel 否决（《新苏黎世报》，2002 年 8 月 23 日）。可以想象，“过剩的”黄金储备的出售也会引发同样的斗争。

第六节　保留黄金储备的其他考虑

出售黄金储备更深一层的缺点在于它增大了最终回归到金本位——或是更宽泛的包括黄金在内的实物本位制——的难度。当货币体系进一步发展为纯信用货币本位时，政府发行的货币，比如中央银行券和硬币，就变得多余，这一问题就变得更加严重。这一发展趋势现在已经能够观察得到，并被计算机和信息技术的进步进一步推动。在这种情况下，中央银行将无法控制货币供给，这将导致不稳定和趋于通货膨胀的价格体系，这一点早已被 Knut Wicksell（1898）预见。在这些情况下，中央银行只能通过政府管制（比如以政府发行的货币的形式在中央银行存放最低保证金）或是规定电子货币以平价兑换为黄金或其他商品来控制货币供给。有趣的是，德意志联邦银行前行长 Hans Tietmeyer 在一次会议上告诉我，这就是他坚持欧洲中央银行有权要求商业银行在中央银行保留最低准备金的原因。但我更相信可兑换的固定平价是更好的解决办法。

参考文献

[1] Bernholz, Peter (1982), “Flexible Exchange Rates in Historical Per-

spectives", *Princeton Studies in International Finances* Volume 49, July, International Finance Section, Department of Economics, Princeton University.

[2] Bernholz, Peter, Gaertner, Manfred and Heri, Erwin (1985), "Historical Experiences with Flexible Exchange Rates" *Journal of International Economics* Volume 19, 21 –45.

[3] Mitchell, B. R. (1976), *European Historical Statistics*, 1750 – 1970. New York: Columbia University Press.

[4] Schweizerische Bankgesellschaft (ed) (1987), Die Schweizer Wirtschaft, Daten, Fakten, Analysen. Zurich.

[5] Schweizerische Nationalbank (ed) (1982), "75 Jahre Schweizerische Nationalbank", Die Zeit von 1975 bis 1982.

[6] Schweizerische Nationalbank (2000), *Geschäftsbericht* Nr. 93.

[7] Schweizerische Nationalbank (2001), *Statistisches Monatsheft*, July.

[8] Statistisches Bundesamt (1981), *Statistisches Jahrbuch für die Bundesrepublik Deutschland*, Wiesbaden.

[9] Statistisches Bundesamt (2000), *Satistisches Jahrbuch* 2000 *fur das Ausland*, Wiesbaden.

[10] Wicksell, Knut (1898), *Geldzins und Güterpreise*, Jena.

13 Chapter

第十三章

黄金在储备管理中的地位

Dick Ware
世界黄金协会

第一节 官方黄金储备的演变

在19世纪下半叶之前，中央银行的黄金储备问题还未受到人们的关注。中央银行登上历史舞台是较晚的事了，直到19世纪70年代，世界才进入古典的金本位时代。在金本位制下，国内流通的货币以一定数量的黄金为支撑，以当时普遍的固定价格兑换。原则上，任何个人可以去英格兰银行要求将纸币兑换成黄金。之所以说“原则上”是因为1英镑的纸币是找不到对应的黄金兑换单位的，只有积累到一定的数量才能兑换到黄金。

19世纪末中央银行持有黄金的主要目的是维持本国货币以黄金计算的对外价格。如果进口超过出口，黄金将以每盎司3.17英镑或10.5美元的价格外流。这就意味着用于支持国内货币发行的黄金减少（在极端的情况下货币供给理论上可以超过黄金的数量），银行就会提高利率以吸引流失的黄金储备，同时，黄金的外流会减少进口，解决进口大于出口的问题。

相反，如果出口大于进口，银行愿意以每盎司3.17英镑或9美元的价格购买黄金，货币供给就会扩张，增大通货膨胀压力。银行就会降低利率（这在现在的世界看起来是不符合经济原理的，但当时的目标是阻止黄金的流入），减小黄金流入的压力并促进进口的提高。

因此，这一体系总是处于一个不完美的均衡状态。但是，有趣的是这一系统的调整过程（今天我们称为干预）仅需要很少量的黄金。在1870年，英格兰银行仅持有161吨黄金，在1913年也仅有248吨，增长了54%，而在这一时期内英国的贸易总额（进口加出口）增长了137%。

这传递出的一个信息也许是货币当局仅需要较少的储备，因为所有人都相信这个体系，所以它几乎能够自动调整。另一个信息是，当时不存在与黄金竞争的资产，并不像当今中央银行面对如此之多的选择。

有趣的是（在这里我很大程度上利用了蒂姆·格林 1999 年撰写的世界黄金协会第 23 号研究报告），在 19 世纪末，大部分货币性黄金（金块与金币）为私人所拥有。即便整个国际货币体系是建立在中央银行的官方黄金储备基础之上，情况仍是如此。

这种情况直到 20 世纪初才改变，官方黄金储备第一次超过了私人部门拥有的黄金。官方黄金储备相对于私人部门持续增长，直到第一次世界大战爆发。那时，官方黄金储备总计约 8 000 吨，在 1905 年这一数字为 4 700 吨，而在 10 年前的 1895 年为 2 750 吨。造成这种增长的一个原因是越来越多的国家开始实行金本位制，这一进程随着 1900 年的《美国金本位法》的颁布达到顶峰。这些国家对黄金的需求主要通过南非和北美迅速发展的黄金生产得到满足。在战争的中后期，官方黄金储备仍持续增长，这一现象为“官方持有黄金是战争的金库”的观点提供了例证。私人部门在这一时期流入公共部门的黄金从此以后就退出了流通。

在两次世界大战之间，货币性黄金继续流入公共部门。根据蒂姆·格林的研究，到 1929 年，92% 的货币性黄金掌握在公共部门手中，而美国、英国和法国掌握了官方黄金储备中 70% 的份额（其中美国为主要的黄金持有者）。在这一时期，世界主要国家不断脱离和恢复战前的金本位制。其他许多国家通过英镑或美元本位制与金本位制相联系，这就意味着这些国家以英镑和美元的形式持有外部储备，但它们明白本国的货币有固定的黄金价值，在需要的时候可以兑现。但是，这也不是无风险的买卖，在 1931 年英镑脱离金本位制时，许多国家就遭受了损失。

当美国在 1934 年 1 月将黄金价格从 20.67 美元每盎司提升到 35 美元每盎司时，许多仍实行金本位制的国家（比如比利时、法国、荷兰和意大利）的黄金持有者纷纷在更高的价格上出售黄金。这是美国黄金储备形成目前规模的主要原因之一。

在第二次世界大战结束时，黄金储备在世界各中央银行的分布已发生了变化。战时的支付使美国得到了更多的黄金，而英国则因为战争开销流失了大量黄金。

布雷顿森林会议于 1944 年召开，会议的成果体现为国际货币基金组织和国际复兴开发银行的成立，这一体系仍以黄金为中心。这一体系是可行的，因为美国接受了以黄金赎回其他国家不需要的美元的义务（美元日益成为国际储备手段）。同时，重要的是，国际货币基金组织与其成员国之间的交易至少一部分是以黄金进行的。

20 世纪 60 年代，这一理论上可行的体系受到了“特里芬难题”的挑战[①]，一些国家——比如法国——开始要求将美元余额兑换成黄金。这一局面难以为继，直到 1968 年黄金的两级市场建立（官方市场和私人交易市场，两个市场价格可以不同）。官方的黄金交易只能以官价进行而私人交易的价格由市场决定。

这一不彻底的金本位制在 1971 年结束了，“黄金窗口被关闭了”。换句话说，没有人能够用纸币从美联储换来黄金了。具有讽刺意味的是，黄金变得如此珍贵，主要的黄金持有者不再愿意出售黄金，但是货币的持有者仍需要黄金。20 世纪 70 年代，人们见证了黄金不再在国际货币体系中扮演官方角色（这一点通过 1978 年的《国际货币基金组织协议第二次修正案》得以合法化）。正如许多官员预见的那样，在新的浮动汇率体系中，黄金不再扮演重要角色，而公认的“主要储备资产”——特别提款权（SDR）——登上了舞台。

具有象征意义的是，美国（在 1975 年、1978 年和 1979 年）以及国际货币基金组织（在 1976 年至 1980 年）拍卖了大量的黄金。这些举动不仅仅是象征性的，而是有深层次的原因。美国最终认识到即使主要的储备货币发行中心也需要外汇储备，而国际货币基金组织则需要为一个低利率的信托基金融资以帮助成员中的发展中国家。但是，两者仍保留了数量可观的黄金。

在 20 世纪 90 年代以及 21 世纪初，一些国家旗帜鲜明地出售黄金，比如澳大利亚、比利时、荷兰、瑞士以及英国（我们也不应忘记一些国家大量买入黄金）。这些黄金的出售——既包括实际的出售也包括事先声明——对黄金市场造成了极大的负面影响，这使得欧洲主要的中央银行在 1999 年 9 月 26 日发表了一项声明——《中央银行关于黄金的协议》（CBAG）。协议声明在未来五年内中央银行每年出售的黄金将不超过 400 吨，黄金借贷也

---

① 参见特里芬：《黄金与美元危机》，耶鲁大学出版社，1960。特里芬难题是指这样一种情形：一方面，美国可能会不断地消除其赤字，而这样的话对世界其他地区的美元供应就会枯竭；另一方面，如果美国出现持续的赤字，人们就会越来越质疑美元是否还可以无条件地兑换黄金。

不会增长。因为协议涉及的中央银行持有的黄金储备超过所有官方储备的50%，这项协议重新给市场注入了信心。表13.1总结了上面提到的内容。

表13.1　官方黄金储备　　单位：吨

年份	1870	1900	1913	1920	1930	1940	1945	1950	1960	1970	1980	1990	2000	2001
世界	713	3 175	8 098	11 295	16 469	38 189	28 331	31 096	35 892	36 606	35 836	35 575	32 988	NA
法国	217	544	1 030	1 622	3 160	1 773	1 378	588	1 458	3 139	2 546	2 546	3 025	3 025
德国	NA	211	439	391	794	NA	NA	0	2 640	3 537	2 960	2 960	3 467	3 457
俄罗斯	160	661	1 233	NA	375	NA	NA	NA	NA	NA	NA	NA	384	423
英国	161	198	248	864	1 080	12 390	1 773	2 543	2 489	1 198	586	589	487	355
美国	107	603	2 293	3 679	6 358	19 543	17 848	20 279	15 822	9 839	8 221	8 146	8 137	8 149
机构	—	—	—	—	—	—	—	1 375	2 197	3 644	6 115	6 369	4 167	4 185

资料来源：1870～1945年数据引自蒂姆·格林1999年撰写的世界黄金协会第23号研究报告；1950年以后数据引自国际货币基金组织国际金融数据。

第二节　作为整体市场一部分的官方黄金储备

黄金矿业公司收集的最新数据①显示，官方黄金储备占黄金总存量的20%。在剩下的部分中，以珠宝形式持有的黄金占到了51%，私人投资占了15%，其他用途（主要是镶牙及工业用途）占了11%。

重要的一点是，我们要认识到黄金无论用于何种用途都是不会被毁灭的。它也许会被埋葬、被遗忘，可能从一种形态转变成另一种形态，但总会以某种形式存在于某个地方。

官方黄金储备占黄金总存量的比例近年来持续减少。表13.2显示了过去十年中官方黄金储备的净出售额。

表13.2　官方黄金储备的净出售额　　单位：吨

年份	1991	1992	1993	1994	1995	1996	1997	1998	1999	2000	2001
吨数	100	622	468	130	167	279	326	380	478	489	504

中央银行直接出售黄金是影响黄金市场的重要因素，这一因素已经通过

---

① 《2002年黄金调查》。

1999年的协议得以缓解。另一影响因素是中央银行的黄金借贷。

中央银行出借黄金给“金条银行”使得金条银行可以为金矿开采者和投机者提供服务，可以使开采者将未来的生产套现，也能使投机者在纽约预测黄金的价格。在《中央银行关于黄金的协议》下，签字国银行的黄金借贷已被冻结。在剩余的50%的市场中，大约有35%没有被出借，而其余的15%的大部分是被审慎借出的。因此，目前几乎没有中央银行黄金可用于黄金借贷市场。

第三节 官方持有者如何使用（不使用）黄金

也许对于世界主要黄金储备持有者来说，黄金的最大用途就是闲置不用。瑞士是一个例外，作为最大的黄金持有者之一，瑞士正逐步出售其一半的黄金储备，因为黄金和国内货币的联系已经在法律上得以废除。而其他国家仍旧保留了大量的黄金储备。

两个方面的因素可以解释这一现象。首先，在国际方面，尽管目前黄金已经正式被排除出了国际货币体系，没有人能够预测未来将发生什么。尽管目前来看在全球占统治地位的浮动汇率制度不太可能改变，但可能性还是不容忽视。有充分证据表明，许多小国渴望更强的稳定性，这也是它们盯住美元或欧元的原因。但是，盯住美元和欧元并不能带来稳定，因为世界主要货币之间是浮动的。同时，即使是那些原则上是自由浮动的主要货币，对这一自由浮动的汇率安排也不总是满意。欧洲经济与货币同盟就是一个极为具体的例证，同时，当汇率被认为不再反映“基本面”时，主要货币发行国也进行了干预。汇率目标区制也不是什么新鲜事。

也就是说，世界有一天可能会回归到更大的确定性。如果这样的话，什么将充当新的系统的锚呢？可以是法定货币——比如SDR或其他一篮子货币。以一篮子法定货币为支撑的单一法定货币无疑是以自身为参考的。也许，新的体系将以硬通货为支撑（或是一篮子硬通货）——或者是黄金。如果是黄金的话，那些目前选择继续持有黄金的国家将不会为现在的选择而后悔。

其次，从国内来看，尽管我们讨论的是法定国内货币，但我所见过的所有民意调查都明确地显示，如果一国的货币以黄金为支撑的话，该国国民将会更有信心。当然，这一支撑不是正式意义上的，而只是象征性的和心理上的支持。如果“黄金支撑”不再存在了，人们对纸币的信心可能会大不如前。

另外，黄金还是有其他的真正的用途。最相关的一个例子是印度1991年以黄金为抵押平衡国际收支。如果没有黄金的话，印度就借不到钱。黄金也用于了伊朗人质危机的解决。

问题的答案就是，你不会知道你什么时候能用到你的黄金，但是有时候你会用到，无论是在官方层面还是私人层面都是如此。

因此，中央银行继续持有黄金有两点理由：

——世界主要货币需要黄金作为支撑（无论是在国际还是在国内）；

——在国际货币体系未来可能发生改变的情况下，持有黄金可以充当一种保险手段。

14 Chapter

第十四章

英国与欧元：对国际储备管理者的启示

Geoffrey Dicks
苏格兰皇家银行英国首席经济学家
Kit Juckes
苏格兰皇家银行策略与信用研究部门负责人
Paul Stanworth
苏格兰皇家银行一级市场主管

即使是从纯数字的角度来看，英国加入欧元区也意味着欧元区将进行显著的重新调整。如果英国加入欧元区的话，欧元区经济体规模将会扩大15%，平均失业率将会下降，GDP 增长速度将会提高，而公共债务将显著减少。对于国际储备管理者而言，第四大货币消失的可能性将引发一系列的重要问题。如果可能的话，英国将会在什么时候加入欧元区呢？而当这一事件前景逐渐明朗起来时，全球机构性基金管理者将如何应对呢？而中央银行的储备管理者自身又该如何应对呢？

本章的第一部分主要讨论了英国是否以及将在何时加入欧洲经济货币联盟这一问题。我们提出了三种可能的情况。英国的加入将影响欧元区经济体的各个方面。第二部分讨论英国加入欧元区及其过渡阶段给英国及欧元区的资产所带来的影响。最后一个部分我们讨论的是英国加入欧洲经济货币联盟对资本市场的影响，其中最重要的当然是为了应对英国的加入投资者们现在应该怎么做。

是否加入欧元区将通过全民公决的方式得出结果。而在此之前，英国财政部还进行了现在已经非常有名的五项经济测试，该测试旨在帮助确定加入欧元区的时机是否已经成熟。

五项经济测试包括：

——测试英国与欧元区的商业周期和经济结构是否协调。只有协调才能保证英国人民在欧元利率下长久舒适地生活下去。

——测试当问题出现时是否有足够的灵活性去处理它们。

——测试加入欧洲经济货币联盟是否能为公司在英国进行长期投资创造更好的条件。

——测试加入欧洲经济货币联盟对英国金融服务业，特别是对伦敦金融城的批发市场的竞争力带来何种影响。

——测试加入欧洲经济货币联盟是否会带来更高的增长率、稳定性以及是否能持续地增加就业岗位。

提前预测英国财政部的测试结果并不容易。自从 1997 年 10 月以来，一些主要指标已经趋于一致，比如说短期利率，而另外一些指标，如英国及欧元区的消费者对利率的反应则相差甚远。我们可以肯定分析程序是严格的，但是测试则不可能真正做到像五项测试说明中所说的那样“明晰不模糊”。

判断公众意见在接下来几个月乃至几年的时间内会如何演变也是不容易的。各种民意测试显示民众意见中不赞成加入欧元区所占的比重较大。但这一比重在年初欧元纸币及硬币引入后已逐步缩小，而在英国度假者和商人对这种单一货币进一步熟悉之后，或者瑞典/丹麦加入欧元区后，这一比重将进一步缩小。这些民意调查还附带了一个问题：在政府宣称测试通过而不赞成加入的意见的比重十分小的情况下，你将会如何投票。

哪怕是在民意调查中否定意见仍（稍微）占上风，英国首相布莱尔仍有信心，认为全民公决的宣传活动能影响公众意见。民意调查则表明约有 30% 的选民赞成加入欧元区，而有相同比例的人坚决反对加入欧元区。剩下的 40% 的选民则处于中间地带，任何一方的论证都能影响他们的意见。这一部分选民才是真正需要被说服的。又因为大部分犹豫不决的选民都是工党支持者，所以布莱尔对自己的说服力自然是比较有信心的。

加入欧元区需要得到五项经济测试和公众意见两方面的肯定。要给出可能出现的情况，我们并不需要预测财政部的结论或者是公众意见的变化。下面给出三种可能出现的情况：

1. 在本届政府任期内加入；
2. 在下届政府任期内，也就是 2008 年或 2009 年加入；
3. 加入欧元区这一决定被无限期推迟。

在每一种情况下我们都可以给出一个时间表。首先，财政部必须在五项经济测试中得出肯定的结果，然后政府必须提交一份全民公决的议案并经国会批准，接下来的就是全民公决了。投票的结果必须是支持加入欧元区。如果是这样的话，欧元正式替代英镑的过程将花费 24 ~ 30 个月。从通过测试到英镑的彻底废除将需要约 3 年的时间。

第一节 情景一：本届国会——加速时间表

英国首相表达了他想在本届政府任期内带领英国采用单一货币的强烈意愿。这就给出了一个时间期限，也就是 2006 年 6 月，甚至更有可能是在 2005 年的夏季或者秋季，因为通常 4 年过后首相都会寻求连任（当民意调查支持他时），而布莱尔在 2001 年便经历过大选。

财政大臣 Gordon Brown 将自己视为五项经济测试的支持者，众所周知，比起首相来他要谨慎得多。原则上他有着跟首相相同的热情，然而加入欧元区的前提是各方面的条件必须成熟。他坚持认为这些测试是严肃的，而并非敷衍了事的。与欧元区趋同的前提是测试的结果支持这一决策，并不能仅因为要加入便开始趋同。在这一点上，他的观点跟财政部官员十分相似。之前的汇率机制留下了痛苦的回忆。英国在“错误的”汇率下加入了这一机制，而当时因为德国的统一也使英国不得不采用“错误的”利率。英国不能以再次加入汇率机制作为加入单一货币区的前提条件，在这一点上，Brown 十分强硬。在这种情况下，整个程序将在下一次大选之前结束。支持加入的阵营将在此之前结束整个程序看起来十分重要，这样，英镑将消失，而这个话题也将不会成为大选中的议题。

第二节 情景二：下届国会

第一种情况忽略了一系列的问题。而在评估第二种情况（在下一政府任期内加入欧元区）是否更加可能出现时，这些问题则是需要仔细考虑的。

政府自身为加入欧元区设置了两个障碍：五项经济测试和全民公决。两个可能都不能通过或者其中一个会出现问题。而这两者甚至可能是相互关联的，因为公众对加入欧元区的支持不足会促使政府给出否定的测试结果。而从另一方面来看，如果公众意见变成了支持加入欧元区，财政部就将会面临作出“正确的”选择的压力，而如果民意调查结果变成支持加入而财政部因为没有达到需要的协调度而否决加入的话，这将成为莫大的讽刺。

时间表则是另外一个障碍。如果整个程序定于2003年的春天开始，而从头至尾需要3年的时间的话，它将在2006年完成。这将超过本届政府任期，并会在接下来的大选中遇到可能出现的各种困难。

最终的也是最难以解决的问题就是汇率问题，首相也承认这一点。这个问题有多个方面。第一个方面，同时也是最明显的，就是确定将英镑跟欧元锁定的合适的汇率的问题。虽然2002年12月时英镑对欧元的汇率低于历史最高时期，但在英国，人们依然普遍认为与欧元相比，英镑至少被高估了5%。在这个汇率下加入无疑是不合适的。这会有重蹈欧洲汇率机制覆辙的风险，而这一次带来的损失可能更严重，因为在加入欧元区该采用何种汇率这一问题上我们远未能达成一致。在这方面的工作上，财政部聘请了外部的专家来确定合适的加入汇率，至少要确认一个可行的汇率范围。

而第二个方面则是汇率本身并不是五项经济测试的构成部分。理论上而言，财政部可以得出结论，认为英国通过了该测试而不提及汇率的任何问题。因为绝大多数的外部经济学家及商人相信英镑被高估了且英镑与欧元之间并未能达成一致，所以如果在不降低英镑对美元的汇率的情况下而认定测试通过的话，这是极其奇怪的。

这就引出了问题的第三个方面。《马斯特里赫特条约》中的标准如今仍然是欧盟的标准，它规定，对于任何加入欧元区的货币而言，都需要一个为期两年的货币稳定期。如果从强硬路线角度对这个条款进行解读的话，这就意味着英国在两年内都成为欧洲汇率机制成员，而布朗已经拒绝了这一可能性。而从宽松的角度来解读的话，这意味着在加入欧洲汇率机制之前要有两年稳定期。采用这两种解读中的哪一种则取决于欧盟和英国政府之间的讨论与协商。

这也就揭示了问题的第四个方面。英国选民可能在未知晓加入汇率的前提下被要求就是否加入欧元区进行投票。这并不能令人满意。除非欧元能尽快复苏（跟所有货币相比）而使得英镑对欧元的汇率降低到两方都认为可以维持的程度，否则这个问题将很难得到解决。

由于上述的各种原因，当前政府可能打算将整个事件推给下届政府来处理。这样做可以给英国经济和英镑更多的时间来适应，进而时间表将会变得更加宽松。同时，这也更能满足布莱尔自身的抱负。他可以在这一任期内将精力更加集中在提高公共服务水平上，在2005年时继续担任首相，同时也可避免危害他自己的声望和信誉，而这在加入欧元区的宣传活动中是有可能受损的。如果将这一时间推迟至其第三任的话，他所面临的风险则会少得多（如果布莱尔将其第三任视为最后一任的话）。

在这种情况下，大选将按计划在2005年的春天举行，而肯定的测试结果将在一年后给出，接下来就是全民公决，公众意见支持加入欧元区。而最终正式加入欧元区的时间将在2008年或者2009年。

第三节　情景三：无限期推迟

我们没有必要去详细讨论可能导致英国无限期推迟加入欧元区的各种因素，这可能是经济或者政治上的原因，也可能是因为公众保持否定意见所致。不管英国不加入欧元区这一可能性看上去有多小，这也是一种不可忽视的情况。

第四节　如果/当英国到了那一步将会怎么样

评判这三种情况是十分困难的，然而至少我们还是可以知道在情景一和情景二下事情将变得怎么样。英镑将按照双方同意的汇率对欧元进行锁定。英格兰银行的货币政策委员会将不再制定英国的利率，这项任务将交给欧洲中央银行。英国的收益率曲线将跟欧元区的收益率曲线联合起来。由这里往前推我们可以推断出将会发生什么样的变化。而根据过渡期的具体动态我们可以发现一些明显的市场暗示。

时间表概览

表 14.1　情景一：加速的时间表

时间	事件
2003 年春	财政部给出五项经济测试的结果，并作出是否加入的决定
2003 年秋	全民公决，赞成加入欧元区
2004 年 1 月 1 日	英镑通过汇率与欧元锁定
2005 年春	欧元进入英国，英镑不再作为英国法定货币
2005 年秋	大选

表 14.2　情景二：时间表

时间	事件
2005 年春/夏	大选
2006 年春/夏	给出五项经济测试结果，提交全民公决议案
2006 年秋/2007 年夏	全民公决
2008 年/2009 年 1 月 1 日	引进欧元

目前人们在英镑以何种利率锁定欧元这一问题上并未能达成一致，但大家却一致认为，2002 年上半年英镑兑美元的汇率（61 便士兑 1 美元）是不恰当的，英镑被高估了，要想加入欧元区，该汇率必须要调低到一定程度才行。而很多人预计要达到 67～70 便士兑 1 欧元这一兑换范围更能被双方所接受。

在很长一段时间内，这个范围看上去似乎难以企及。但是，自 2002 年春开始，美元兑欧元的汇率开始急剧回落，虽然说英镑兑美元的汇率有所上升，但是英镑兑欧元的汇率已经跌到了可以接受的水平。目前的期货市场中，在情景一给出的时间范围内期货市场的定价为 67～70 便士兑 1 欧元。不管是由于美元的疲软或是趋同性的交易，英镑正朝着可行的汇率方向移动。英镑的强势将不再成为英国加入欧元区的不可逾越的障碍。

然而英国的官方汇率和欧元区的汇率之间仍有一定差距。在加入欧元区后这一差距将会自动消失，但是这一转变过程则是不确定的。一旦决定加入欧元区，英国就必须立刻采取欧洲中央银行汇率，或者同爱尔兰的情况一样，也可以继续设定自身的汇率直到最后期限，再通过一两步举措来消除与欧洲中央银行之间的差距。

另外将要发生的主要变化是关于英国债券收益率曲线的，尤其是 30 年期的债券收益率曲线。在过去的一年中，10～30 年期的债券收益率之间的差距显著缩小。然而最终英国的债券收益率曲线仍然是倒置的。收益率的这种不寻常表现将在加入欧元区后消失。

第五节　市场波动/趋同

以下的数据是对当期形势的一张“快照”，反映了人们在汇率趋同这一问题上所达成的共识，这和英国加入欧洲经济货币联盟不是一回事。

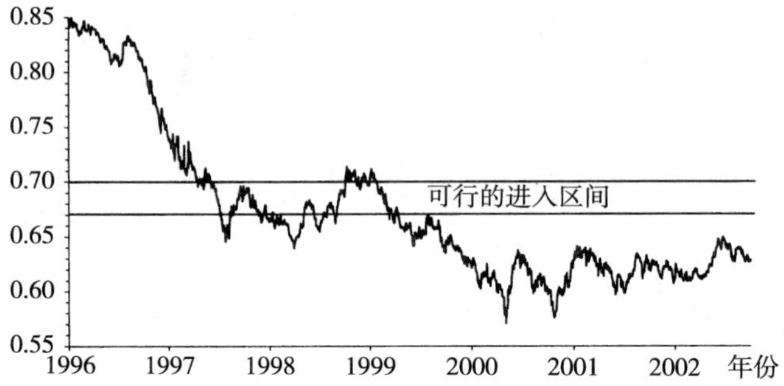

资料来源：Datastream。

图 14.1 欧元兑英镑汇率（稳定至最终加入水平）

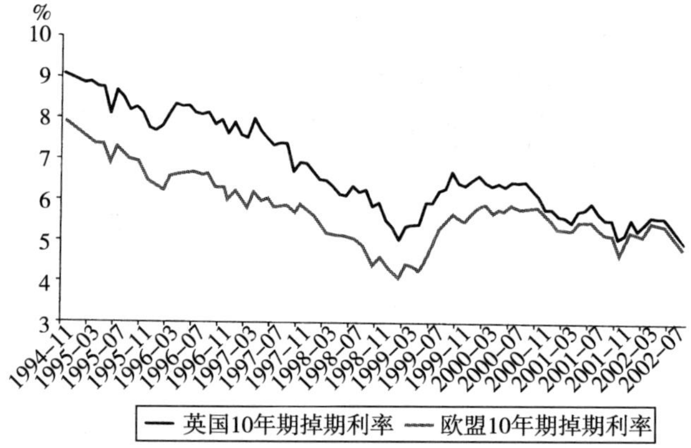

图 14.2 英国与欧盟 10 年期掉期利率的趋同

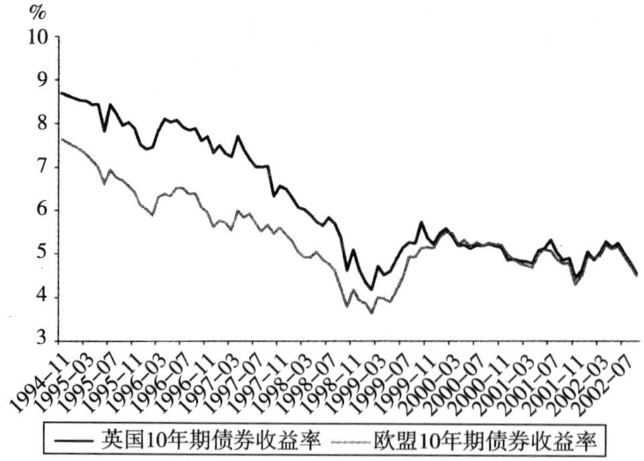

图 14.3 英国与欧盟 10 年期债券收益率的趋同

第六节 私人部门基金管理者的反应

随着欧元的引进，长期储蓄机构的资产估值将会产生较大变化。最明显的价值重估恐怕就是依据伦敦同业拆借利率和欧元拆放款利率定价的资产了。这包括政府债券和公司债券，而固定收益的衍生品市场也将受到影响。对英国以英镑计价的资产和欧洲以欧元计价的资产所在的市场而言，这两个市场间的限制性界限将会消失，资本将迅速流向便宜的资产。这并不是新鲜事。在欧元第一波进入时就出现了这样的现象，而目前许多投资就是在英国加入欧元区的假设下进行的。

目前，投资者主要使用的"趋同工具"来自掉期市场。欧洲的机构长期以来通过卖出期权来提高投资组合收益。虽然英国的机构现在也开始购买这些期权，但是到目前为止大部分交易都限于欧洲投资银行的圈子内。主要的原因是英国的保险人需要将保险合同中暗含的英镑期权进行套期保值。在理想的情况下，这会跟英镑的掉期期权相配套。然而，由于欧洲的机构比英国的机构更倾向于发行期权，英国期权的价格远高于欧元的掉期期权。因此，从成本的角度来看，英镑期权负债是以欧元计价的掉期期权为支撑的。如果英国加入欧元区的话，这种策略有两个好处。首先，期权费会变少，因此（英镑与欧元的掉期曲线在一定程度上相关），大多数的利率风险以很低的成本进行了套期保值。其次，长期的欧元区银行间同业拆借利率必须与远期伦敦同业拆借利率趋同，从而使持有欧元掉期期权而非英镑期权的投资者获利。

英国的一些机构已经开始进行这种"软"趋同性交易。然而，"纯粹"趋同性交易的发展也受到了一些多策略对冲基金的限制。私人基金经理不得不进行这种交易的主要原因是他们的风险太大了。大多数英国和欧洲的机构性基金管理者的业绩必须要比公开可得的债券利率高一点（如 0.5% ~ 1.5%），他们发现这种趋同交易的长期性质是高度可变的，因为那些资产的 pv01 很大①。在欧元第一次进入的时候也是如此。在两年的转变期内，主流的基金管理者不可能在英国还没有就加入欧元区作出确切决定之前冒险。因而，对趋同性交易需求的权重将作为权衡英国加入可能性的一个指标。

再往前看的话，如果英国加入了欧元区，趋同交易的收益率差将波及包括股票和固定资产在内的所有资产类别。长期储蓄组合中的多样性原则要求：在长期中，货币的波动可能因为公平定价而消失。这也就意味着长期基金管理者对他们所投资的长期资产的币种并不是十分在意。然而，通过对长期基金平均资产组合的观察，我们很容易就可以发现币种实际上对资产组合是有影响的，资产组合通常偏爱本国货币。原因就是基金管理者通常的风险承受能力和业务目标不允许基金管理者在货币的短期和中期波动上冒险。

然而，如果英国进入的可能性显著增加的话，资产组合里将会大量加入欧元资产。现在的资产组合所受的限制跟基金管理者所用的表现基准相关。根据现代资产组合理论，投资者倾向于将负债的货币与其基础资产紧密联系起来。因此，不管长期理论的假设如何，货币风险总能大体上对应起来。如果英镑将变成欧元的话，基金将在英国加入之前采取行动。

对于养老基金和保险基金而言，通过投资英镑和欧元资产带来的组合多样性会为最大流量的货币增加筹码。目前，在英国和北欧国家，长期储蓄占统治地位，而在法国和德国，中期储蓄比较流行。单单是英国一个国家就拥有相当大数目的长期储蓄资产。而为了分散投资风险，其中的一部分可能会选择性地投资于欧元资产。

这些举动最终会给英国和欧洲之间的股市价值和财产价格带来影响。然而，由于中立基准的缺失（欧洲同业拆借掉期利率曲线是针对固定收益资产而言的）以及交易税负的不同，市场的种种调节可能很难使之达到均衡。总而言之，为了消除摩擦效应及为非固定收益资产创造一个更有效的市场，会计政策和交易成本必须要发生变化。

如果英国不加入欧元区的话，投资趋势则不可能出现大的变化，因为目前只有极少数的投资是基于英国要加入的假设进行的。目前，资产配置与英

---

① pv01 为 present ralue of 1 basis point 的缩写，意思是当利率每变化万分之一（即 1 个基点）时，资产的现值发生多大变化。

国可能加入欧洲经济货币联盟这一或有事项息息相关，资产组合设置上也要求为英国的加入做好准备。除非英国永久性地拒绝决定加入欧元区，否则英镑资产将在很大程度上被重新定价。

第七节　中央银行

外汇储备与欧元的引进

全世界的中央银行外汇储备约为 2.2 万亿美元（不包括黄金），而 1985 年的外汇储备约为 4 000 亿美元。在不到 20 年的时间里，外汇储备总额翻了近六番。在目前绝大多数汇率均为浮动汇率的情况下，这个数额无疑是巨大的，因为从理论上来说，浮动利率意味着中央银行根本不再需要外汇储备了。

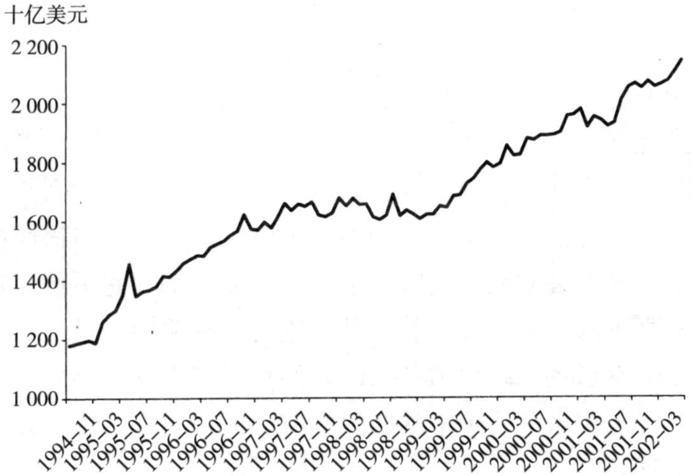

图 14.4　全球外汇储备的增长

猛增的外汇储备向我们揭示了中央银行的态度。它反映了中央银行在某种程度上的无奈，特别是亚洲的中央银行，它们保有约 1 万亿美元的外汇储备来确保自己的货币能自由浮动。虽然说它们允许自己的货币合理地自由浮动，却又并不愿意放弃自身对货币的控制。也就是说，在当今世界，如果你想要在困难时期能够控制自己的货币，那么所要求的外汇储备额是十分巨大的（“亚洲四小虎”经济体的外汇储备计量单位高达千亿美元），因此世界上发展最迅速的经济体的中央银行保有的外汇储备数额极其庞大。当然，它们也能通过外汇储备投资而获得收益。这就是外汇储备的另外一个功能——能够带来投资收益而不仅仅是防御货币风险的手段，这一点主要会受英镑加入单一货币的影响。

第八节　英国加入对欧元有何影响

我们很难确定英国的加入对欧元的影响以及中央银行持有欧元资产的热情。英国的加入使欧元区的规模扩大了15%，并超越美国成为世界第一大单一货币区。英国的加入使得欧盟拥有了一个主要资本市场，同时，需求的增加使得欧洲不再过度依赖外贸作为经济增长的发动机。过去几年的表现就是证据。随着英国的加入，欧元区的消费增长率将升高若干个基点。在过去五年里平均增长率达到2.75%而不是2.5%。同时失业率会下降，总体的公共负债的减少额将达到GDP的3%。

这些对欧元又有什么影响呢？在本文的写作期，也就是2002年6月，欧元已经从美元的低迷中获利了。美国企业获利能力不强，而其资本市场更是惨淡，投资于世界上负债率最高的国家风险也不小，这些都使得在美国投资吸引力不足。看上去欧元像是进入了一个新的时期，它不再受到人们的嘲弄，而会成为真正意义上美元的替代品，成为一种兑换和投资的工具。英镑的加入能振奋资本市场，减少债务，使人们对经济表现的预期更平稳。虽然说我们不能估计汇率水平所带来的实际影响，但是它可能会成为增强欧元可信赖度的有力保证。

在英国加入之前，人们就有可能重新树立对欧元的信心。此外，英国的加入可能成为信心重建的催化剂。不管怎么样，欧元这些年因为负面的舆论及美国经济模式的优越性一直表现不佳。后来人们发现负面的舆论是有一定程度的夸张的，而美国的经济模式虽然使其总体经济增长速度上有优势，却也并未为其企业带来超额的投资回报。当前，美国对全球投资者的负债数额庞大，其中最主要的形式就是外国中央银行的外汇储备投资。在美国经常账户持续出现巨额赤字的情况下，市场存在投资者渴望重新调整其资产组合、更多地投资于欧元的风险，以及欧元可能会出现超调的情况。

一、英镑会怎样呢

针对英镑加入欧元区这一事件，中央银行的反应会如何呢？如果它们什么都不做的话，它们所持有的英镑资产将自动变成欧元，而兑换采用的汇率则是英国和欧洲经济货币联盟双方商定的。对于处于非欧元区的中央银行而言，这将会增加其总外汇储备中欧元资产的比重，因而它们可能为保持资产组合的多样性而加入其他货币。当然这种趋势可能因为英国的加入而导致欧元比重的增加而得到一定缓和。如果英镑资产被视为三大货币（美元、欧元和日元）的候补的话，一般会选择减持英镑而增持三大货币以外的其他货币，减持时间则可能在加入前也可能在加入后。

对于欧元区的中央银行来说，所做的决策全然不同。如果它们继续持有英镑的话，当英国加入时，这些资产将转为欧元，而不再是外汇储备。

在欧元被引入之前，欧洲国家的中央银行忙着在外汇市场上卖出其欧洲货币资产组合买进美元。那时美元的吸引力是一个原因，而更主要的原因是中央银行需要避免失去自身的外汇储备。因为现金储备规模的减少这一结果并不是中央银行所期望见到的。它们打算将其换为非欧元区货币，主要就是美元。

然而，随着欧元的引进，关于欧洲国家的中央银行持有如此高额的外汇储备这一点引发了诸多争议。的确，大部分中央银行现在既持有欧元投资组合也持有现金外汇储备。在这种情况下，一些持有英镑资产的欧洲中央银行会乐于见到英镑资产转变为欧元，而不再作为外汇储备存在。

一些中央银行已经预计英国将加入欧元区并采取了一些措施，如减少或变现其资产组合中的英镑资产。在情景一和情景二下，中央银行可能需要将所有或者部分剩下的英镑资产进行转换，转换的期限可能有所不同，但是根据以往经验可知它们极可能会在英国加入之前变现。因为英国加入欧洲经济货币联盟所采用的汇率很可能低于当前的汇率（2002 年 7 月）（这是英国加入的前提条件），这就对尽早兑换英镑资产产生了强有力的激励。这个程序可能已经开始。随着它的发展，可能会逐渐对英镑产生不利影响并可能限制英镑兑美元汇率的上行。

只要英国加入欧元区这一可能性较大，管理英镑外汇储备的底线就是如此——将持有的英镑兑换为美元或者其他非欧元货币，中央银行本身有很强的动机不会长时间持有英镑。而英国资产的高收益率则在一定程度上会抑制这种趋势，但是其收益率却有了较大幅度的下滑。5 年期英国金边债券的收益率现在仅仅比德国债券高了 65 个基点，这是自英镑撤出欧洲经济货币联盟以来最小的差距了。现在，一些英镑外汇储备持有者已经完全退出了英国市场。这一现象可能会在接下来的几个月里继续出现，而如果我们能在英国加入欧洲经济货币联盟后仍然在外汇储备投资组合中发现英镑的话，那将是十分令人惊奇的（那些特意留下来转换成欧元的除外）。

二、英国金边债券市场

从另一方面来看，英国金边债券市场会因为欧元的进入而受到些许影响。2002 年 6 月，10 年期金边债券的收益率处于欧元成员国收益率的范围内：其水平跟荷兰持平，略高于法国且略低于西班牙。的确，在给予更好的信用条件下，它们能与加入期间欧元区收益率最低的德国债券抗衡。但是这体现的仅仅是短期收益率的趋同。对许多人而言，这种变化小到可以忽略不计。

然而，两个主要的影响实际上也不值一提。第一个影响即长期金边债券（如 30 年期的债券）收益率的不一致。比欧洲其他地方更低的价格交易的现象将不再出现。30 年期的德国债券收益率仍然低于 10 年期的收益率，而英国债券收益率曲线则是倒置的。这种异常现象主要是由于英国长期金边债券的过度需求所导致的，养老基金经理近年来在股票上投资数额巨大，为了降低风险，他们不得不买入违约风险极小的长期金边债券来与其长期负债相匹配。欧元区与英国 30 年期债券收益率之间的差额正在逐渐缩小，而加入欧洲经济货币联盟后，此种差距将不复存在。

第二个主要影响是对欧洲养老基金市场的影响。到目前为止，英国有欧洲最大的私人养老基金（英国私人养老金数额达到 1.3 万亿，而目前欧元区的总额仅为 1.5 万亿）。正如上面所说的，英国的私人养老金也主要投资于股票。而一系列的因素则促使投资者更多地投资于英镑债券（金边债券和公司债券），包括保持一定程度的变现能力及应对会计政策的变更。养老基金目前的会计计价方式会变更为市价法，对其资产和负债以市场价格计价。同时为更好地计量保底收益的金融产品（如年金），会计政策也发生了一些变化。对于投资于非英镑债券的英国投资者而言，他们并没有受到太多的影响。当然，英国一旦加入欧洲经济货币联盟，情况则会发生变化。那时的影响会怎样呢？到目前为止，我们的讨论主要集中在加入可能会使英国长期债券收益率与欧元区的水平持平这一方面。然而资金从英国养老基金流向欧元债券这一事件本身就足够使欧元区长期债券收益率下降到 10 年期收益率的水平。这可能也会在极大程度上促进对欧元公司债券的需求。这就会带来一个与英镑相联系的盈亏平衡的通货膨胀率，这一通货膨胀率将高于，比如说，法国政府债券利率。

最后，英国对欧元债券的需求可能会使欧元区跟指数挂钩的收益率急剧下行至英国的水平。

在英国即将加入欧元区的情况下持有长期英镑债券并没什么吸引力。然而，英国与欧洲之间的利率差可以通过使欧元区收益率下降或是英国收益率上升得以纠正。

我们已经可以推知，英国加入欧元区对欧元有利而对英镑不利，对欧元区债券有利而对英国金边债券不利，看起来英国加入可能性的升高似乎会使得在英国固定收益资产上的投资提前撤出，或者这些敞口也可以通过套期保值的方式免受英国加入欧盟的风险的影响。

到目前为止，正如我们以上所讨论的，投资者的行为表明人们相信英国不会加入。因为英国投资者不愿承受任何货币风险。英国选民对加入的反感便说明了这一点。但是一旦出现使英国更可能加入欧元区的情况，英镑资产的表现将劣于欧元资产。

15 Chapter

第十五章
储备会计

Joshua Kurtzig，Christopher Hemus，Ian Goodwin
国际货币基金组织保障评估司

第一节　引言

大部分人从未想到：会计已经自己给自己创下了名声。随着美国和欧洲的一些曾经受人尊敬的大公司传出会计丑闻，会计准则和公司治理成为关注焦点。会计已经成为一种时髦。此时，在讨论中央银行外汇储备管理的背景下讨论会计发展是合乎时宜的。

持有和管理储备是中央银行操作的一个重要环节。像中央银行的很多其他方面（如货币政策）一样，外汇储备管理正变得越来越透明。中央银行不光持有更多的外汇储备①，储备管理也更加复杂②。因此，针对储备的会计处理和信息披露显得尤为关键。中央银行通常是国家外汇储备的拥有者和管理者，也是当地金融领域良好的财务问责制的标准制定者。基于上述原因，精确真实的会计和恰当的披露在中央银行领域成为新的重点。

这一章将考察具有一致性的会计框架的必要性，一些对中央银行外汇管理产生影响的会计标准的发展，以及如何处理储备管理透明度所引致的问题。

第二节　一致性的重要意义

机构透明运作的关键是其财务活动信息的公开披露。这种披露能够促进市场参与者在拥有信息的情况下作出决定，前提是信息是准确、可靠、易

① 罗伯特·弗拉德和南希·马里昂：《在高资本流动性时代下持有国际储备》，2001 年布鲁金斯贸易论坛，华盛顿特区，布鲁金斯学会出版社。

② 国际货币基金组织已经出台了部分外汇储备管理指引来处理这个新问题。《外汇储备管理指引》见国际货币基金组织网站，http://www.imf.org/external/np/mae/ferm/eng/index.htm。

懂、及时和可比的：一句话，有用的。确保公共信息的这些特点是会计师和审计师的传统角色。最近在美国发生了几起有名的公司危机后（如安然事件、世通事件），这个角色受到再多的重视也不为过。

会计师和审计师有几样工具供他们使用以履行这些职责。两个核心部分确保提供给市场参与者的信息是有用的：（ⅰ）财务报告框架，在这个框架下披露财务信息；（ⅱ）外部审计，确保披露的信息符合这个框架①。

财务报告框架的最终目标是创立一个系统的路径，提供给财务报告使用者关于公司运作的相关并可靠的信息。这个框架的核心特点包括：（ⅰ）各个组成部分的定义，例如，资产分类；（ⅱ）组成部分的确认指引，如在什么情况下这个组成部分应该反映在资产负债表上；（ⅲ）组成部分的先期及其后的确认指引，如历史成本；（ⅳ）为了理解这个组成部分而存在的解释性披露，如对标的资产和其条款的描述；（ⅴ）对一个组成部分的终止确认指引，如在什么情况下该组成部分要从资产负债表中去除。一个财务报告框架有助于确保信息具有可理解性、相关性和可比性。

若不存在财务报告框架，原始会计数据就能够被随意决定，这将损害其有用性并导致潜在的误导性财务信息汇总。举例来说，某个企业的资产包括一项1年期政府债券的投资。第一年，这个企业对源自债券的利息进行报账，采用债券购买日的实际利率，因此确认收入。第二年，该企业认为在账上确认没有收到的利息不够审慎，因此选择不将利息归因于持有的无息债券。第三年，该企业面临其他运营损失，选择再一次确认利息收入。因此，三年中，该企业在任意的会计决定的基础上，确认了不同的收入。这个例子里，该企业缺乏一个公认的会计框架来确保会计决定的一致性，以致真实的财务情况遭到扭曲。

反复无常的会计决定影响收入确认进而影响了市场信息的例子大量存在，而且很多可以从最近的公司丑闻中收集到。为了避免会计中的任意性，让机构采用和遵守一个公认的财务报告框架就显得尤为重要。

---

① 这里揭露一种错误的流行说法，即一个无保留的外部审计意见意味着好的会计记录。会计和审计，虽然互补，却是排他的：外部审计无法在一般意义上判断财务报告框架是否合适。相反，无保留审计意见意味着报表中的信息与其财务报告框架一致，尽管该框架有不合适之处。

第三节 中央银行并非独一无二

不仅商业机构需要一个公认的财务报告框架，中央银行也不例外。尽管中央银行的目标可能和商业金融机构相差甚远，但两者都需要采用一个服务于一般目的的财务报告框架。例如，对报告中央银行总体运行情况的财务报表的规定，如资产负债表、损益表和现金流量表。虽然这些观察是直觉的，国际货币基金组织在其保障评估计划初期，意外地发现在其检查过的中央银行中有 88% 没有合适的会计标准①。

目前，世界上还没有一套专门针对中央银行的全球性会计准则，但是有一些替代性原则可以达到同样的目的：由国际会计准则委员会②（IASB）颁布的国际财务报告准则③（IFRS）；专门针对欧洲中央银行的欧洲中央银行系统会计和报告准则④（ESCB）。IFRS 在全世界被越来越多地接受，几家中央银行完全采用 IFRS，另一些则采用其他相似的或者全部基于 IFRS 的准则。对具有透明性、有用性和可比性的财务报表需求的全球性认同，稳固了朝 IFRS 方向发展的趋势。国际货币基金组织通过其保障政策，采用全套 IFRS 作为一个基准来评估全球中央银行财务报告框架，以确保递交给国际货币基金组织的数据的准确性。

使用全套 IFRS 实质上与外汇储备管理相关。事实上，这两个领域（会计准则和储备管理实践）需要共同发展，并且要确保充分并合适的信息得到共享。特别地，会计和储备管理在四个主要方面互有关联。第一，中央银行如何处理 IAS 39 要求的一些案例中的公允价值问题？第二，（有时巨额的）未实现估价和外汇敞口头寸的收益和损失的启示是什么？第三，中央银行如何适当地披露外汇管理操作相关信息？第四，越来越复杂的储备管理

---

① 这个统计不意味着有问题的中央银行使用了反复无常的会计政策或决定，或者这些数据能被用来推测所有国际货币基金组织成员国中央银行。若想全面了解至今为止的保障政策工作，参阅国际货币基金组织《保障评估——经验评论和下一步》一文，参见国际货币基金组织网站 http：//www. imf. org/external/NP/tre/safegreds/2002/review. htm。

② IASB 的网站是 http：//www. iasb. org. uk。

③ 之前被称为国际会计准则（IAS）。

④ ESCB 准则大量采用 IFRS，尽管仍有一些不同之处（如对未实现外汇收益的确认）。

操作对中央银行的整体治理和会计操作有什么影响？这一章将仔细分析这些问题，并提供解决相关冲突的方案。

第四节　公允价值

无论是由国家标准制定者或 IASB 发布的，财务报告准则新的发展，都聚焦在对金融工具的处理上。这些发展都和中央银行持有的外汇储备的会计处理直接相关联，因为绝大多数外汇资产和相关衍生品都属于金融工具的范畴。IAS 39 把金融工具定义为："任何一个既使一个企业的资产增加，又使另外一个企业的负债或者股权增加的合约。"金融资产被定义为现金、收取现金或其他金融资产的合约权利、一个在潜在有利条件下交换金融工具的合约权利，或者另外一个企业的股权工具。金融债务被定义为一种给另外一个企业一个金融资产的合同义务，或者是一种在潜在不利条件下交换金融工具的合同义务。这个定义非常广泛，并且涵盖了表内和表外金融工具[①]。

对金融工具的会计处理，现在正形成一股趋势，那就是使用"公允价值"来对标的物在初始确认阶段及其后度量阶段进行估价。公允价值被定义为这样一个数额，在该数额下，有知识有意愿的双方进行资产交换或者债务支付的公平交易。因此公允价值和市场价值不同，尽管这两个价值在数量上经常相等[②]。这对中央银行有几个重要的启示，特别是对持有收益的明确确认，这些收益基于传统的历史成本会计基础是不会被确认的。

将公允价值引入会计可用一个例子说明：在 6 月 30 日，一家中央银行以 909.10 美元的价格在期初购买了 1 年期债券。这个债券的票面价格是 1 000美元——该债券隐含利率因此是 10%[③]。这项投资在期初按成本价确认，即 909.10 美元。当年 12 月 31 日，该债券以市场价 979.10 美元在流动

---

① 尽管其适用范围很广，这个准则的要求却不适用于所有金融工具。本款的适用范围专门排除了如下情况，这些情况受其他准则约束：（a）子公司利益；（b）联营公司利益；（c）合资公司利益；（d）雇佣人员利益；（e）由保险合约引发的责任。

② 公允价值和市场价值不要混淆，虽然初看上去同义。虽然 IFRS 认为所报的市场价格是公允价值的一种合理度量，但这是建立在报价来自于完全流动性的市场基础上的；一个大量而集中持有的有价证券的报价，可能在某些情况下不是公允价值的合理近似，而这恰恰会发生在中央银行身上。

③ 909.10 美元投资一年总共产生 90.90 美元的收益（1 000 减去 909.10），或者说是 10% 的收益。

性市场交易，该价格等于公允价格。基于中央银行采用的财务报告框架，可能有好几种财务报表结果，表 15.1 中举出了几个例子。

表 15.1　资产价值和实现收入　　单位：美元

	资产负债表上的资产价值	实现收入
以现金为基础的历史成本	909.10	0
以增长为基础的历史成本	954.55	45.45①
公允价值	979.10	70.00

基于现金的历史成本会计方法是最保守的财务报告方法，因为利息只有在收到时，即投资到期日，才在会计上确认。然而，资产价值却明显被低估，因为应计利息最终包含在 12 月 31 日该债券的市场价值中。相反，公允价值会计方法能在资产负债表上产生更精确的资产估价，但是确认的收入可能没有真正实现（以真正现金的方式）。虽然收益没有真正实现，认识到如下事实却是重要的，即债券的市场价值反映了 12 月 31 日该债券内在的经济实质，包括市场利率的变化。因此，尽管该中央银行如果再持有该债券 6 个月，总收益仍可能是 90.90 美元②，其在 12 月 31 日的经济实质却是该投资在最初的 6 个月里实现了 70 美元的潜在收益。公允价值的拥护者认为财务报表应该反映这个经济实质。

虽然在将公允价值会计方法应用到所有金融工具这个问题上曾存在争论，现在的 IFRS 却存在弹性，其应用取决于投资的分类。对于中央银行的外汇储备，公允价值会计方法适用于为了交易目的而持有的外国证券（或者是可用于出售的资产）。如果其他证券（如投资证券），其标的工具有固定或可确定的支付额和固定到期日，而中央银行也有意愿和能力持有该证券到期，那么该证券可以摊销成本方式记账。这些投资以摊销成本估价，即在上例中提到的历史成本和权责发生制。

公允价值的计算往往困难很多，特别是那些很少交易或不存在交易市场的资产。对于中央银行来说，外汇储备不存在这样的问题，但是对于政府债

① 代表按 10% 单利计算的半年累积利息。

② 注意，尽管该证券真实的市场价格发生了变化，只要中央银行持有该债券到期，其到期收益率依然是 10%。

券，特别是对于那些没有活跃的（国内或国际）交易市场的中央银行持有的政府债券，却是个问题。把重点放在公允价值上也有其他危险。身为国际清算银行总经理及金融稳定论坛主席的 Andrew Crockett 在最近的一次演讲中提到，当下对正在发展的当前价格的时点估计存在着风险，即忽视这种估计所带来的不确定性[①]。Crockett 的观点尤其与无交易资产相关，认为有用的信息包括：（ⅰ）当前价值的点估计；（ⅱ）这些估计所对应的真实结果的统计离差所伴随的风险；（ⅲ）不完善的价值变化和均值模型所带来的不确定性。

公允价值会计方法给中央银行带来了其他挑战。首要的是对更详细记录的需求：从内部上说，会计部门需要更多的信息，比原先保存的记录更加详细。同时，由于需要理解特定工具的市场价值及其对整体外汇组合的匹配情况，因风险管理目的而产生的信息需求可能会发生改变。以上这些以及其他问题，将在接下来关于治理的研究中深入探讨。

第五节 IFRS 和可分配的中央银行利润

基于外汇汇率变动的外汇资产的公允价值和外汇资产（和负债）的再估价，对中央银行利润分配有潜在的含义。例如，IFRS 要求所有货币项目的外汇收益和损失（实现的或者未实现的）都记录在损益表上。这意味着由于外汇再估价导致的损失要从利润中减掉。如果从另一方面来看，有未实现的收益，那么这些收益应作为股利分给政府。

将未实现的利润作为股利发放的预期给中央银行带来了一个问题，因为如果这些利润是通过政府支付而货币化的，那么将未实现收益包括在利润发放中是通货膨胀性的。这反过来将会使得中央银行为了使货币政策目标重回正轨而采取的操作无效。政府将未实现利润确认为预算收入也与正规的财政会计和财政透明度相违背[②]。对中央银行来说更重要的是，这些未实现利润的分配等于去掉了对未来持有损失的缓冲，而且如果没有足够的储备来覆盖

① 全文见 BIS 网站 http：//www. bis. org/speeches/sp020613. htm。

② 例如，国际货币基金组织的《政府财政统计手册》（2001）写道：“这种转移实质上是政府融资，不应计入预算收入。”

未来某个时点的损失，可能最终导致中央银行资本金的减少。如果发生这些情况，政府可能为银行重新注资，这将对财政产生影响。

于是一些中央银行通过将未实现收益直接转到再估储备中，来避免将其分配出去（如 ESCB 准则允许的那样）。这种方法有很多好处，不仅仅是为未来的汇率不利变动提供缓冲。然而，这种处理方法在 IFRS 中没有被完全允许，因为这些准则通常要求这些收益和损失计入损益表中。

为了达到 IFRS 的要求，中央银行可以将股利限制在减去未实现损失后实现的利润。在实践中，一家中央银行可以将所有的已经实现和未实现的收益和损失计入损益表中，然后在给政府发放股利之前，将未实现收益专门计入一个单独的净值部分（如一个单独的储备账户）[①]。此解决方案既符合 IFRS 的要求，又避免出现与利润度量规定相左的利润分配决定。这个选择可能要求中央银行法律中的支持性条款，即中央银行向政府转移的利润不包括未实现收益。此外，这也可以通过中央银行委员会的决议来实现，即将股利分配特别定义为不包括未实现收益，同时减掉未实现损失。通过这个机制，中央银行能在递交的账户中遵守 IFRS，又能防止通货膨胀性的未实现收益的分配。通过这个方式，中央银行克服了为采用国际公认会计框架而遇到的关键问题，因此变得更加透明。

第六节　外汇储备的信息披露

披露什么以及什么时候披露一直以来都是中央银行的敏感问题。至少中央银行一直对披露如何制定货币政策小心翼翼；在最坏的情况下，它们很关心由于过度披露而对市场造成的任何公告效应[②]。直到最近，外汇储备管理是另一个中央银行一直没有披露任何活动信息的领域。正如国际货币基金组织指引中关于披露国际储备和外汇流动性中写的，20 世纪 90 年代的金融危机凸显了对以及时而一致的态势披露中央银行国际储备和外汇流动性的综合

① 有些中央银行的情况比较复杂，它们可能没有能力区分实现的和未实现的收益，或者在不同币种的基础上衡量这种变动。

② 例如，见 Selva Demiralp 和 Oscar Jordá（2002）：《公告效应：来自公开市场操作数据的证据》，《FRBNY 经济政策评论》，1 号第 8 卷，5 月，29～48 页。

框架的需要[①]。特别地，每一个危机都显示出通常在那时候都不清楚中央银行持有多少可随时获得的外汇储备资产[②]。

在过去的几年里，有一股越来越明显的趋势出现，即披露更多关于一个国家的储备和管理储备的方式。这个新的趋势公开反映了：（a）一个共识，即外汇储备数据的市场敏感性，并没其对市场的影响大；（b）中央银行与无数国际金融实体共同参与的金融活动的多种形式，这些金融实体要求更高的透明度和充分的信息披露来更好地理解外汇流动性和国际储备头寸。特别地，在当今世界资本市场的动态特性下，中央银行使用的基本金融工具和衍生金融工具种类急剧扩大。

如下几个因素减少了关于中央银行在历史上已经向市场过度扩散信息的担忧。首先，在事情发生后提供给市场的信息得到了很好的传播。例如，审计信息直到财务年终后的3个月才发布。国际资本市场要求政府和金融机构有更高的透明度。而且，国际货币基金组织通过其保障政策正越来越多地要求中央银行在一个已经确立的会计框架下进行汇报，并且要有外部审计，以最小化随意的会计制度并确保其所含财务数据的可靠性。

从中央银行的角度看，及时而全面的国际储备额披露有几个目的：（1）对中央银行政策举动和外汇风险暴露的更高的责任心；（2）促进不可持续性政策的及时纠正；（3）使得资本市场和国际金融机构更好地衡量潜在弱点以及预见暴露出的需要被满足的需求，而这两点中的后一点能限制不确定性和市场波动。两个工具已经被证明能有效地促进中央银行的披露行为：国际货币基金组织的数据公布特殊标准（SDDS）和国际财务报告准则所要求的披露[③]。

---

① 更多信息在《国际储备与外汇流动性——数据模块指南》中，可从国际货币基金组织网站获得，http：//dsbb. imf. org/guide. htm。

② 这包括几个方面的信息不完全：（ⅰ）作为抵押品的资产或者作为存款存在财务状况不良的国内银行里的资产水平；（ⅱ）与市场价值相差甚远的估价实践；（ⅲ）能导致外汇资产流失的表外资产活动，包括金融衍生品和无条件授信；（ⅳ）潜在的外汇债务，例如存在于某些债务工具中的提前付款条款。

③ 国际货币基金组织出版了很多此类文献，包括2000年出版的《中央银行财务报表信息披露透明度》（*Transparency in Central Bank Financial Statement Disclosure*）（可在国际货币基金组织网站找到）。

一、国际货币基金组织关于国际储备和外汇流动性数据模板

数据公布特殊标准始于1996年，为一些国家自愿公布关于它们国家全部经济表现数据提供了一般性框架①。SDDS的数据维度包括了18个数据种类，国际储备和外汇流动性是其中之一。与SDDS相对应的是“国际储备和外汇流动性数据模板（简称模板）”为国家的官方外汇资产公开披露的内容和时间选择，以及相关的由某些外汇负债和义务引起的这些资源的流失提供了一个全面的框架。

SDDS和模板的一个内在优势是它们不仅提供了一个机制，使得国家能够标准化其外汇储备数据报告，而且还要求周期性数据公布，通常是以月为基础，这个特性使得关注的读者能够追踪外汇储备水平的变化②。数据模板的目的在于通过将国际储备和外汇流动性纳入一个框架，来提供专门用来监控外汇储备水平的信息。因此，除了包含传统的中央银行关于国际储备和其他选择性的外部资产和债务的表内信息外，模板还包含有中央银行的表外活动（包括金融衍生品，和未提取的授信及贷款担保）③。此外，它包括如下信息：（1）通过专门鉴定的抵押资产或者其他形式债权负担的资产，来说明一个国家的国际储备的流动性如何；（2）采用压力测试来显示一个国家对汇率波动的风险暴露（包括期权合约）；（3）包含未来一年内外汇的流入和流出，具有预见性④。

附录15. Ⅰ有一份数据模板。

然而，SDDS也有不足之处，以致影响了其整体上在外汇储备领域的有用性。首先，这些信息全部都是量化的，而且专门为监控官方外汇储备水平量身定做。数据模板不包括定性的披露，如像在国际公认会计准则里有代表性要求的那样，指明所使用的风险管理框架。其次，SDDS是自愿选择采用

① 关于SDDS的更多信息见网站 http：//www. imf. org/external/np/sta/index. htm。

② 模板格式的外汇储备数据一般能在中央银行或者财政部网站上找到。数据也能在国际货币基金组织网站获得，http：//www/imf. org/external/np/sta/ir/index. htm。

③ 基于模板的目的，只有以外汇结算的工具被包括在内。以本币结算的工具，尽管它们可能以外汇标价，或者与外汇挂钩，仍然只作为备忘项目报告。

④ 另外，模板要求对空头信息和多头信息分开报告，并且要加入汇率变动和期权头寸压力测试的结果。

的：在2002年6月，仅有50个国家使用了SDDS。最后也是最重要的一点，SDDS的数据没有经过第三方审计。

二、IFRS要求的外汇信息披露

IFRS通过IAS 32（金融工具——披露和列报）和IAS 39（金融工具——确认和计量），要求详细地披露中央银行对金融工具的操作，这些金融工具不仅仅是外汇储备。IFRS要求的披露对中央银行意味着什么？如附录15. Ⅱ中简单列出的，其影响结果是大量定性和定量的有关金融工具的披露，包括：（ⅰ）涉及金融工具的活动性质和范围，以及伴随的风险管理政策；（ⅱ）会计政策的披露（如金融工具是如何确认和计量的）；（ⅲ）风险披露（利率、信贷、流动性和外汇）；（ⅳ）公允价值信息。

IAS 32和IAS 39提供了一个框架来确保对金融工具基于其基本内容的列报和确认具有一致性。披露要求旨在使财务报表提供关于金融工具未来现金流的信息，如影响其数额、时间选择和确定性的因素，而不管金融工具是否在资产负债表中确认，以及它们是否以本币或外汇结算。因此IFRS要求中央银行披露关于外国证券的期限和公允价值的信息。此外，一家中央银行也会被鼓励去提供关于在多大程度上金融工具被使用，它们的目的以及伴随的风险这些定性信息，同时也有关于控制这些工具所含的风险的政策讨论①。通过这种方式，IFRS在外汇储备领域的披露要求比SDDS广。此外，IFRS在财务报表中列报的数据，在多数情况下，经过了独立第三方的审计。这使得从属于它的数据和披露具有类似的可靠性。

三、SDDS和IFRS协调

尽管这两个披露框架在方法论上有诸多相似之处（例如，两者都偏好相似的原则，如以公允价值或市场价值计量以及在交易日基础上进行确认），这两者的内在设计却反映了它们所服务的不同目的。数据模板专门针对的是外汇储备，将国际储备和外汇流动性整合进一个定量框架。通过SDDS发布的是典型的在月度基础上准备的、并未经外部审计确认生效的外

---

① 附录15. Ⅱ提供了国际会计准则信息披露要求的摘要。

汇储备数据。另外，IFRS 一向都有外部确认，但是却按年公布。IFRS 将披露要求延伸到所有在中央银行操作范围之内的金融工具。如此，IFRS 的披露提供了一个有用的（尽管是事后的）外汇储备数据确认工具。因此，综合使用国际货币基金组织的数据报告工具（SDDS 的数据模板）和已经建立的财务报告框架（如 IFRS），提供了一个披露基准，这个基准能够在这个责任日增的时代很好地服务于中央银行。

第七节　会计发展与储备管理的联系

总的来说，会计学和储备管理的同步发展非常关键。新的会计准则和做法要求更多地关注新信息（例如信息披露等），日渐复杂的储备管理操作给会计和其他中央银行系统带来了挑战。一个好的例子是越来越多的外部资产管理公司管理着部分中央银行储备。从会计的角度看，借助外部管理者使得中央银行对储备信息的记录更加复杂。问题是中央银行是否对资产管理者投资的证券享有直接利益，或者这个利益是以信托安排的形式涵盖了一个资产池，而中央银行从信托中获得股利。在前一种情况中，会计处理方法要求中央银行在财务报表中适当地反映这些投资的直接性质，如可出售资产将以公允价值计价，而持有到期资产以成本计价。在后一种情况中，由外部管理者管理的基金以成本记录，再加上应计利息和股利。在所有的案例中，对外部管理者的运用——尽管不是其名字或者委托的金额——要在年报和财报中予以披露。

额外的对符合国际公认会计准则披露的需求，往往需要有很强的内部交流机制存在于储备管理和制作财务报表的会计职能部门之间。尤其是，对工具期限、利率和分类信息的占有对满足 IAS 32 和 IAS 39 的要求非常重要。随着会计规定的改变（如将投资组合按交易型资产、持有到期资产和可交易性资产分类），风险管理也需要重新考虑。新的工具和策略带来了新的风险界限，这些风险界限需要中央银行管理者考虑和理解。对储备风险管理的考察不在本章研究范围之内，但是毋庸置疑，中央银行需获取更广泛的信息。

第八节　结论

随着关于会计的争论日趋激烈以及会计准则的不断发展，中央银行将被要求继续遵守这些准则。像其他大的金融机构一样，中央银行应该遵守一套国际公认的并具有跨国可比性的会计和财务报告准则。对这些准则的遵守可能要求大量的对金融工具估值的调整。然而，中央银行需要关注计算可分配利润的形式，以便防止将未实现收益分配给政府。在一个越来越透明的时代，中央银行面临着关于如何更好地披露有关储备管理操作的关键选择。部分负担缘自会计准则的要求，但是国际货币基金组织的 SDDS 和补充的数据模板的应用对确保储备管理信息的完全披露大有帮助。或许最重要的是，新的会计准则和储备管理实践需要在信息共享、责任、治理和风险管理领域共同发展。任一领域的发展要求重新考察另外一个领域的状况以确保这些准则被遵守和理解。

作者是国际货币基金组织中央银行专家，并在国际货币基金组织保障评估司工作。本章表达的意见仅代表作者观点，不代表国际货币基金组织观点。

附录 15. I　国际储备和外汇流动性数据模板

（信息由货币当局和其他中央政府部门披露，包括社会保障部门 ①②③）

① 原则上来说，只有以外汇计价和结算的工具（或价值依赖于汇率并以外汇结算的工具）才包括在模板的第Ⅰ、Ⅱ和Ⅲ部分之中。以外汇计价但以其他方式结算（如以国内货币或商品）的金融工具包括在第Ⅳ部分下的备忘条目中。

② 只有在头寸具有相同期限、相同交易对手、有主协议的情况下才允许轧差。有组织的外汇头寸也应轧差。

③ 货币当局的定义以国际货币基金组织《国际收支手册》第五版为准。

Ⅰ. 官方国际储备资产和其他外汇资产（接近市场价值①）

A. 官方储备资产	
（1）外汇储备（以可兑换外币计算）	
（a）证券	
其中发行者总部在报告国但位于外国的	
（b）在其他机构的现金和存款	
（ⅰ）其他中央银行、国际清算银行和国际货币基金组织	
（ⅱ）总部设在报告国的银行	
其中位于外国的	
（ⅲ）总部在报告国国外的银行	
其中位于报告国的	
（2）在国际货币基金组织的储备头寸	
（3）特别提款权	
（4）黄金（包括黄金储蓄和适当的互换黄金）②	
以金衡制盎司计量的数量	
（5）其他的储备资产（具体）	
金融衍生品	
对非银行非居民的借贷	
其他	
B. 其他外汇资产	
未包括在官方储备资产中的证券	
未包括在官方储备资产中的存款	
未包括在官方储备资产中的贷款	
未包括在官方储备资产中的金融衍生品	
未包括在官方储备资产中的黄金	
其他	

① 与总部在报告国的机构相关的除存款和证券以外的金融工具头寸须分条报告。

② 黄金价值的评估标准应当披露，理想的情况应列示黄金的数量和价格。

Ⅱ. 事前决定的短期外汇资产净流出（名义价值）

		总额	期限细目分类（剩余期限）		
			1个月之内	大于1个月但在3个月以内	大于3个月但在1年以内
1. 外汇贷款、证券和存款①					
流出（!）	本金				
	利息				
流入（+）	本金				
	利息				
2. 与本币相关的外汇远期和期货总空头和多头头寸（包括货币互换的远期部分）②					
（a）空头（-）					
（b）多头（+）					
3. 其他（具体）					
与回购协议相关的流出（!）					
与回购协议相关的流入（+）					
贸易信贷（!）					
贸易信贷（+）					
其他应付账目（!）					
其他应收账目（+）					

① 包括对应期限内的利息支付。非居民持有的在中央银行的外汇存款在此也应当包括在内。这里所说的证券是指货币当局和中央政府部门（包括社会保障部门）发行的。

② 如果远期和期货头寸剩余期限大于1年、可能需要补交保证金的，须在第Ⅳ部分分别报告。

Ⅲ. 或有的短期外汇资产净流出（名义价值）

	总额	期限细目分类（剩余期限）		
		1个月之内	大于1个月但在3个月以内	大于3个月但在1年以内
1. 或有外汇负债				
（a）1年之内的抵押债务担保				
（b）其他或有负债				
2. 内含期权的外汇证券①（包括可卖回债券）				
3. 未提取的无条件信用额度②，由以下机构提供：				
（a）其他国家的货币当局、国际清算银行、国际货币基金组织和其他国际组织				
其他国家的货币当局				
国际清算银行				
国际货币基金组织				
（b）总部设在报告国的银行和其他金融机构				
（c）总部设在报告国国外的银行和其他金融机构				
提供给以下机构的未提取的无条件信用额度：				
（a）其他国家的货币当局、国际清算银行、国际货币基金组织和其他国际组织				
其他国家的货币当局				
国际清算银行				

① 只有剩余期限大于1年的债券才在此项目下报告，剩余期限小于1年的已包括在第Ⅱ部分。

② 报告者应当区分由或有信用额度产生的潜在的流入与流出，并在具体的表格中分别报告。

续表

	总额	期限细目分类（剩余期限）		
		1个月之内	大于1个月但在3个月以内	大于3个月但在1年以内
国际货币基金组织				
（b）总部设在报告国的银行和其他金融机构				
（c）总部设在报告国国外的银行和其他金融机构				
4. 与本币相关的外汇短期与长期期权总空头和多头头寸①				
（a）空头				
（ⅰ）买入的卖权				
（ⅱ）签发的买权				
（b）多头				
（ⅰ）买入的买权				
（ⅱ）签发的卖权				
备忘：价内期权②				
（1）在目前的汇率水平下				
（a）空头				
（b）多头				
（2）汇率上升5%（贬值5%）				
（a）空头				
（b）多头				
（3）汇率下降5%（升值5%）				
（a）空头				
（b）多头				

① 如果期权头寸剩余期限大于1年、可能需要补交保证金的，须在第Ⅳ部分分别报告。

② 以下的压力测试在国际货币基金组织的SDDS中属于受鼓励而非必需的数据类别。压力测试得到的结果可以以图表的形式披露。规则规定应当报告名义值。但在现金结算期权的情况下，对未来资金流入流出的估计也应当予以披露。头寸可能是盈余的，或是低于预想的价值。

续表

	总额	期限细目分类（剩余期限）		
		1个月之内	大于1个月但在3个月以内	大于3个月但在1年以内
（4）汇率上升10%（贬值10%）				
（a）空头				
（b）多头				
（5）汇率下降10%（升值10%）				
（a）空头				
（b）多头				
（6）其他（具体）				

Ⅳ. 备忘条目

（1）以标准的时间与周期报告：①	
（a）经汇率调整的短期本币债务	
（b）以外汇计价但以其他方式结算（比如以本币结算）② 的金融资产	
无法交付的远期	
空头	
多头	
（c）抵押资产③	
包含在储备资产中的抵押资产	
包含在其外汇资产中的抵押资产	
（d）出借与回购协议下的证券④	

① 在可行的情况下区分资产和负债。

② 区分金融工具的类型；估值原则应与第Ⅰ～Ⅲ部分一致，在可行的情况下，无法交付的远期的名义价值应与第Ⅱ部分中可以交付的远期/期权的名义价值的格式一致。

③ 只有包括在第Ⅰ部分中的抵押资产应当在此报告。

④ 借出的与正回购的资产及伴随的负债（见第Ⅱ部分），无论是否包括在模板的第Ⅰ部分，都应在这里报告。但是，这些资产应按照是否包括在第Ⅰ部分中分类报告。同样，借入的与逆回购的证券也应该分别报告并自动处理。报告应以市场价值为准，会计处理准则应予以披露。

续表

包括在第Ⅰ部分中的借出的与正回购的证券	
不包括在第Ⅰ部分中的借出的与正回购的证券	
包括在第Ⅰ部分中的借入的与逆回购的证券	
不包括在第Ⅰ部分中的借入的与逆回购的证券	
（e）衍生金融资产（盯市净额）①	
远期	
期货	
互换	
期权	
其他	
（f）剩余期限长于1年的、可能需要补交保证金的金融衍生品（远期、期货和期权合同）	
与本币相关的外汇远期和期货总空头和多头头寸（包括货币互换的远期部分）	
（a）空头	
（b）多头	
与本币相关的外汇期权总空头和多头头寸	
（a）空头	
（ⅰ）买入的卖权	
（ⅱ）签发的买权	
（b）多头	
（ⅰ）买入的买权	
（ⅱ）签发的卖权	
（2）无须频繁披露的信息	
国际储备的币种组成（按货币分组）	
（ⅰ）SDR 篮子中的货币	
（ⅱ）不在 SDR 篮子中的货币	
（ⅲ）单一货币（可选）	

① 应区分工具的种类，用于计算市值的内部模型的主要特性也应予以披露。

附录15. Ⅱ 国际会计准则IAS 32和IAS 39 披露条款：所有金融工具（表内外）

风险管理政策	条款、条件和会计准则	内部利率风险	公允价值
强制披露			
应当描述金融风险管理目标与政策（包括套期保值策略）。	使用的会计准则和方法，包括认定标准和计量基础。 关于基础金融资产的范围与本质的信息，包括可能影响未来现金流数量、时间与确定性的重要条款。	关于利率风险暴露的信息，包括合同的重新定价、期限和有效利率；有效利率只适用于货币性金融工具而不适用于衍生工具，因为衍生工具一般没有一个可确定的有效利率（比如利率互换、期权和远期利率协议）。	各类资产与负债的公允价值信息，除非不可行或不可信。同时此信息需与相关基础金融工具主要特性的信息一起披露。
评述（额外披露）			
信息披露应当能够帮助理解风险管理政策以及机构的套期保值策略，包括对主要的手段、回避的风险、使用的工具及其公允价值的描述。 财产的直接收益与损失一旦识别就须确认。 影响未来现金流的单个工具（比如套期保值）之间的重要关系须加以披露。 例如，关于金融工具使用程度及其伴随的政策目标和风险的讨论应予以披露，也包括控制相应风险的管理政策。 在有用的信息之间应掌握平衡。	只要金融工具对现有的头寸和未来的结果有重要影响，或者带来潜在的重要风险暴露，则此工具的条款和情况就应予以披露。 如果一项工具的资产负债表计量与其法律形式不一致，则需对其实质加以解释。 关于金融工具开始和结束的时间的认定标准应予以披露。比如：（a）常规证券购买是以交易日还是结算日为基准；（b）回购协议的实质，包括提供的担保、决定公允价值的基本假设以及金融资产是否可撤销。 会计准则应当披露会计计量的特定标准是如何应用的（最初和随后如何运用），包括：（a）基本假设，比如贴现或提前偿付率；（b）公允价值如何降低到账面结存额以下。 与金融工具相联系的实现/未实现收益（损失）及其他收入（成本）的报告准则应予以披露（例如，应强调可出售资产的增值是计入收入还是体现在权益上）。	以上的信息披露应提供关于现金流和价格风险的信息，包括期限和合同重估日期（比如不到1个月、1个月至3个月及多于3个月）。 为了对内部利率风险进行适当分类，我们必须考虑以下几类金融工具：（a）受价格风险影响（例如固定收益证券）；（b）受现金流风险影响（如浮动利率证券）；（c）不受利率风险影响（例如一些权益类证券）。套期保值的效果应参考关于有效利率的信息。 无论资产负债表上是否有基础资产或负债（例如借款承诺），利率风险敞口都应予以披露。 利率信息的披露既可以针对单一金融工具，也可以应用于所有资产类别。 利率敏感性信息，比如市场利率变动1个百分点对现金流和公允价值的影响，应予以披露。在披露了利率敏感性信息的情况下，信息准备过程的基础以及重要假设也可以对外披露。	确定公允价值有数种方法，但是，估计公允价值时使用的方法和应用的假设应予以披露。 当难以确定某种工具或一类工具的公允价值时，可以披露一个数值区间，尽管在披露总的净公允价值时需要单个数值。

附录15.Ⅱ（续） 国际会计准则IAS 32和IAS 39披露条款：金融资产

信用风险	账面结存额超过公允价值	其他披露
强制披露		
对于每一类金融资产来说，信用风险敞口的相关信息包括在不考虑任何抵押品的公允价值的情况下的最大信用风险敞口以及任何重大的风险集中。	当某一金融资产的账面结存额超过了其公允价值时，账面结存额、资产的公允价值以及管理层未减少账面结存额的理由都应予以披露。其中管理层的理由应得到相关证据的支持，证明管理层有理由相信当前的账面结存额是可以重新获得的。	
评述（额外披露）		
披露的信用风险信息应能用于评估交易对手未能履行义务对现金流的影响。通常，账面结存额减去所有储备就是信用风险敞口。但是，在一些情况下，信用风险敞口不会在财务报表中体现出来。这就要求额外的信息披露。需要额外信息披露的一个例子是，在存在法定的抵消权时，相关实体不会进行净额或同步抵消。 在存在总冲抵协议时，某一金融资产伴随的信用风险就会大为降低，这时额外的披露就应当包括：（a）降低信用风险的主协议的主要条款；（b）只有在资产得以实现时，对同一交易对手的负债才能抵消，只有在这时总冲抵协议才能降低风险；（c）由总冲抵协议带来的风险的降低会在结算日期后改变。 信用风险集中如果不能通过其他披露反映出来就必须单独披露。信用风险集中的披露应当包括对鉴别各类风险的共同因素的描述以及各类风险敞口的最大值。	对账面结存额超过公允价值情况的披露需对管理层的判断作出合理解释，同时应评估环境发生改变的可能性。	如果有助于增进对财务报表的理解，其他的披露也应得到鼓励，这包括：（a）金融工具公允价值的改变，这种改变一般被认定为收入或成本；（b）如果金融工具在资产负债表上的账面结存额和公允价值不能反映全年的水平，可以披露平均的账面结存额和公允价值水平。

16 Chapter

第十六章 国际储备管理的未来

Avinash Persaud
格雷欣学院荣誉教授　道富公司总经理兼全球首席研究员

第一节　前言

为了解释外汇市场上种种令人迷惑的现象，笔者将遵循五个法则。第一个法则是，一个经济体越开放，管理者就越努力地稳定汇率。比利时，一个高度开放的工业国，在欧洲经济货币同盟内与其他国家保持固定汇率；而美国，一个相对封闭一些的经济体，大多数时候不太关注美元的汇率。这种行为内在的逻辑是，一个经济体越开放，汇率的变动对该经济体通货膨胀、产出和投资的影响就越大。进一步来说，如果汇率的不稳定导致了以上三个变量频繁波动，那么通货膨胀和产出之间的权衡就要承担更高的成本。尽管还未得到实证的结论性证明，这一法则的逻辑仍适用于许多国家。这一法则也和其他思想相互印证，比如决定中央银行持有国际储备数量的缓冲存货理论①。无论是对是错，这一法则都极大地影响了中央银行的行为。

有时候，一些中央银行追求明确的汇率制度，比如中国香港和爱沙尼亚——两者都是世界上最开放的经济体，实行的都是货币局制度，又比如欧洲 11 国在 1999 年启动欧元。有时候，中央银行可能实行“肮脏浮动”② 的汇率制度，没有正式的政策目标，为减小汇率的波动而实施干预。这就是澳大利亚和加拿大金融当局采取的策略。但无论怎样，开放经济体的贸易加权汇率的波动性整体上比封闭经济体的要低。第一条法则可以通过图 16. 1 反映出来，我们在图中用点标出了主要经济体的贸易加权汇率长期平均波动和贸易开放度（以进出口总额与国内生产总值的比率表示）。

在 20 世纪七八十年代，开放程度主要是指贸易的开放度，储备的充足

① 参见 Jacob Frenkel（1980）和 Chris Caroll（1992）。
② 参见 Ricardo Hausmann、Ugo Panizza 和 Ernesto Stein（2000）。

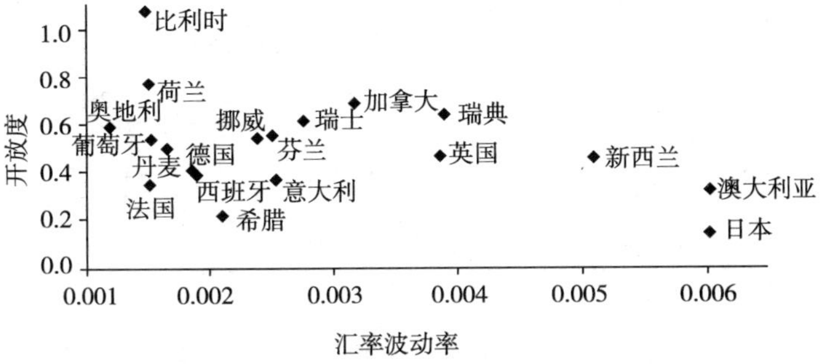

资料来源：道富（State Street）公司。

图 16.1　开放的经济体偏好汇率管理

程度是以国际储备能支撑进口的时间（周数）来衡量的（进口支付额）。从20 世纪 90 年代初开始，金融开放度变得越来越重要，尽管可能还不如贸易开放度。这就使得进口支付额作为一种指标变得不那么有意义了，但它目前仍被人们使用。金融开放度和贸易开放度的路径相似，人们就如何合理地衡量金融开放度还没有达成一致。尽管如此，当评估一国抵御资本撤离和资本外逃的能力时，国家和信用分析人员会考察国际储备与国民生产总值的比率，或是国际储备与国内以 M_2 定义的流动性的比率。无论是用以上三种衡量标准的哪一种来衡量，国际储备都有着相似的变化轨迹：在 20 世纪的七八十年代下降，而在 90 年代上升（见表 16.1）。

表 16.1　外汇储备的变动轨迹（包括黄金）

类别		按国家分类的包括黄金的外汇储备（时期平均值）			
		1948～1970 年	1971～1980 年	1981～1990 年	1991～1999 年
储备/GNP（百分比）	所有	8.2	7.6	6.6	10.5
	发达国家	9.3	7.3	7.0	7.7
	发展中国家	7.3	7.8	6.3	12.4
	新兴经济体	5.5	5.8	6.0	14.9
以进口支付额维持周数时间表示的储备	所有	22.5	17.9	15.4	20.6
	发达国家	23.0	16.1	13.9	16.6
	发展中国家	22.1	19.2	16.4	23.3
	新兴经济体	19.7	19.7	17.6	27.6

续表

类别		按国家分类的包括黄金的外汇储备（时期平均值）			
		1948～1970年	1971～1980年	1981～1990年	1991～1999年
储备/M_2（百分比）	所有	31.3	20.5	15.2	21.2
	发达国家	17.8	12.0	11.7	11.3
	发展中国家	37.7	25.1	17.1	26.6
	新兴经济体	28.7	23.5	19.1	29.9

注：“所有”这一类别包括了56个国家和地区的数据，根据国际货币基金组织1979年的分类标准被分成了22个“发达国家”和34个“发展中国家和地区”。发达国家包括澳大利亚、奥地利、比利时、加拿大、丹麦、芬兰、法国、德国、希腊、冰岛、爱尔兰、日本、荷兰、新西兰、挪威、葡萄牙、南非、西班牙、瑞典、瑞士和英国等。发展中国家和地区包括阿根廷、巴西、智利、中国、哥伦比亚、哥斯达黎加、多米尼加共和国、埃及、萨尔瓦多、加纳、危地马拉、洪都拉斯、中国香港、印度、印度尼西亚、以色列、牙买加、韩国、马来西亚、墨西哥、缅甸、尼加拉瓜、巴基斯坦、巴拿马、巴拉圭、秘鲁、菲律宾、苏丹、泰国、突尼斯、土耳其和斯里兰卡等。“新兴经济体”这一类别在20世纪90年代包括以下10个国家和地区：巴西、智利、哥伦比亚、中国香港、韩国、墨西哥、秘鲁、菲律宾、南非、泰国。它们同时属于发展中国家和地区新兴经济体。

资料来源：国际货币基金组织。

这一变动轨迹反映了人们对中央银行储备的看法随时间而改变。20世纪五六十年代，在布雷顿森林体系下，资本流动受到控制，各国实行固定汇率制。有人认为如果实行浮动汇率制并放开资本管制，汇率就可以调整到合适的水平，并保持在这一水平上①。有人认为在资本流动更加自由的情况下，投机者将会起到稳定作用。当汇率低于合适水平时，投资者就会买入外汇；当汇率高于合适水平时，投资者就会卖出外汇。当然，这就意味着中央银行没有必要再持有过多的储备。因此，当布雷顿森林体系在1971年倒塌以后②，尽管中央银行储备的绝对量没有减少，但在20世纪七八十年代，各国当局并没有随着相关变量（国民生产总值、进口额或货币供应量 M_2）的增长而增加国际储备。

更自由的资本流动并没有像人们预期的那样使汇率更加稳定，原因有很多，不仅仅是因为投机者，他们和其他人一样也不知道合适的汇率水平在

① 参见 Milton Friedman（1953）和 Harry Johnson（1969）。

② 美国于1971年8月15日脱离金本位。

哪。此外，市场参与者发现判断汇率变动方向（在他们所关注的短期内）的最好办法并不是预期的长期汇率水平，而是汇率当前的变动方向。汇率并不是在其均衡水平附近随机变动，而是呈现出连续变动的趋势，这是外汇市场的另一条法则。汇率波动在20世纪80年代十分常见，而80年代是放松资本管制之后的第一个10年。例如，仅仅是在1982～1987的5年里，美元、日元和德国马克之间的汇率像坐过山车一样，美元相对于这些货币的价值先是几乎翻了一番，然后又跌到了一半的水平（见图16.2）。

资料来源：道富公司。

图16.2　20世纪80年代如坐过山车一般的汇率变动：名义贸易加权美元

为了降低汇率不确定性对经济的影响，一些小的开放经济体尝试了许多汇率制度。欧洲试验了“蛇形浮动”和“欧洲汇率机制”。亚洲和拉丁美洲尝试了各种形式的盯住美元制，有时候是爬行盯住，有时候是固定汇率。但这些制度日益被私人资本流动的大潮所淹没。蔓延性的金融危机在20世纪90年代十分普遍。先是1992～1993年的欧洲货币危机，然后是1994～1995年的拉美危机，在1997～1998年又发生了亚洲金融危机。这十年间1/3的时间见证了蔓延性的金融危机，这反映了现代金融体系的内在不稳定性。跨境资本流动的激增加剧了这些危机，使危机的传播更为迅速，发生更为频繁，大大超过了20世纪七八十年代的国际收支危机。健康的国际储备水平可以在几周内甚至几天内消失（图16.3以占GDP百分比的形式显示了跨境资产组合交易的上升）。

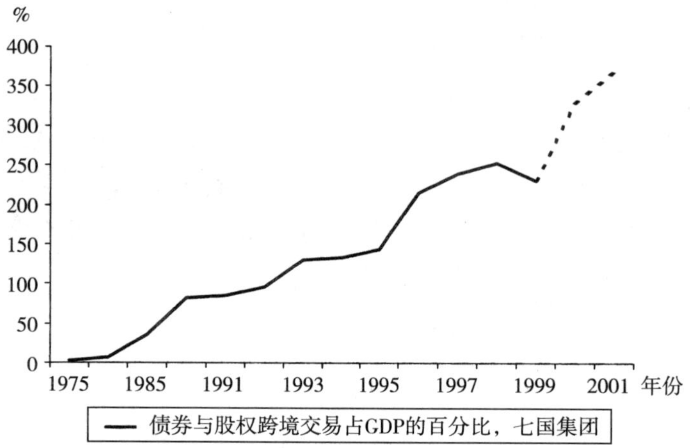

资料来源：道富公司，国际清算银行。

图 16.3　20 世纪 90 年代跨境资本流动激增：
七国集团成员国债券和股权交易占 GDP 的百分比

这些资本账户危机使得汇率制度出现了向两极变化的趋势，比如欧洲的一些国家，从可调整的盯住汇率制转变为不可调整的固定汇率制；另外一些国家则采取了较以前更为宽松的汇率政策，例如 1999 年后的巴西、1997 年后的韩国和 1994 年后的墨西哥。的确，比较流行的观点（最有力的支持者是 Stanley Fischer，国际货币基金组织前第一副总裁）偏向于认为，在资本高度流动的环境下，只有完全的自由浮动或固定汇率才是正确的选择（“两个对角选择”）。随着资本流动性的增加，货币危机的数量也上升了（见图 16.4），仍保持官方固定汇率的国家也越来越少，尽管中央银行仍积极地进行干预。不幸的是，“两个对角选择”并不是任何时候都适用于所有的国家。许多国家，比如阿根廷、巴西、南非和韩国，实施的制度在“两个对角选择”之间：既没有开放到可以组建货币同盟，也没有封闭到可以实行自由浮动。

这一点可以通过韩国的经验加以说明。在 1997 年亚洲金融危机之后，韩国不再盯住美元，韩国当局宣布韩圆从此以后自由浮动。但是，韩国是一个相当开放的经济体。在实行自由浮动后仅仅几个月，韩国当局就实施干预阻止韩圆升值，避免韩圆升值影响韩国从战后最大的衰退中复苏。从 1997 年底到 2000 年底，韩国的国际储备增长了 800 亿美元，占 GDP 的比重从

8%跳升至18%。今天，韩国的国际储备约为1 150亿美元，居世界第五位。这和一般人所想象的“自由浮动”并不完全一样。

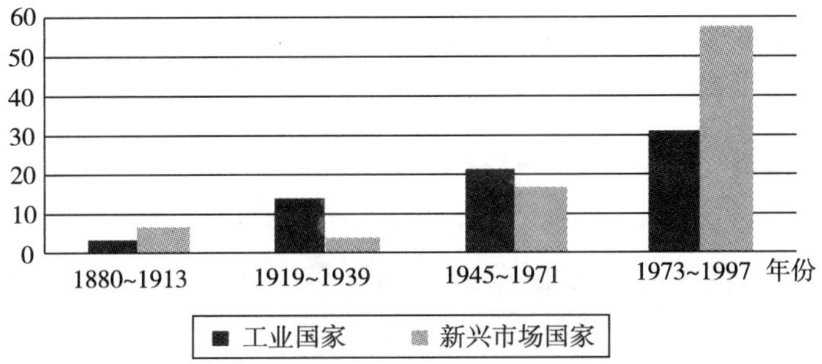

资料来源：Eichengreen 和 Bordo。

图 16.4　不断增多的货币危机数量

实际上，当今许多中央银行发现自己正处于一种两难的境地。它们既享受资本自由流动带来的好处，又认为是资本自由流动造成了汇率的不稳定。因此，它们采取了某种汇率安排，尽管资本高度流动和固定汇率的组合是很脆弱的[①]。最终，它们没有正式的汇率制度，但在需要时会干预汇率。这些中央银行持有巨额储备用于外汇干预，却深深地担心储备还不够。图 16.5

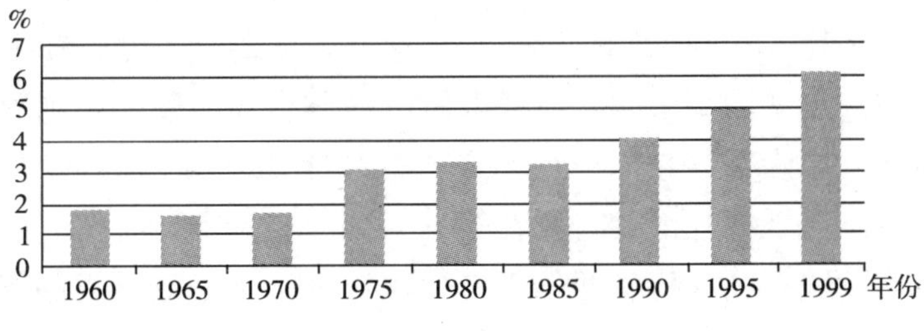

注：缺少20世纪60年代全球GDP的数据；1960年和1965年的数据以60年代外汇储备占全球90%的国家为样本。

资料来源：国际货币基金组织，道富公司。

图 16.5　全球储备（黄金除外）占世界 GDP 的百分比

① Guillermo Calvo 和 Carmen Reinhart（2000）。

显示以占全球 GDP 百分比表示的外汇储备水平不断上升。在本章后面的部分，我们将讨论外汇储备的适当水平、外汇储备的作用和如何投资等问题。

第二节 为什么需要储备

同美国相比，欧元区经济体规模略小，但国际贸易规模相近。但是，尽管欧元在 1999 年 1 月投入使用，欧元区的主要储备资产仍然是以美元计价的短期美国政府债券：政府债券和短期国债。正如法国前总统戴高乐在 20 世纪 60 年代不断强调的那样，持有美元储备实际上就是借钱给美国政府（同时是长期借钱给美国政府，尽管只是通过短期借贷获得小额利息支付）。对于任何国家来说，将紧缺的资源以较低的利率借给美国政府都不是最好的投资方式。持有外汇储备面临着机会成本。考虑到汇率的变动，使用外汇储备购买本国的政府债券可以节约利息。对于发展中国家来说，节约的利息数量（在其他情况下我们将其称为货币、信用和流动性溢价）会大大高于发达国家，这不足为奇，但每个国家都能节约一定的利息。

尽管持有外汇储备的机会成本较高，发展中国家仍倾向于持有相对于其经济体规模和金融系统较高的外汇储备。以占广义流动性（M_2）的百分比计算，在 20 世纪 90 年代，新兴经济体的外汇储备水平平均为 26%，而同期发达国家的平均水平为 11.3%。4 个国家和地区的外汇储备在绝对量上超过了美国，它们是中国、中国香港、韩国和中国台湾。发展中国家持有较高水平外汇储备的原因是，它们更容易受国外资本撤离和国内资本外逃的影响，因此希望较高水平的外汇储备能在第一时间阻止资本的外流。但是，有证据显示，即使发展中国家持有两倍于发达国家平均水平的外汇储备也只能覆盖国内货币供应的一小部分，不足以防范一场资本账户危机。

1996 年，马来西亚的外汇储备为 260 亿美元，大约相当于 M_2 的 28%。这在当时已高于其他国家。但是，当发源于泰国和印度尼西亚的金融恐慌在 1997 年底蔓延到马来西亚时，这一水平的外汇储备被证明是远远不够的。即使国际货币基金组织在 1997 年提供了支持，受金融危机影响的国家的外汇储备水平较之前增加了一倍，资本外流也没有得到遏制。当然，当时有很多不利于亚洲货币的因素，不仅仅是人们意识到外债高于之前设想的水平，但是，充分防范资本账户危机要求资本高度流动的国家持有更多的外汇储备以覆盖更大比例的国内流动性，也许应当两倍于当时的水平，或占 M_2 的 50% ~60%。

随着经济增长和资本流动性增强，防范一场资本账户危机需要更多的外汇储备，这是很多国家难以承受的。尽管很少有中央银行家公开这样说，但这一观点已被渐渐接受。但是，这并没有使得中央银行放弃积累外汇储备。尽管在许多国家，中央银行和国际货币基金组织缓解资本外流的努力均宣告失败，外汇储备水平仍显著增加（见表 16.1 和图 16.5）。尽管持有足以抵御金融危机的外汇储备是不太可能的，高额的外汇储备可以为这些中央银行赢得时间和相对的信誉。在某种程度上，这就像两个朋友在森林里碰上熊的古老故事。当熊向他俩冲过来时，其中一个人冷静地俯下身开始穿跑鞋。另一个紧张地喊道："穿跑鞋有什么用？熊比任何人都跑得快！"他的朋友回答道："我知道，我只要跑得比你快就行了。"对于早期预警指标的绝大多数研究都支持这样一个观点：一国持有的外汇储备越多就越有可能远离货币风暴的中心[①]。但是，这一结论也许只能反映过去的经验，并不适用于现在，也许身处货币风暴的中心和外围的差别也越来越小。

资本账户危机的蔓延非常迅速，而且变得越来越迅速。1997 年，根据受危机袭击国家的短期债务的规模，投资者、债权人和套期保值者预计国际货币基金组织提供的援助将在数月内耗尽，因此它们提前出售了手头的资产。根据道富公司关于储备资产组合的数据，国际货币基金组织于 2002 年 8 月 7 日提供给巴西 300 亿美元援助仅仅使得资本外流停止了 3 天（见图 16.6）。在危机过程中，外汇储备水平不再是有效的防线。不能防范危机，那么持有高额外汇储备并没有太多意义。这更像是花巨资重修马其诺防线。正如我们下面将要讨论的，除了管理风险以外，外汇储备还可应用于其他目的。中央银行应使用其他武器参与抗击金融危机的战斗。

---

① 参见 Hali Edison（2000）、Manmohan Kumar 和 Avinash Persaud（1998）。

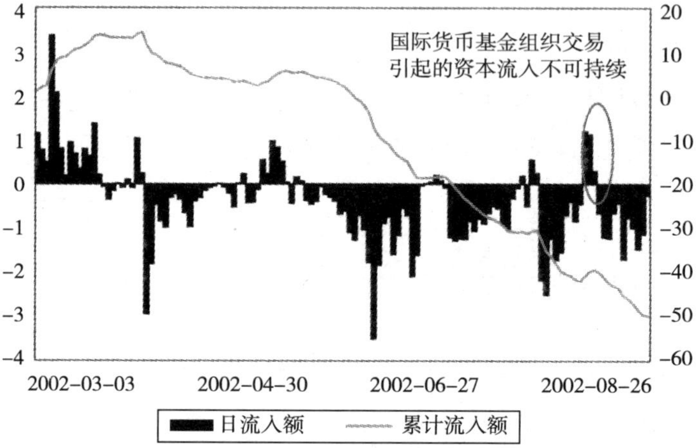

资料来源：道富公司。

图 16.6 国际货币基金组织援助仅维持了 3 天：流入与流出巴西的跨境资本

第三节 资本管制、汇率浮动和备用信用额度

在危机过程中，中央银行除了耗尽外汇储备以外主要还有其他三种选择。中央银行可以实施资本管制、让货币自由浮动（至少在短期内浮动）或使用备用信用额度。相对于前两种手段，笔者更倾向于第三种选择。从根本上来看，发展中国家需要资本，时不时地通过资本管制限制资本流出可能会阻碍资本的流入。尽管如此，笔者留意到银行家们和依靠他们的人更倾向于认为资本管制总是不好的。值得注意的是，当马来西亚在 1997 年实施资本管制时，人们预期会发生的灾难最终没有发生（见表 16.2）。此外，那些未开放资本账户的国家，比如新加坡和中国，受金融危机的影响比较轻，同时长期来看似乎也未受损失。不管怎样，它们确实很繁荣，尽管这是由很多因素共同决定的。而且，发达国家有时也实施资本管制，比如 1992 年的葡萄牙，这并没有使它们坠入地狱。在危机管理中，临时资本管制仍占有一席之地。

表 16.2 马来西亚、泰国和印度尼西亚 1998～2001 年的宏观经济指标

国家 \ 宏观经济指标		GDP 增长率（%）	通货膨胀率（%）	失业率（%）	经常账户占 GDP 百分比（%）	预算余额占 GDP 百分比（%）
马来西亚	1998 年	-7.4	5.3	3.2	13.1	-1.7
	1999～2001 年均值	4.9	1.7	3.4	11.2	-4.7
泰国	1998 年	-10.5	4.3	3.5	12.7	-2.7
	1999～2001 年均值	3.6	1.0	2.8	7.7	-2.5
印度尼西亚	1998 年	-13.0	77.6	5.5	4.3	-2.8
	1999～2001 年均值	2.9	7.9	7.3	5.0	-2.6

1992 年 9 月 15 日，一个星期三的下午，在提升短期利率数小时后，英国当局意识到如果它们试图继续维持英镑在欧洲汇率机制（ERM）中的地位的话，它们的外汇储备将在数天内也许是数小时内耗尽。英镑开始自由浮动，像铅球一样迅速下跌。数月之后，英镑汇率已下跌至低于 ERM 汇率下限 30% 的水平。英国当局不再承诺维持英镑汇率在 ERM 体系中的稳定，并大幅降低利率。在 ERM 体系中维持英镑汇率的稳定要求英国当局控制通货膨胀，这是经济陷入衰退的部分原因。现在，英镑贬值 30% 提升了出口竞争力，这与利率的降低一起促进了经济的恢复，以致有些人又把“黑色星期三”称为“银色星期三”。

在保卫英镑的过程中，货币当局经历了一个临界点。在这一点上，从紧的货币政策不再被看做是维持汇率稳定的可信的承诺，而仅仅是衰退的前兆。维系 ERM 也许能为当局赢得一定的政治上的支持，但较深的衰退足以抵消所有的政治支持。一旦越过了这一临界点，高利率只会让投机者受益，干预将变得毫无意义。这一临界点将随着经济、政治条件以及其他承诺的实现情况而变化。例如，英国当局直到汇率逼近 ERM 汇率下限时才大力干预，而不像法国当局那样在汇率接近下限之前就实施了干预，这就传递了英国当局无意履行承诺的信号。但是，一旦越过这一临界点——以收益率曲线形状呈 U 形为佐证，汇率的自由浮动就不至于使国家陷入衰退的境地。

但是这一策略具有时间上的不一致性。如果市场相信经济低迷会使货币当局考虑汇率浮动，那么固定汇率的可信度就会很低，货币当局就必须持续地保持高额储备和高利率。此外，衰退使得通货膨胀压力不至于上升，不会

抵消出口竞争力提升带来的好处，正因为如此，英镑的贬值才能起作用。决定实施浮动汇率制也意味着决定在相当长一段时间内脱离盯住汇率制。

备用信用额度成为一种可行的风险控制手段基于这样一个事实：资本账户冲击常常紧随在经济繁荣之后。经济繁荣时，大量资本涌入，而当资本停止流入或开始撤离时，冲击就产生了。一般来说，通过备用信用额度安排来为资本外流购买保险是比较昂贵的，而且在越需要的时候越贵——在市场看来，信用最好的人是不需要信用安排的。但是，保险溢价会随时间变动。在繁荣时期购买保险往往比较便宜，有时会便宜到不利于保险出售者的地步，因为这时市场往往还没预料到尾随的资本冲击。

1998 年夏天，长期资本管理公司——一家杠杆率很高的对冲基金——陷入了困境。很多银行吃惊地发现它们之前与长期资本管理公司签订了备用信用额度协议，而且协议的条件对它们很不利。而在 1996 年的时候，人们普遍认为拥有两位诺贝尔奖得主的长期资本管理公司已经发现了赚钱的秘诀，绝不可能需要救助。中央银行在繁荣时期往往不愿意为困难时期安排信用额度，担心会破坏气氛。中央银行常常陷入盲目的乐观情绪，不明白为什么要花钱买一些自己不需要的东西。当繁荣达到顶峰时，中央银行又担心安排信用额度会使得市场认为中央银行掌握了一些不为外界所知的不好的消息，使得繁荣提前结束。也许繁荣提前结束并不是一件坏事。与其在更长的繁荣之后迎来更大的冲击，中央银行还不如让繁荣期早点结束。金融市场具有内在的顺周期性，中央银行应当采取行动抵消周期性造成的波动①。

备用信用额度并不是一个新想法，但是不少国家往往建立备用信用额度的时间太迟，而且错误地选择了交易对手。经营本地业务的国际商业银行往往是许多国家在建立备用信用额度时第一个选择的对象，但是这些国际商业银行的风险特征决定了它们不适合成为保险提供者。银行是重要的中介机构，但也可能成为长期风险和波动的来源。如果一家银行经营本地业务，并与中央银行签订了备用信用额度协议，当金融局势恶化的时候，中央银行可能就会利用这一信用额度，这就会使得这家银行削减在当地的风险资产暴露以对冲风险。这种削减风险资产暴露的行为本身就可能使国内情况进一步恶

① 参见 Avinash Persaud（2002）；Griffith Jones、Gottschalk 和 Cailloux（2002）。

化。在这种情况下，私人部门对冲风险的行为就会推动危机的发展。因此，中央银行同与自己面临相同风险的机构签订备用信用安排协议是毫无意义的，反而造成了潜在的不稳定性。

在为未来五年内可能发生的危机购买保险时，中央银行应该选择最佳的交易对手。当金融危机发生的时候，这一交易对手所持有的资产应与中央银行所面对的风险逆向相关。这些资产应当具有和中央银行储备资产相同的特性（私人部门保险机构可以以比中央银行更低的成本建立起这样的资产池，因为它们可以广泛分散投资于一些公共部门机构不方便直接投资的资产，比如说高评级的机构或公司债权）。实际上，备用信用额度就是支出一笔费用以便在需要时获得大量外汇储备，而不是在未来的五年内花费更高的代价直接持有这些储备。中央银行越节制地使用这一备用信用额度（比如规定只在特定的经济和市场情况下才使用），私人部门保险机构就能更好地计量和规避风险，从而降低保险费率。

第四节 非危机储备管理

如果备用信用额度在危机发生时能够维持货币稳定，那么中央银行是否还需要持有外汇储备呢？一些中央银行的确可以持有较少的外汇储备，但是一定数量的外汇储备还是必不可少的。布雷顿森林体系崩溃之后，金融系统波动加剧，如果储备资产管理者因为备用信用额度的存在而不必为此担忧，他们就可以将外汇储备减少到布雷顿森林体系时期的水平，以占 GDP 或 M_2 的比率表示，约为现在水平的 50% ~60%。那么剩余的外汇储备起什么作用呢？首先，中央银行需要为备用信用额度支付一笔费用，除非中央银行能找到一个不受周期风险影响的保险机构，否则这笔支付就必须以外币进行。但是，考虑到这笔支付的存在，储备资产管理关注的重心就会从重流动性重信用轻收益性转变为重收益性重信用轻流动性。与主要关注流动性的阶段相比，中央银行就可以扩大投资范围以保证收入。中央银行可以构建以高评级的机构债券和公司债券为主的资产组合，并指定将这一资产组合的收益用于支付备用信用额度的费用。这一资产组合甚至可以包括高评级公司的高股息股权。与投资于短期政府债券相比，投资于这一资产组合能得到更高的收入，这是建立备用信用额度更进一步的好处。

在没有危机发生的时期，中央银行也会进行干预，尤其是在实行盯住汇率制的时候。在“肮脏浮动”汇率制下，中央银行为了引导市场回归到理性水平也会实施干预。使市场回归到均衡水平的力量往往很弱，当货币市场的偏离不利于国内外均衡时，中央银行就会时不时地推动货币市场恢复均衡。如果中央银行在没有危机发生的环境下尝试引导汇率变动，就需要持续稳定地进行干预以平稳市场。因此，相对于对外汇储备的预防性需求，干预性需求对流动性的要求也较低。当然，一部分外汇储备必须具有较高的流动性，但是这一部分流动性也可以为其他资产的变现赢得时间。尽管如此，当从干预性需求的角度考虑储备资产组合时，我们还是讨论中央银行仅应试探性地投资于流动性稍差的金融工具，比如长期政府债券、AAA 评级的跨国公司债券和机构债券。

流动性资产和非流动性资产的相对规模是外汇市场平均流通量的函数。在没有危机发生的时期，外汇市场平均流通量较好地反映了市场的情况。如果中央银行希望能够成功地引导市场摆脱异常因素的影响，那么在流通量越大时，流动性资产所占的比例就应越大。这一方法使得那些外汇市场规模较小的发展中国家可以在其资产组合中持有较少的低收益短期政府债券。但是，对于十国集团来说，它们的外汇市场规模如此庞大以至于难以投资于流动性低的资产组合。的确，十国集团目前的外汇储备水平仅仅是其日外汇交易量的一小部分。

第五节　欧洲的超额储备

两个可能的例外是日本和欧元区的金融当局。它们一共持有超过5 000亿美元的外汇储备，占所有中央银行外汇储备的 40%。1999 年，欧洲经济货币同盟的成立将一批小的开放经济体整合成为一个相当封闭的单一经济体，这些小经济体就不用继续进行积极的汇率管理了，汇率问题就让位于国内金融稳定问题。这种结构性的变化意味着外汇储备水平存在结构性过剩。这也引发了关于如何管理这些过剩储备的争论。欧洲的一些中央银行开始考虑投资于一些风险较大、流动性较低的金融工具，这在五年前是难以想象的。本质上，中央银行持有这些外汇储备资产不再是出于预防性或流动性需求，而是作为国家投资基金持有。人们有理由质疑这些资产是否应当由中央银行管理，尽管很少有人提出这个问题。尽管各国中央银行已经将它们的政策职能移交给欧洲中央银行，但这些基金使得它们仍有存在的意义。

考虑到欧洲在外汇储备过剩的同时还存在养老基金缺口，将过剩的外汇储备用于弥补养老基金缺口并由外部管理者管理就不失为一个可行的方案。这一方案有助于解决相关的政治问题，使得利益相关者——养老基金缴纳人——不至于面对更高的退休年龄和更低的国家福利。这一方案同样也能促进欧洲基金管理行业的繁荣，推动金融市场的发展。无论这一部分过剩的外汇储备——据估计在 1 500 亿美元左右[①]——是由中央银行以国家投资基金的形式管理还是作为公共养老基金的一部分由私人部门管理，在没有流动性要求的情况下，这些钱可以广泛投资于从国内股权到新兴市场股权的一系列资产。的确，这一资产组合没有理由与人寿保险公司或养老基金公司的资产有所不同。目前，欧洲人寿保险公司和养老基金公司超过 50% 的资产是股权投资，剩余部分中的很大比例投资于不同信用级别的公司债券，从 AAA 级到 AA 级不等，这是一般中央银行所难以接受的。

第六节　结论

总之，在过去的十年间，中央银行持有的外汇储备大幅增长。这是由十年间的金融动荡和资本自由流动以及浮动汇率带来的不确定性引起的。但是，金融危机给我们的第一个教训是，足够在金融危机发生时维持货币稳定的外汇储备水平高得难以承受，或许是当前外汇储备水平的两倍。第二个教训是，金融危机往往尾随繁荣而来，如果中央银行比市场参与者更不容易受顺周期的影响，中央银行就可以通过为危机购买保险来防范金融危机，这在繁重时期是很便宜的。但是中央银行必须谨慎选择从哪里购买保险，中央银行所选择的私人机构往往不能规避货币风险。

通过建立备用信用额度，中央银行可以持有较少的外汇储备，但还是需

---

① 参见 Avinash Persaud（1997）。

要一定数量的外汇用于稳定货币市场。这种方法也许能够使得一些新兴市场国家免于将其紧缺的资源以较低的利率借给美国。但是，对于一些十国集团国家来说，节约下来的利息是有限的，因为它们目前的外汇市场规模很大，即使是干预性的外汇储备需求也很大。

欧洲经济货币同盟的成立使得欧洲各国中央银行拥有了 1 500 亿美元左右的过剩的外汇储备。这部分外汇储备应移交给国家养老基金，由外部管理者管理。这也许能够部分弥补欧洲的养老基金缺口，同时深化欧洲金融市场，为经济增长提供融资。无论这部分过剩的外汇储备是怎样管理的，是否归中央银行管理，资产的配置都应反映新的目的，都应更类似于人寿保险公司或养老基金公司的资产配置。这就意味着大量资产将被配置于本国股权和公司债券，这些资产通常是不会出现在中央银行的资产组合里的。

感谢 John Nugee 及笔者在道富公司的同事提供了许多有趣的观点和有价值的评论。尤其感谢 Mark Chertkow 和 Chris McCoy 在研究过程中提供的无私的帮助。

参考文献

[1] Calvo, Guillermo, and Reinhart, Carmen (2000), "Fear of Floating", University of Maryland.

[2] Carroll, Chris (1992), "The Buffer-stock Theory of Saving: Some Macroeconomic Evidence", Brookings Papers on Economic Activity, No. 2, 61 – 156.

[3] Edison, Hali (2000), "Do Indicators of Financial Crises Work? An Evaluation of an Early Warning System", Federal Reserve Board International Finance Discussion Papers No. 675, July.

[4] Eichengreen, B. and Bordo, M. (2001), "Crises Now and Then: What Lessons from the Last Era of Financial Globalisation?", Research paper prepared for a conference in honour of Charles Goodhart at the Bank of England, November, 15 – 16, 2001.

[5] Frenkel, Jacob (1980), "The Demand for International Reserves under Pegged and Flexible Exchange Rate Regimes and Aspects of the Economics of Managed Float", in David Bigman and Teizo Taya (eds), *The Functioning of*

Floating Exchange Rates: Theory Evidence and Policy Implications, Cambridge, Mass.: Ballinger Publishing Company.

[6] Friedman, Milton (1953), "The Case for Flexible Exchange Rates", in Essays in Positive Economics, Chicago: University of Chicago Press.

[7] Griffith-Jones, S, Gottschalk, R and Cailloux, J (2002), *International Capital Flows in Calm and Turbulent Times*, University of Michigan Press.

[8] Hausmann, Ricardo, Panizza, Ugo and Stein, Ernesto (2000), "Why Do Countries Float the Way They Float?", Working Paper, Research Department, Inter-American Development Bank, (March).

[9] Johnson, Harry (1969), "The case for Flexible Exchange Rates, 1969", *Federal Reserve Bank of St Louis Review*, Volume 51, Number 6, June, 12-24.

[10] Kumar M. S., Perraudin W., and Zinni, V. (1998), "EMRI: 'Emerging Markets Risk Indicator'", Credit Suisse First Boston.

[11] Kumar, M. S., and Persaud, A. (2001), "Pure Contagion and Investors' Shifting Risk Appetite: Analytical issues and Empircal Evidence", IMF Working Paper No. 01/134.

[12] Persaud, A. (1997), "Europe's Excess Reserves", *FX Research Notes*, New York: Morgan Guaranty Trust Company.

[13] Persaud, A. (1998), "The Event Risk Indicator", *FX Research Notes*, New York: Morgan Guaranty Trust Company.

[14] Persaud, A. (2002), "The New Capital Accord on a Single Page", *The Financial Regulator*, Volume 7, Number 1, 24-28.

Appendix

附录 1

各国如何管理储备资产：调查问卷

保密承诺

问卷调查的结果将用于报告的起草，报告将派发给问卷回答者，但是报告中不会出现问卷回答者和中央银行的名字。

中央银行出版物
各国如何管理储备资产
2002 年国际储备/流动性管理者调查问卷

问卷包括三个部分：国际储备的现状，管理以及储备管理的未来。

第一部分：国际储备的现状

1. 传统上，中央银行追求三大目标即流动性、安全性和收益性之间的平衡：在过去的三四年间，这三个目标的相对重要性是否发生了改变？

a）是

b）否

如果答案为“是”，请简要描述发生的改变：

2. 如果目标体系发生了改变，更强调银行的收益，您将如何应对这一变化？

a）提升储备管理的作用

b）将储备分割为几个部分

c）改变期限

d）采用外部管理

e）其他（请具体说明）

3. 在您看来，同时管理外部资产和负债是否有吸引力？

a）是

b）否

4. 对于高负债国家，您认为储备管理能降低外部债务融资的成本吗？如果可以，将会通过何种方式呢？

5. 您认为多少储备才是“充足的”？或者说，对于储备占总负债和/或净负债的比例，您有一个目标吗？

a）有　　储备占总负债比例目标　　储备占净负债比例目标

b）无

对选择总额和净额的评论：

6. 如果存在一个充足的储备水平，那么，最重要的影响因素是什么？

a）货币供给

b）进口额

c）资本流动规模

d）资本流动的波动率

e）偿还债务

f）其他

7. 你们目前实行什么汇率制度？

a）盯住美元

b）盯住欧元

c）管理浮动

d）自由浮动

e）货币局制度

8. 您认为过去几个月发生的事件，比如“9·11”恐怖袭击、反恐战争、阿根廷危机和安然公司倒闭，会对储备政策产生永久性的影响吗？如果会，将通过何种方式产生这种影响？

9. 你们披露本国外汇储备的货币构成吗？

a）是

b）否

10. 如果上题回答“是”的话，那么目前贵国外汇储备（即不包括黄金）由哪些货币组成？请用百分比表示。

货币	占储备的百分比（%）
美元	
欧元	
英镑	
日元	
其他	
总计	100

11. 在过去的一年或三年中，储备资产的币种构成有显著变化吗？

	一年	三年
是	□	□
否	□	□

12. 近期您会增加对欧元的敞口或投资吗？或者，您打算在未来 12 个月内这样做吗？

	过去	未来
是	□	□
否	□	□

13. 您有权投资以下哪类资产？

a）股票指数

b）新兴市场股权

c）发达市场股权

d）新兴市场政府债券

e）机构票据

f）公司债券

g）证券化资产

h）对冲基金

i）大宗商品（黄金除外）

14. 如果有的话，贵国中央银行使用哪些衍生工具？出于何种目的？

第二部分：管理

1. 谁制定储备管理的总方针和目标？

a）行长

b）董事会

c）投资委员会

d）财政部

e）其他（请具体说明）

2. 货币与资产的构成目标由哪个管理层次设定？

3. 在过去3~4年中，制度安排（管理方式）和报告层级有变化吗？

4. 您是否为单一资产类型或整个投资组合设定了比较基准？

a）对于单一资产类型有比较基准

b）对于整个投资组合有比较基准

c）都有

5. 您在衡量风险使用的主要技术是什么？

a）计算在险价值

b）压力测试

c）比较基准

d）外部统计模型

e）其他（请具体说明）

6. 您的参照标准是

a）内部设定

b）财政部设定

c）其他政府部门设定

d）基于商业银行构建的指数（请具体说明）

e）其他（请具体说明）

7. 您披露基金的业绩或取得的回报吗？

a）是

b）否

8. 比较基准偏离度是如何设定的？

a）在险价值
b）久期
c）其他
9. 贵国中央银行是否曾将基金管理外包给外部的基金管理人？
a）是
b）否
10. 您怎样评价这一做法？
a）有利可图
b）提供了有用的信息
c）没有增加价值
d）十分耗费管理时间
11. 与外部基金管理人签订的薪酬协议是怎样的？
a）固定费用
b）与绩效挂钩
c）两者兼而有之

第三部分：储备管理的未来趋势调查

1. 您认为中央银行未来会聘用更多还是更少的外部管理人？
a）聘用更多
b）聘用更少
c）保持现有水平
2. 您计划怎样分散储备？
a）股票指数
b）新兴市场股权
c）发达市场股权
d）新兴市场政府债券
e）机构票据
f）公司债券
g）证券化资产
h）对冲基金

i）大宗商品

3. 在汇率和资本流动持续波动和不确定的情况下，您认为大多数国家还会继续积累外部储备吗？

a）是

b）否

4. 在您看来，哪些是支持和反对黄金作为储备资产的理由？（请按重要性排序：1 为最重要，5 为最不重要）

支持的观点：

a）黄金不是任何国家的债务

b）黄金价格与美元不相关，提供了分散化途径

c）长期来看持有真正的购买力

d）为可能的危机和灾难提供保障

e）黄金比其他资产和货币有更好的前景

反对的观点：

a）黄金借贷只有很少的名义收益

b）过去的 20 年中表现较差

c）在未来价格会进一步下降

d）一些中央银行正在出售黄金

e）其他资产种类和货币比黄金有更好的前景

5. 下面哪一个观点最接近您对未来中央银行黄金储备的观点？

a）中央银行会以过去几年的速度出售黄金储备

b）中央银行将急剧削减黄金储备

c）一些中央银行会出售黄金，但另一些中央银行会购买黄金

6. 如果愿意的话，请您对以上问题进行进一步的评价。

谢谢您的合作！

Appendix

附录 2
各中央银行报告摘要

第一节　澳大利亚储备银行①

一、外汇资产管理

在管理其金融资产组合时，澳大利亚储备银行严格区分了国内资产和国外资产。在管理国内资产时，澳大利亚储备银行意识到自身在金融体系中地位特殊，同时资产组合规模巨大，这使得积极的组合管理变得不可行，因为积极的组合管理会严重扰乱金融市场。但是，在管理国外资产时，澳大利亚储备银行在庞大的国外市场上进行资产运作，它在这一市场上没有特殊地位，也就没有在国内市场上面对的那些约束，这就使得澳大利亚储备银行有余地根据风险和收益目标构建国外资产组合。

利用基于历史波动和收益数据的金融模型，澳大利亚储备银行在数年前作出决定，将 40% 的基金配置于美国资产，而在德国和日本资产上各配置 30%，这样，在可承受的风险范围之内，长期收益最有可能得到最大化。同样的比率也被应用于美元、欧元和日元敞口的配置。在各个资产市场上，投资的久期一般定在 30 个月，任何资产的期限不得超过 10 年半。这些资产配置准则将得到定期审查，以确保其仍能反映最佳的风险收益权衡。

在过去，澳大利亚储备银行的组合管理者常常通过偏离这些资产配置准则、利用预期的市场条件变化改善资产组合的表现。这种相机抉择的管理方式受到一定限制，因为这种改变需要经过行长同意。但是，正如 2000/2001 年度报告中指出的那样，十年来的经验证明尽管积极的管理的确能得到超过

① 资料来源：http：//www. rba. gov. au/publicationsandresearch/annual _ reports/annual _ report _ 2001/operations _ financial _ markets. pdf。

基准水平的收益，但是考虑到这种做法的风险，这一超额收益并不足以肯定这种做法的合理性。

在2000/2001年度中，澳大利亚储备银行采取了一种更加消极的外汇储备管理方式。这种组合与基准组合的偏离往往很小，且仅在短期内出现。从表1可以看出，与基准组合的偏离大大低于往年的水平。唯一显著的偏离出现在日本证券的久期上，因为前一年留下的空头头寸在上半年被慢慢地平仓，下半年就没有出现对基准组合的显著的持续的偏离。

表1 对基准组合的偏离（偏离的绝对值）

	1993/1994[①]年度至1999/2000年度的平均值（%）	2000/2001年度（%）
资产配置（百分比）		
——美国	5.8	0.3
——德国	6.9	0.3
——日本	2.8	0.3
外汇配置（百分比）		
——美元	8.0	0.4
——德国马克/欧元	5.9	0.4
——日元	2.9	0.2
久期（月）		
——美国	3.9	0.0
——德国	3.0	0.0
——日本	16.0	6.4

在2000/2001年度，澳大利亚储备银行以SDR计算的实际收益为11%，是20世纪90年代以来的最高值（见表2）。这主要反映了下半年债券利率急剧下跌带来的高额资本利得。在2000/2001年度获得的收益略高于基准收益，主要来自证券借贷业务。因为澳大利亚储备银行持有的美国资产包括具

---

① 1993/1994年度表示“1993年7月1日至1994年6月30日”，本节表1和表2中年度表示与此类似。

有高度流动性的美国政府债券，澳大利亚储备银行就可以利用市场对这些证券的频繁的借贷需求，通过出借证券获取收益。在过去的一年中，美国财政部偿还了部分债务，使得某些证券更加紧缺，证券借入者就愿意支付更高的利息。在 2000 ~ 2001 年，澳大利亚储备银行从这些借贷业务中共获得了 4 400万澳大利亚元的收入，相当于其所持有美国资产组合收益的 38 个基点。高于基准收益的其他部分体现了利用市场异常的短期交易的成果，这种短期交易受到严格限制，限制条件须经行长批准。

表 2　实际收益与基准收益

年度	以 SDR 计算的收益率（%）		差额
	实际收益率（%）	基准收益率（%）	（百万澳大利亚元）
1991/1992	9. 8	8. 9	165
1992/1993	16. 3	11. 6	420
1993/1994	4. 0	3. 8	31
1994/1995	5. 2	7. 4	-331
1995/1996	4. 0	3. 7	40
1996/1997	4. 5	4. 2	34
1997/1998	4. 5	4. 6	-19
1998/1999	4. 9	5. 1	-26
1999/2000	2. 8	3. 8	-202
2000/2001	11. 0	10. 8	74

澳大利亚储备银行也持有部分黄金储备。2001 年澳大利亚储备银行并没有出售和购买黄金，所以其黄金储备维持不变，约为 80 吨，2001 年下半年价值 14 亿美元。为了增加黄金储备的收益，澳大利亚储备银行向市场出借黄金，这一业务迄今已进行了十多年。2000 ~ 2001 年黄金借贷的收益略低于其他年份，反映了 2000 年下半年黄金利率的低迷，主要因为黄金生产者将未来黄金生产套现的需求降低了。澳大利亚储备银行的黄金借贷多为 1 年期的，过去一年中这一期限的利率平均为 1. 4%，低于前年 2. 0% 的水平。以绝对量表示，过去一年黄金借贷收入为 1 700 万美元，低于前年的 2 100 万美元。

就澳大利亚储备银行在国内货币市场上的操作来说，可用做黄金借贷抵押品的证券的范围在过去一年中有所扩大，新增加了由Aaa级的跨国公司在澳大利亚发行的美元证券。

二、风险管理

和其他金融市场参与机构一样，澳大利亚储备银行也面临着各种各样的金融风险。其中包括信用风险敞口，信用风险主要来自与其进行存贷业务的交易对手；市场收益率和汇率的变动可能会对其金融资产的价值造成负面影响；它还面临一些操作风险，比如欺诈和错误。当进行金融风险管理时，相对于商业银行，澳大利亚储备银行要受到更大的制约，尤其是当市场收益率和汇率变动对其金融资产的价值造成负面影响时，因为它必须把政策责任置于商业考虑之上。然而，澳大利亚储备银行仍有办法降低至少部分风险。

（一）信用风险

澳大利亚储备银行可以将信用风险降到最低，这是由其中央银行业务的本质所决定的。比如说，它的业务主要是在政府证券市场上，考虑到澳大利亚储备银行大宗交易的特点，这些市场很有深度且富有流动性。

直到1997年，澳大利亚储备银行的国内业务还仅限于没有信用风险的中央政府证券。中央政府证券供应的减少使得回购业务的范围得以一定程度地扩大，但是澳大利亚储备银行并没有放弃严格的信用标准。除了中央政府债券以外，澳大利亚储备银行在回购协议中只接受各州借款机构和Aaa级的跨国公司发行的证券。

总体来说，国内业务的交易对手风险较小，因为所有的业务都是实时结算的，就是说结算系统允许现金和证券的转移同时进行。但如果在回购协议下，交易对手不能履行将出售给澳大利亚储备银行的证券购回的义务，澳大利亚储备银行将这些证券出售的收益就可能低于当初提供给交易对手的资金，在这个意义上，澳大利亚储备银行还是面临着交易对手风险。但是，通过要求交易对手额外提供2%的保护证券并对其价值进行每日盯市，交易对手风险可以得到有效降低。

在进行外国资产交易时，澳大利亚储备银行同样只参与那些有着最高评级的证券交易。澳大利亚储备银行的大部分外国资产（超过90%）都以美国、德国和日本政府发行的证券形式持有。但是，出于经营的考虑，澳大利亚储备银行也在外国商业银行里拥有存款，这就带来了一定的信用风险。这些信用风险受到了严格的限制。投资于各个国家的资产组合中，商业银行存款都不得超过25%，存款的最长期限不得超过 3 个月。除此之外，与个人的交易也受到了限制。

管理对外业务中交易对手风险的总体框架的核心是对每个交易对手都确定一个可以接受的最大风险水平。这依赖于交易对手的财务实力、信用评级和资本规模。财务实力的评估反映了银行内在的安全性和稳健性，这与信用评级有所不同，后者还受到企业外部风险（比如一些政府行为对企业有影响）以及可以使用的信用支持安排（比如来自所有者、行业集团或官方机构的援助）的影响。正因为如此，财务实力的评估旨在衡量银行需要寻求外部支持的可能性，而信用评级则衡量银行履行其义务的能力，这一能力除了受财务实力影响以外还受其他一些因素的影响。

尽管财务实力和信用评级是相关联的，但这两者的影响并不总是一致。打个比方，一家银行资本比率较低，资产组合风险较高，但是有一个评级很高的政府为其履行义务担保。这样的话，这家银行的财务实力评级就比较低，但信用评级较高。因此，澳大利亚储备银行使用财务实力评级与信用评级矩阵决定与特定交易对手相关的可以接受的最大风险。这些风险限额以占澳大利亚储备银行外汇资产组合某一百分比的形式表示。此外，为了保证澳大利亚储备银行的风险暴露与交易对手的资本相比不至于过大，尤其是在交易对手的资本少于澳大利亚储备银行的外汇资产组合时，风险限额就应表示为交易对手资本规模的某一百分比。总之，风险限额应表示为两者中较小者的百分比。

表 3 描述了目前的矩阵。比如，如果交易对手的信用评级是 Aaa 级，财务能力评级是 A 级，那么可以接受的最大风险限额是澳大利亚储备银行外汇资产组合的 3.75%（见表 3）。随着信用评级和财务实力评级的下降，这一百分比也会下降，尤其是在评级低于相对较高的水平时。矩阵中百分比的设计是为了保证在交易对手中最大地分散风险，同时也使得有足够的限额使资产组合得到充分投资。

表3 可以承受的最大交易对手风险（以风险限额占外汇资产组合的百分比表示）

单位：%

财务实力指数	信用评级								
	Aaa	Aa1	Aa2	Aa3	A1	A2	A3	Baa1	Baa2
A	3.75	3.74	3.66	3.45	2.75	1.67	0.74	0.38	0.00
B +	3.74	3.73	3.65	3.44	2.75	1.67	0.74	0.38	0.00
B	3.66	3.65	3.58	3.37	2.69	1.63	0.73	0.37	0.00
C +	3.45	3.44	3.37	3.18	2.54	1.54	0.69	0.35	0.00
C	2.75	2.75	2.69	2.54	2.02	1.23	0.55	0.28	0.00
D +	1.67	1.67	1.63	1.54	1.23	0.75	0.33	0.17	0.00
D	0.75	0.75	0.73	0.69	0.55	0.33	0.15	0.08	0.00
E +	0.00	0.00	0.00	0.00	0.00	0.00	0.00	0.00	0.00

一旦某一交易对手对应的可承受的最大风险水平被确定下来，下一步就是这一限额如何分配到与这一交易对手交易的各种金融产品上去。不同的产品有着不同水平的抵押品、合同保护和波动性，因此澳大利亚储备银行面对的风险程度也不相同。比如说，对于同一个交易对手，一笔无抵押的银行存款比一项现金回购具有更大的风险，因为现金回购中提供的抵押品在交易对手违约的情况下能提供很大程度的保护。

因此，不同类别的产品有不同的风险系数，对交易对手信用评级的最低要求也不同。表4 显示了各类金融工具对应的风险系数和对交易对手信用评级的最低要求。对于3 种外汇资产组合来说，银行存款的风险系数都是100%。外汇交易的风险系数较低，为10%，因为除了交易结算中有短暂时间存在信用风险之外，澳大利亚储备银行的全部交易额都不受交易对手风险的影响。更准确地说，风险敞口衡量的是交易对手在结算日之前违约的可能性，交易对手可能会提出一个替代交易，以当前的普遍价格为交易价格，而这一价格可能已经发生了反向变动。回购协议的风险系数也较低，因为回购协议是以每日盯市的证券足额担保的。但是，当交易对手所在的国家不同，回购协议的风险系数也不同，美国的是1.6%，日本的是9.9%，这反映了不同国家证券价格波动性的不同以及回购协议一般条款的不同。

表 4 不同金融工具的风险系数

	风险系数（%）	对交易对手信用评级的最低要求
银行存款	100.0	Aa3
外汇交易	10.0	A3
回购协议		
——美国	1.6	Baa1
——德国	1.9	Baa1
——日本	9.9	Baa1
黄金	15.0	Baa1

我们通过举例来说明如何将风险因素应用于某一交易对手的风险限额。我们注意到，因为没有任何违约保护，银行存款的风险系数是 100%。那么，一笔 1 000 万美元的存款就会占用 1 000 万美元的风险限额。另一方面，美国回购协议的风险系数为 1.6%，这就意味着一项 1 000 万美元的回购协议仅占用 16 万美元的风险限额。

银行存款除了适用较高的风险系数以外，还要求存款银行信用评级最低为 Aa3 级，这一要求大大高于对参与回购协议与外汇交易的企业的信用评级的要求。回购协议参与者的最低信用评级要求为 Baa1 级，外汇交易参与者的最低信用评级要求为 A3 级。

这一风险限额框架由一个中台管理，与操作部门相分离。风险因素每年审议一次，以保证反映了波动性和持有期限的近期变化趋势。交易对手风险限额每月审核一次，以反映汇率、澳大利亚储备银行外汇资产组合规模以及各个交易对手资本量的变化情况。审议过程还会考虑到交易对手信用评级的变化情况。如果信用评级被下调，该交易对手的风险限额会立即被下调。

澳大利亚储备银行还未因交易对手风险而遭受过损失，这反映了它防范信用风险的标准很严格。

（二）利率风险

澳大利亚储备银行持有的金融资产——主要是固定息票证券——决定了它受到利率风险影响。这种风险就是证券的资本价格在市场收益率上升时会下降的风险。商业金融机构可以通过调整负债的结构抵消利率风险，与商业银行不一样的是，澳大利亚储备银行往往不能通过这种方法消除信用风险，这是由其债务的特殊属性决定的。它的债务主要是流通中的纸币（没有利息）、客户的活期存款（浮动利率）或澳大利亚储备银行自己的资本。

因此，澳大利亚储备银行需要寻找其他的方式管理利率风险。同信用风险一样，澳大利亚储备银行又一次严格区分了国内资产和国外资产。对于前者来说，澳大利亚储备银行意识到了自身在金融体系中的特殊地位，这使其难以积极地管理利率风险。因此，澳大利亚储备银行国内资产的结构完全由政策需要来决定。但是，近年来澳大利亚储备银行从直接持有证券转向回购协议交易，由此带来的一个后果是利率风险得以降低，因为回购协议的利率本质上是一种浮动利率，和存款负债的利率一致。

在国外资产方面，澳大利亚储备银行不受这些制约条件的约束。澳大利亚储备银行可以运用金融模型从风险—收益的角度决定最有效的资产组合结构。正如前面所提到的，澳大利亚储备银行规定国外资产的基准久期为30个月，而每一单一资产的期限不得超过10年半。

（三）汇率风险

作为澳大利亚官方储备资产的持有者，澳大利亚储备银行需要持有大量的外汇敞口。同样，澳大利亚储备银行也没有管理这一敞口的余地，因为以外币形式持有的资产的大部分是由干预操作所决定，澳大利亚储备银行通过干预操作影响澳大亚元的汇率。

平均来看，澳大利亚储备银行大约一半的资产是以外国货币的形式持有的，但在20世纪80年代末，这一比率达到了90%，那时澳大利亚储备银行正进行外汇市场干预，买入外币卖出澳大利亚元以限制澳大利亚元升值。现在，外国货币在资产组合中的比例大约为50%，但是外国货币的大部分都是以货币互换的形式持有，因此必须在远期以既定汇率出售。这就意味着这部分资产组合不受汇率变动影响。澳大利亚储备银行面对的汇率风险仅来自其持有的净外汇储备，2001年下半年净外汇储备占澳大利亚储备银行总资产的15%。考虑到汇率的历史水平一直偏低，汇率未来的上升可能会造成外汇储备的损失，因此2001年下半年较低的外汇敞口水平是合适的。

在外汇储备水平给定的情况下，澳大利亚储备银行可以通过持有一系列外汇最小化其外汇敞口。正如前面所指出的，澳大利亚储备银行较为平均地持有世界三大货币：40%为美元、30%为日元和30%为欧元。

（四）操作风险

澳大利亚储备银行业务的本质意味着它每天都从事大量的交易。例如，在过去的一年中，各类资产交易引致的资本流动数额如下：

- 国内证券——7 910 亿澳大利亚元
- 外国证券——35 680 亿澳大利亚元
- 银行存款——1 980 亿澳大利亚元
- 外汇和黄金——3 830 亿澳大利亚元

这些数据意味着澳大利亚储备银行平均每天要结算 190 亿澳大利亚元的交易。因此，有一个有效和稳健的系统是至关重要的。同时应保证职权的分离，防止那些发起交易的人员也参与交易的结算。

这些系统有以下几个关键要素：

- 管理层的决策层级定义明确，行长制定整体的指导方针和限制措施，在限制之内的决策有明确的授权；
- 组织结构须明确区分前台（交易）、中间部门（风险管理）和后台（结算）；
- 计算机系统能自动处理所有流程，且应包含各种风险控制（比如前台和后台的分离），使交易人员可以实时监控交易是否符合各种限制；
- 最后，也是最重要的一点是，保证员工受到完善的培训，明确自己的责任。

第二节　爱沙尼亚银行[①]

一、爱沙尼亚银行外部资产管理计划投资原则

爱沙尼亚银行资产管理的目标是在控制风险的情况下使资产增值。爱沙尼亚银行被授权建立起一个利率资产和外汇全面投资策略的资产组合。资产管理者主要投资于金融衍生品，并受很多具体的规则约束，这些规则将在下面列出。

---

① 资料来源：http：//www. ee/epbe/en/asset _ programme. html。

资产管理者将分配到一笔现金，主要用于满足期货交易的保证金需求，数额由资产管理者和爱沙尼亚银行协商决定（为1 000万～1 500万欧元）。资产管理者如果需要现金债券可以通过回购市场获得。

二、基准收益、超额收益和业绩目标

基准收益是以复利计算的月欧元回购协议利率（见彭博咨讯GBONE1M指数），每月末确定下月的基准收益。年超额收益是资产组合年收益率超过年基准收益率的部分，实现的收益应用于再投资。利率资产的业绩目标是实现45万欧元的超额收益，外汇全面投资的业绩目标是每年60万欧元的超额收益。

三、费用结构

管理费完全是基于绩效的。每季度支付一次，支付额为前4个季度的移动平均值，相当于超额收益的20%～25%。如果超额收益为零或负数，管理费也就为零。

四、限制条件

利率风险敞口：在95%的置信度下（风险矩阵数据库），每日的在险价值不得超过85 000欧元（欧元区国家最大值为68 000欧元，美国最大值为51 000欧元；其他发达国家最大值为17 000欧元，包括在85 000欧元之内，如澳大利亚、加拿大、日本、挪威、瑞典、瑞士、英国、丹麦和新西兰）。

外汇敞口：基准货币是欧元。外汇风险计量将应用于以下货币：澳大利亚元、日元、加拿大元、挪威克朗、瑞典克朗、瑞士法郎、英镑、丹麦克朗、美元和新西兰元。在险价值（95%的置信度，风险矩阵数据库）应不超过85 000欧元。超过在险价值的外汇敞口必须兑换为欧元。

信用风险：期限超过一年的非衍生金融工具的发行人必须是信用评级为AA/Aa3级及以上的跨国公司、政府、中央银行和其他政府担保的发行人。

期限低于一年的金融工具的发行人包括上述发行者和信用级别为A1/P1级及以上的其他机构。

在本国货币业务上，没有其他对政府和中央银行的最低信用评级要求。

对单一非政府发行人的风险暴露不得超过400万欧元，全部资产组合对非政府发行人的风险暴露不得超过3 000万欧元。

流动性限制：持有单一证券发行量的20%是不被允许的。

可持有的金融工具：资产管理者主要使用衍生金融工具，但所有可持有的金融工具包括债券和票据、正回购和逆回购协议、商业票据和存款凭证、定期存款（1个月以上的）、远期利率协议、外汇远期合同、掉期交易和场内外汇和利率衍生工具。

所有的期货合约都必须在指定的交易所执行，执行合同的经纪人必须和爱沙尼亚银行的全球期权期货清算人——摩根大通银行签订有“放弃”协议，摩根大通银行将负责所有场内金融工具的清算。

杠杆：受在险价值上限的约束。

报告要求

交易报告：资产管理人所有的交易都必须在交易日当天营业结束之前报告。

风险和业绩报告：月度业绩和风险报告必须一个月结束后的一周之内递交给爱沙尼亚银行，报告需要描述风险特性。

第三节　斐济储备银行[①]

斐济外汇储备的管理由外部市场单元负责。在管理外汇储备时，外部市场单元需要在既定的安全性和流动性参数的限制下实现既定的收益率目标。此外，外部市场单元必须保持一个正的储备重估账户，这一账户是用来积累外汇储备以斐济元计算的价值重估变化。

外部市场单元的其他职责包括制定和公布斐济元汇率以及向政府、其他法定实体和机构提供外汇服务。

5月的政治危机凸显了流动性和可调集资金的重要性。资金的运用较往常更趋于短期化，报告系统得到升级，使所有的利益相关人都能够每日监控外汇储备的流动。由资产管理人和非银行金融机构持有的储备又重新回到了

① 资料来源：http：//www. reservebank. gov. fj/annual _ rpt00. html。

斐济储备银行的账户上。在国际交易的第一线，由于结算风险显著上升，一些对于各类交易对手的限制在危机高峰时被临时取消。在这一背景下，实现既定的收益率目标成为斐济储备银行很大的挑战。

尽管政治危机使得需求发生了变化，斐济储备银行管理的资产仍取得了 6.5% 的收益，高于 2000 年基准收益率 1.8 个百分点。这是由于各中央银行提高了斐济储备银行投资的货币利率，同时斐济储备银行采取了将资产配置于高收益货币的策略。

本年度“可投资”的外汇储备的利息收入为 4 760 万斐济元，比 1999 年增长了 2 310 万斐济元。在获得这一收益的同时，斐济储备银行仍遵守了所有的管理其投资的安全性、流动性和风险的规则。来自积极的货币交易的利润为 550 万斐济元。

第四节　香港金融管理局①

一、储备管理

2001 年，国际金融市场急剧波动，这反映了经济的急剧放缓和“9·11”恐怖袭击的影响。尽管美国采取了宽松的货币政策和积极的财政政策，但由于公司盈利不能满足投资者的预期，全球股市仍趋于下行。在管理香港的官方外汇储备时，香港金融管理局采取了谨慎的投资策略，获得了高于基准投资收益率的收益。

二、外汇基金

外汇基金是香港金融系统保持稳定的一大支柱。自从 1935 年建立以来，外汇基金持有支持香港纸币发行的储备。1976 年，用于支持香港政府发行硬币的硬币发行基金资产与香港政府的外币资产均转拨至外汇基金。2001 年 12 月 31 日，外汇基金总资产为 9 791 亿美元。

外汇基金的主要任务是维持港元的币值稳定，保证香港金融系统的稳定

① 资料来源：http：//www. info. gov. hk/hkma/ar2001/report/english/PDF/Reserves. pdf。

与安全。2001 年 12 月 31 日，外汇储备总额为 8 668 亿美元。外汇储备是香港人民的财产，保持外汇储备的长期购买力就成了外汇基金的投资目标。

近年来，金融市场的波动不仅凸显了审慎投资管理的重要性，也使得分散投资于新市场、新金融工具成为必要。香港金融管理局的外汇储备管理同国际的最佳实践相一致。

（一）外汇基金的资产配置

自 1999 年初起，外汇基金就采取了一种新的长期资产配置策略。作为基准投资组合，这一资产配置策略见表 5。

表 5　外汇基金基准投资组合

按证券划分	债券	80%
	股票	20%（香港：5%）
按货币划分	美元	80%
	欧元	15%
	日元	5%

基准投资组合是根据外汇基金的投资目标制定的。随着 1998 年 4 月引入新的制度安排，香港土地基金随后在 1998 年 11 月与外汇基金合并，这使得当局重新审视外汇基金的投资目标和基准投资组合。新协议使得同外汇基金一起管理的财政储备可以获得和外汇基金同样的收益。从 1999 年初开始采用的外汇基金基准投资组合是根据以下投资目标设计的最佳资产组合：

（a）保持资本金；

（b）保证所有的基础货币每时每刻都得到具有高度流动性的短期美元计价证券的全额支持；

（c）保证充足的流动性，以维持金融和财政体系的稳定；

（d）在满足以上（a）~（c）目标的条件下，取得投资收益以保持资产的长期购买力。

外汇基金基准投资组合每年审核一次，以反映未来 12 个月中金融市场波动性可能发生的变化，从而保证资产组合能够满足外汇基金长期投资目标的要求。

（二）投资程序

外汇基金被分为两组不同的资产组合分别管理——货币支持资产和投资资产。1998年9月，基础货币被重新定义，除了负债凭证、流通中硬币和银行在金融管理局的总头寸以外，外汇基金票据及债券也被包括在内。从那以后，货币支持资产通过持有高度流动性的美元计价证券全额支持基础货币。

组成投资资产部分的外汇基金被投资于经济合作与发展组织（OECD）成员国的债券和股票市场，以保持这些资产的价值和长期购买力。

外汇基金的长期资产配置策略受到基准投资组合的调节，基准投资组合规定了不同资产类别的投资配置和总体的币种组合。外汇基金资产若要投资于新的市场和金融工具就必须满足外汇基金的信用、安全性和流动性的最低要求。

战略投资策略由外汇基金咨询委员会制定，而外汇资金的日常管理由金融管理局的储备管理部负责。在履行其职责时，储备管理部在由外汇基金咨询委员会制定的指导原则下运作。通过对不同经济体进行基本面分析和对市场发展趋势进行评估，职业投资专家将决定不同国家、不同类别的资产配置以及进入与退出市场的时机。为了获得超过市场水平的收益，职业投资专家还参与各个市场中具体证券的选择。

为了监控金融市场波动不断加剧带来的风险，香港金融管理局建立了严格的控制标准和投资原则，除此之外，香港金融管理局还对投资业绩进行了详细的归因分析，以最有效地利用内部管理者和外部管理者的投资技能。

（三）使用外部管理人

外汇基金在全球10个主要金融中心雇用了外部管理者，负责管理其总资产的30%，外部管理者管理的资产由全球几大主要托管人托管。由于资产被投资于不同的市场，外汇基金需要雇用更多数量和类型的专业管理者。指派外部管理人的目的在于利用他们的专业技能和针对特定市场的地理位置优势。在选择和任命外部管理者的过程中，投资技能和帮助香港发展成为金融中心的奉献精神是最重要的标准。

内部管理的资产所适用的严格的控制标准和投资原则以及投资业绩归因分析同样也适用于外部管理的资产。

（四）香港股权资产的处置与投资管理

2001年，外汇基金继续通过外汇基金投资有限公司处理手中的香港股票。这些股票是在1998年通过香港盈富基金的持续发售机制在股市操作中购入的。到2001年4月11日为止，通过盈富基金的首次公开发行、盈富基金随后的持续发售机制以及外汇基金所持有的香港股票组合的红利收益，外汇基金已经完全弥补了股市操作的成本。2001年，外汇基金通过持续发售机制出售股票所获得的收益达到351.63亿美元。同时，外汇基金投资有限公司任命了一批新的外部管理者。这批外部管理者和以前任命的管理者一起管理外汇基金的长期香港股权资产投资组合。

（五）风险管理和合规

外汇基金的风险管理和合规部负责风险控制职能，监测投资过程中所产生的市场风险、价格风险、信用风险和操作风险。风险管理和合规部还负责基准投资组合的选择、业绩评估和投资风险评估，将根据既定的基准投资组合对内部管理和外部管理的资产组合进行评估。该部门还开展详细的业绩归因分析以判断投资管理人的技能，进行有效的资产配置。除了传统的风险管理工具以外，该部门还利用在险价值和情景压力测验对普通和极端反常的市场条件下的市场风险进行定量分析。

为了同外汇基金投资策略的改变保持同步，风险管理和合规部持续地加强其内部诊断和分析能力，以与市场的最佳实践保持一致。

（六）2001年金融市场

随着美国经济的减速，2001年世界主要经济体的增长都有所放缓。全球产能过剩缓解了通货膨胀压力，许多国家的中央银行以前所未有的频率调低短期利率。“9·11”恐怖袭击的发生使得美国经济增长前景变得更加暗淡，各国中央银行进一步放松了货币政策。

令人失望的公司盈利情况推动了股票市场的下跌。标准普尔500指数下跌了13%，纳斯达克指数也下跌了21%。香港股票市场罕见地出现了波动性高于美国市场的情况，在过去的一年中下跌了24%。

世界主要债券市场、股票市场和货币市场的表现在表6中列出。

表6　2001年市场收益

货币	
美元升值：	
对日元	15.1%
对欧元	6.0%
债券市场	
美林全球政府债券指数，1~10年期（以美元计算）	-0.8%
股票市场	
标准普尔500指数	-13.0%
恒生指数	-24.5%

（七）2001年外汇基金的业绩

在极端困难的市场环境下，外汇基金的投资策略十分稳健。我们采取了防御性的投资策略减少了股票的持有，增持了债券和美元资产。2001年债券投资的利息收入和投资利得达到508亿美元，这不仅抵消了本地和国外股权投资以及外汇投资的损失，还为外汇资金带来了74亿美元的总收入，折合成收益率为0.7%。这一业绩优于私人部门同类基金的业绩。

1993~2001年外汇基金的投资收益率、基准收益率以及这一时期的通货膨胀率在表7中列出。外汇基金收益率高于同期基准收益率和通货膨胀率。2001年外汇基金资产的币种结构见表8。

表7　外汇基金的投资总收益（以美元计算）①

	总资产回报率	基准收益率②	消费物价指数③
2001年	0.7%	0.4%	-6.2%
2000年	4.8%	3.8%	-1.9%
1993~2001年累计	76.5%	NA	24.3%
1993~2001年平均	6.5%	NA	2.4%

注：①在2000年及以前年度的报告中，总资产回报和基准收益是以港元计算的。

②1999年1月开始设立。

③以1999~2000年新序列为基础的香港消费物价指数。

表 8 外汇基金资产的币种结构

	额度（十亿港元）	占比（%）
美元	688.1	70.3
港元	101.7	10.4
欧洲货币	153.9	15.7
日元	33.0	3.4
其他	2.4	0.2
总额	979.1	100

（八）增强的透明度

为了履行香港金融管理局关于增强透明度的承诺，我们在过去三年内进行了额外的披露。从 1999 年开始，外汇基金每月公布精简的资产负债表和一系列货币发行局账目。与此同时，我们还依据国际货币基金组织的数据公布特殊标准，每月公布香港的外汇储备账户和中央银行分析账户。前者包括香港的官方货币储备，后者包括具体规定的资产负债表数据。从 2000 年 4 月开始，为了进一步贯彻数据公布特殊标准，我们采用了国际储备及外汇流动性数据模板。这一数据模板旨在全面说明国际货币基金组织成员国的外汇资产情况及由各种外币负债和承诺引起的外汇资产消耗。

通过严格坚持及时和高质量的披露，外汇基金的财务状况和运营成果在 2001 年保持了很高的透明度。

第五节 以色列银行

外汇储备投资摘要

2001 年，以色列外汇储备资产组合的平均水平是 235 亿美元。以色列外汇储备资产组合的管理受《以色列银行法》第 1954—5714 条、历年来相关的法律解释以及其他关于以色列银行外汇管理责任的规定约束。2001 年，外汇储备的持有期收益率为 6.4%，低于 2000 年 6.8% 的水平，这反映了 2001 年资本市场上到期收益率的显著下降，原因是当局为了应对美国和欧洲的经济放缓而实施了扩张性的货币政策。以以色列新谢克尔计算，2001

年的持有期收益率为10.3%，大大高于2000年的1.6%，反映了以色列新谢克尔在2001年对外汇储备投资的主要币种贬值。

外汇储备收益很大程度上受到了中性基准投资组合中的资产构成的影响。在过去几年里，以色列银行花费了很大精力进行资产组合的资产配置（不包括在基准组合中的证券）和证券选择（后面统称为资产选择）。另外，降低久期敞口和货币敞口的政策使得久期管理和货币管理的余地缩小。2001年的持有期收益率高于基准收益率22个基点，反映了资产组合管理各个方面的贡献。

资产选择为超额收益贡献了23个基点，大部分来自通货膨胀保值债券投资、欧元债券和浮动利率票据投资以及证券出借业务，三者分别贡献了7个、8个和5个基点。相反，投资于美国政府国民抵押贷款协会发行的抵押贷款支持证券使得收益率低于基准4个基点，这主要是因为投资战略决定投资于这一领域。久期管理的贡献为负的1个基点，而币种管理对超额收益没有贡献。外汇储备对银行系统的风险暴露被限制在25%以下，2001年平均为23%，大部分被用于短期的证券出借业务。风险暴露管理是在一套限额和规则系统下进行的，这一系统在资产组合信用风险管理中处于核心地位。

外汇储备具有很强的流动性：90%的外汇储备投资于高流动性资产，其余的投资于流动性略低的资产。考虑到较高的外汇储备水平，这一流动性水平似乎是足够了。“9·11”恐怖袭击在全球范围引起了震动。受其影响，美国经济增长放缓，市场的不确定性增加。金融市场活动受到了恐怖袭击的严重影响，但恢复也相对较快，主要是因为美联储和其他中央银行合作采取了及时的应对措施。

第六节　韩国银行①

2001年底，韩国的官方国际储备达到了1 028亿美元，比上年同期增加了66亿美元。国际储备的这一增加是在提前偿还了国际货币基金组织贷款的情况下实现的。由于经常账户盈余和外国投资基金的流入，外汇供给随之

① 资料来源：http：//www. bok. or. kr/bokis _ attach/1006372001ar. pdf。

增加，于是，韩国银行取出了在国内银行的外汇存款。外汇计价资产利润的增加也起了一定的作用。

从国际储备的各组成部分来看，外汇储备——包括存款和证券——占了最大的份额，在2001年底达到了1 025亿美元，增长了66亿美元。而其他组成部分，比如黄金、特别提款权和在国际货币基金组织的头寸，则几乎没有变化（见表9）。

同时，从全年1月到8月，银行提前偿还了剩余的57亿美元的国际货币基金组织贷款。从1997年12月5日到1999年5月20日，韩国银行从国际货币基金组织分10次借了195亿美元的贷款。贷款的提前全额偿付反映了韩国对外支付能力的增强，这归功于货币危机之后外汇储备的大幅增加。

表9　国际储备的变化　　单位：百万美元

	2000年底	2001年底	变化额
国际储备	96 198.1	102 821.4	6 623.3
黄金	67.6	68.3	0.7
特别提款权	3.5	3.3	-0.2
在国际货币基金组织的头寸	271.8	262.2	-9.6
外汇储备	95 855.1	102 487.5	6 632.4

在过去一年里，韩国银行一共向国际金融机构支付了价值6 300万美元的韩元和可兑换货币。韩国银行向国际开发协会捐赠了2 621万SDRs，相当于3 345万美元；向多边投资担保机构捐赠了33万美元；向欧洲复兴开发银行捐赠了37 215万日元，相当于305万美元；向非洲开发基金会捐赠了70.7亿韩元，相当于536万美元；向非洲开发银行捐赠了466 030万韩元，相当于36万美元。除此之外，韩国银行向国际货币基金组织捐资87万美元；向亚洲开发基金捐资234.5亿韩元，相当于1 830万美元；向世界复兴开发银行咨询信托基金捐赠了130万美元。

第七节　马来西亚中央银行

2001 年底，马来西亚中央银行持有的国际储备（包括黄金、外汇储备、在国际货币基金组织的储备头寸以及特别提款权）为 1 172 亿林吉特（308 亿美元，见表 10），比 2000 年增长了 37 亿林吉特（9.64 亿美元）。2002 年 2 月 28 日，国际储备水平进一步增长到 1 196 亿林吉特（315 亿美元）。这一水平的外汇储备足以支付 5 个月零 6 天的进口额，是短期外债的 5.1 倍。国际储备地位的增强反映了贸易账户和长期资本流入带来的外汇储备的增加。

表 10　净国际储备

	年末值			变化额
	1999 年	2000 年	2001 年	2001 年
特别提款权（以百万林吉特计）	330.3	418.7	487.8	69.1
在国际货币基金组织的储备头寸（以百万林吉特计）	3 168.2	3 310.9	3 193.5	-117.4
黄金与外汇（以百万林吉特计）	113 766.0	109 835.4	113 542.3	3 706.9
总国际储备（以百万林吉特计）	117 264.5	113 565.0	117 223.6	3 658.6
减去马来西亚中央银行的对外负债（以百万林吉特计）	21.0	23.7	20.7	-3.0
净国际储备（以百万林吉特计）	117 243.5	113 541.3	117 202.9	3 661.6
对应的美元价值（以百万林吉特计）	30 853.6	29 879.3	30 842.9	963.6
可支付的进口月数	5.9	4.5	5.1	
储备/短期外债（倍数）	5.1	6.5	5.0	

2001 年，马来西亚中央银行的净国际储备水平波动较大。在固定汇率制下，储备水平的波动的确会变大，因为国际储备的变化反映了外汇市场的供求状况。从 1 月到 4 月中旬，马来西亚的净外汇储备从 2000 年末的 1 135 亿林吉特（299 亿美元）减少到 2001 年 4 月 15 日的 998 亿林吉特（263 亿美元）。随后，储备水平趋于稳定，并从 6 月下旬开始稳步上升。2001 年底国际储备已超过了 2000 年底的水平。在最低点的时候，国际储备水平仍较

高，相当于 3 个月零 27 天的进口额和 5.5 倍的短期外债。由于马来西亚没有参与远期合约，马来西亚的国际储备在任何时候都可以无障碍地使用。

2001 年，日元兑美元汇率在 3 月底 4 月初跌破了 125 日元兑 1 美元的关口。在这一市场不稳定的时期，市场的不安情绪导致了一定程度的外汇流出。但是，外汇储备相当一部分的减少反映了马来西亚公司部门对外汇的贸易与投资需求。由于国内低成本资金的供给充足，国内企业开始偿还外债以降低杠杆程度。企业偿还外债的行为减少了马来西亚的对外负债，加强了马来西亚的外部头寸。在这一时期，一部分的外汇流出是由马来西亚企业的海外投资引起的，这反映了企业部门实行海外扩张以配合国内业务的战略商业决策。这些海外投资使得市场预期未来有更多的商品与服务出口，能带回更多的收入和利润。在三四月间，利率差异造成的美元远期升水使得当前的美元变得相对"便宜"，企业有动机提前进行进口支付，使得对外汇的贸易支付需求增加。

2001 年 3 月，外部储备的季度重估造成的外汇重估损失使得国际储备损失 9 亿美元。由于中央银行的储备资产分散投资于各主要货币，美元的升值造成了欧元和日元资产的亏损。第三季度，由于美元对欧元和日元贬值，国际储备获得了 30 亿林吉特（8 亿美元）的价值重估收益。从 2001 年整体来看，季度重估一共造成了 41 亿林吉特（11 亿美元）的损失。

2001 年，马来西亚中央银行加大力度增强透明度，对国际储备流动进行了更加详细的说明。这一举措旨在增进市场参与者对外汇储备变动的了解，尤其是那些反映公司部门结构性调整的变化，这种变化将影响马来西亚长期的经济基本面。

2001 年 4 月中旬至 6 月底，国际储备稳定在 988 亿林吉特（260 亿美元）左右。从 6 月底开始，净国际储备增长了 184 亿林吉特（48 亿美元）。9 月，有利于马来西亚的利差变动使得许多出口收益提前汇回国内。尽管全球经济放缓使得出口减少，但进口的减少起到了一定的缓冲作用，经常账户保持高额盈余。与贸易相关的大额资金流动也反映了公司部门进口支付义务的减轻，因为很多公司在 2001 年上半年提前进行了进口支付。这一时期，国外直接投资仍持续带来资本流入，反映了战略性商业合作带来的资本流入。同时，联邦政府使用外债的数量——包括 10 亿美元的 10 年期期票和从纳闽岛离岸银行借得的5.4亿美元的银团贷款——超过了2001年的外债偿还量。随着市场情绪的好转，投资资本在第三季度的大部分时间里保持净流入。然而这一趋势在9月下旬发生了逆转，“9·11”恐怖袭击带来的不确定性和利润撤出行为使得投资资本在第四季度保持净流出。然而，这一趋势在2002年1~2月再次发生了逆转。

2001年底，马来西亚以特别提款权形式持有的储备为4.878亿林吉特增长了6 910万林吉特。这一增长主要来自国际货币基金组织的偿付，因为马来西亚在国际货币基金组织处于净债权国的地位。过去一年里，马来西亚在国际货币基金组织的储备头寸没有变动。但是，以林吉特计算，2001年底马来西亚在国际货币基金组织的储备为32亿林吉特，减少了1.174亿林吉特，这是由资产重估造成的。

马来西亚中央银行的储备管理和报告政策

马来西亚中央银行储备管理的目标是在保持资本金、保证储备流动性的同时最大化储备收益。马来西亚中央银行量身定做了一个基准投资组合作为投资决策的指导，充分考虑到了投资决策中储备资产的安全性、流动性和可以承受的风险水平。基准投资组合和马来西亚中央银行的国际储备由世界主要货币和黄金构成。国际储备主要投资于外汇存款和高投资级别的主权票据。马来西亚中央银行并不参与林吉特和其他货币的期权交易，也不参与含有期权的外汇借贷。马来西亚中央银行与其他中央银行、国际组织、银行和其他金融机构之间也没有无条件信贷额度安排。国际储备可以无障碍地使用。

马来西亚中央银行每两周发布一份关于国际储备的媒体通告，同时公布的还有资产负债表，公布的滞后期为一周。为了便于评估外汇风险暴露，作为增强国际金融体系透明度的一项措施，马来西亚中央银行在每月末对国际储备状况进行详细披露（滞后期为1个月）。信息披露将遵循国际货币基金组织数据公布特殊标准中储备数据模板的相关要求，包括一些前瞻性信息的披露，如官方储备资产和其他外汇资产的规模、组成、可使用性以及未来12个月内可能发生的外汇流入与流出。

第八节　挪威银行[①]

外汇储备投资原则

以下指导原则是由挪威银行执行委员会通过2000年7月19日的决议制定的，2001年12月17日最后一次修订。

（一）外汇储备管理

外汇储备是挪威银行国际储备中除了黄金和在国际货币基金组织的权益以外的部分。根据不同的投资目的，外汇储备被划分为不同的投资组合：

——免疫资产组合，用于消除中央政府外债面临的利率风险和汇率风险。

——缓冲资产组合，当前为政府石油基金购买的外汇在此资产组合中的积累。

——其他外汇资产，用于汇率和国内流动性的干预。这部分资产又划分为流动性资产组合和长期资产组合。

外汇储备管理的目标是在符合指导原则相关限制条件的前提下获得最大的收益。

（二）免疫资产组合投资原则

免疫资产组合的投资应遵循挪威银行和财政部协商制定的指导原则。执行委员会可以将制定此类指导原则的权力委托给中央银行行长。

（三）政府石油基金缓冲资产组合投资原则

政府石油基金缓冲资产组合的投资原则是依据石油基金的再平衡要求制定的。缓冲资产组合关于信用评级和使用金融工具的规定应和石油基金一致。缓冲资产组合的投资原则由中央银行行长制定。

（四）流动性资产组合的投资原则

1. 流动性资产组合的规模

流动性资产组合的规模应介于100亿挪威克朗与500亿挪威克朗之间。

---

① 资料来源：http：//www. norges-bank. no/english/reserves/foreign _ exchange/guidelines. html。

如果是出于货币政策需要，流动性资产组合的规模可以不在此范围之内，此决定须由中央银行行长作出。

2. 资产分配

流动性资产组合应投资于生息金融工具。

3. 币种和市场分配

流动性资产组合应按照表11的币种和市场分配进行投资：

表11 流动性资产组合的币种和市场分配权重

市场	币种	权重
欧元区国家	欧元	45% ~55%
英国	英镑	15% ~25%
美国	美元	15% ~25%
日本	日元	5% ~15%

流动性资产组合可以投资于以下国家：欧洲国家包括奥地利、比利时、丹麦、芬兰、法国、德国、希腊、爱尔兰、意大利、荷兰、葡萄牙、西班牙、瑞典、瑞士和英国；美洲国家包括加拿大和美国；亚洲和大洋洲国家包括澳大利亚和日本。

流动性资产组合可以投资于以上述币种发行的生息金融工具，且发行人须在上述国家或地区登记（国际组织除外）。

4. 利率风险

整个生息资产组合及相关衍生品的修正久期应在1~2。

5. 流动性

流动性资产组合中的外汇应以能迅速用于汇率和流动性管理的方式投资。

6. 基准组合

每个市场在基准组合中的指标应当由中央银行行长决定，且须定期重新调整，使得整个基准组合的修正久期为1.5，并且币种和市场分配的权重应与表12一致。由中央银行行长决定调整的频率。

表 12　基准组合的币种和市场分配权重

市场	币种	权重
美国	美元	20%
德国	欧元	25%
法国	欧元	25%
英国	英镑	20%
日本	日元	10%

7. 追踪误差

流动性资产组合收益和基准组合收益的偏差不得超过 50 个基点的年平均期望追踪误差。

（五）长期资产组合的投资原则

1. 资产分配

长期资产组合应按照如下的资产分配进行投资：70% ~90% 的固定收益金融工具和 10% ~30% 的股权类金融工具。

在计算资产分配时，投资于有基础股权资产的衍生工具应视为直接投资于基础股权资产。资产分布在总资产组合减去衍生品的基础上进行计算。

2. 币种和市场分配

长期资产组合应按照如下的币种和市场分配进行投资：45% ~75% 投资于欧洲市场，17% ~37% 投资于美洲市场，0 ~ 18% 投资于亚洲和大洋洲市场。

长期资产组合可以投资于以下国家：欧洲国家包括奥地利、比利时、丹麦、芬兰、法国、德国、希腊、爱尔兰、意大利、荷兰、葡萄牙、西班牙、瑞典、瑞士和英国；美洲国家包括加拿大和美国；亚洲和大洋洲国家和地区包括澳大利亚、中国香港、日本、新西兰和新加坡。

长期资产组合可以投资于在上述国家和地区股票交易所上市的股权类金融工具和以上述国家和地区的货币发行的生息资产。生息资产的发行人须在上述国家或地区之一登记（国际组织除外）。

3. 利率风险

整个生息资产组合及相关衍生品的修正久期应在 3 ~ 7。

4. 基准组合

（1）固定收益金融工具

基准债券投资组合应按表13的币种和市场分配权重进行投资：

表13　基准债券投资组合的币种和市场分配权重

市场	币种	权重
美国	美元	GDP①
加拿大	加拿大元	GDP
德国	欧元	GDP
法国	欧元	GDP
意大利	欧元	GDP
英国	英镑	GDP
瑞典	瑞典克朗	GDP
丹麦	丹麦克朗	GDP
日本	日元	固定权重
澳大利亚	澳大利亚元	固定权重

每个国家在基准组合中的指标采用所罗门美邦公司的世界政府债券指数（以下简称所罗门美邦指数）。每个月底，基准组合中的指标应根据所罗门美邦指数进行调整。资产地区分配的重新调整应使用以下权重：欧洲65%，北美洲27%，亚洲及大洋洲8%。在欧洲和北美洲内部，国家的权重由各国的GDP决定。而亚洲国家的权重则是固定的。国家的权重由中央银行行长设定，每年更新一次。在两次调整之间，国家和地区的权重应根据市场变化而变化。

从2002年2月28日起，雷曼兄弟政府债券指数将会取代上述的所罗门美邦指数。

（2）股票

股票的基准组合将按照第（五）部分第2点中的“币种和市场分配”进行投资。每个国家在基准组合中的指标采用富时环球指数。在重新调整指标时，股权投资的比例定为20%，资产的地区分配应使用以下权重：欧洲60%，北美洲25%，亚洲15%。在各个地区内，国家的权重由各国的总市

① 译者注：GDP权重是指按该国GDP占所涉及国家总GDP的比例确定。

值决定。在两次调整之间，国家和地区的权重应根据市场变化而变化。

（3）基准组合的调整

中央银行行长应建立起一套基准组合的调整原则，根据（1）和（2）中的权重对基准组合进行调整。

5. 追踪误差

长期资产组合收益和基准组合收益的偏差不得超过100个基点的年平均期望追踪误差。

6. 外部管理人

长期资产组合的管理可以使用外部管理人。外部管理人必须具备足够的道德水平以约束自己的行为。

7. 股权结构

长期资产组合所持有的任何一家公司的股票不得超过该公司总股本的0.5%。此外，长期资产组合持有一家公司具有投票权的股票不应超过0.5%。长期资产组合不应行使股票所赋予的所有者权利，除非是为了保障外汇储备的金融权益。

（六）信用风险

1. 证券

生息证券的发行人应该是具有高信用评级的国家、政府担保的企业和国际组织。投资于由政府隐性担保的项目支持的证券也是允许的，即使没有任何正式的担保。

不允许投资于信用评级低于A2级（穆迪信用评级）和A级（标准普尔信用评级）的发行人发行的证券。如果有一家或是两家评级机构同时将某一发行人的信用评级调整到A3/A－级或以下，资产管理者就必须开始变现手中持有的该发行人发行的证券，变现工作必须在4个月内完成。

2. 银行存款

银行存款应存放于费奇信用评级高于B/C级和穆迪信用评级高于P－1级（短期）或Aa3级（长期）的银行。存放存款的银行应在允许投资的国家之一注册，见第（四）部分第3点“币种和市场分配”（流动性资产组合）和第（五）部分第2点“币种和市场分配”（长期资产组合）。流动性资产组合中，银行存款的比例不得超过30%；长期资产组合中，银行存款的比例不得超过20%。银行存款的最长期限由中央银行决定。

3. 附着在生息资产和/或外汇资产上的互换和远期合约等金融衍生产品

附着在生息资产和/或外汇资产上的互换协议、外汇现货协议、外汇远期协议和远期利率协议的交易对手必须是费奇信用评级高于B/C级和穆迪信用评级高于P-1级（短期）或Aa3级（长期）的银行和证券公司。银行和证券公司应在允许投资的国家之一注册，见第（四）部分第3点“币种和市场分配”（流动性资产组合）和第（五）部分第2点“币种和市场分配”（长期资产组合）。

此外，流动性资产组合管理者可以根据中央银行行长制定的相关规则和挪威本国银行以及其他中央银行进行外汇交易。

4. 与证券相关的互换和远期合约等金融衍生工具

由中央银行行长制定关于交易对手、抵押品和期限的规定。

5. 证明文件

应准备经许可的发行人和交易对手的目录，见第（六）部分第1点至第4点。

6. 风险敞口限制

中央银行行长应规定对单一银行和证券公司总风险敞口的上限。对单一公司的总风险敞口应得到定期的监控。

（七）投资工具

外汇储备中使用的金融工具必须具有完善的风险管理体系和控制程序。此外，所有金融工具的交易活动都必须得到充分的专业技能支持。在开始使用一种新的金融工具之前，相关文件必须说明使用这项金融工具所带来的各种风险并确定已具备了风险管理体系、控制程序和充足的人才储备。相关文件还须确认该金融工具的使用符合有关规定，包括挪威议会的贷款授权。

如果金融衍生产品的风险暴露不超过直接投资于其基础资产的风险暴露，该金融衍生产品就可以被使用。管理者应进行全面的风险管理，综合考虑金融衍生产品与基础资产的风险暴露。

在使用场外交易的金融衍生产品时，管理者尤其需要注意审慎地防范信用风险。通常，管理者应采取市场参与者普遍采用的风险防范措施（要求交易对手提供担保品、签署净额协议等）。中央银行行长应制定场内金融衍生产品交易的规章与制度。

（八）偏离投资指导原则的情况

第（六）部分中的规定不适用于对国际清算银行的风险暴露，也不适用于市场操作形式的交易。

如果第（六）部分第1点至第3点中提到的两家评级机构中只有一家提供了相关发行人和交易对手的信用评级信息，中央银行行长应制定批准该发行人和交易对手的规则。

出于当前汇率管理的考虑，或是在某一金融市场发生特定不确定性的情况下，中央银行行长可以修改外汇储备投资指导原则。外汇储备投资指导原则的修改须在随后通知执行委员会。

（九）授权

中央银行行长受委托负责补充性指导原则的起草。

中央银行行长应依照以上的指导原则行使其权力，在第（八）部分第3点文字说明的情况下可以例外。

（十）生效

以上指导原则自中央银行行长规定的日期开始生效（根据中央银行行长规定，指导原则自2000年12月1日起生效，2001年12月17日最后一次修订。第（五）部分第4点中第（1）条最后一段于2001年11月21日修改，自2002年2月28日起生效。）

第九节　波兰国家银行[①]

一、官方储备管理的原则

参照欧盟各成员国中央银行制定并实施的标准，波兰国家银行建立了一套官方外汇储备管理的标准。多年以来，这些标准一直是波兰国家银行投资政策不变的组成部分，主要包括：最大可能地保证投资的安全性；保证充足的流动性；在可接受的风险水平下实现收益的最大化。

① 资料来源：http：//www. nbp. pl/publikacje/rocznik2001 _ en. pdf。

考虑到以上的标准，结合当前的形势以及世界经济和国际金融市场的预期发展轨迹，波兰国家银行管理委员会在每年底通过一项投资策略框架（基准等值①），这一框架是建立在之前经认可的官方储备币种构成的基础之上的②。这些决定构成了日后评价官方储备管理的参照标准。波兰国家银行所采取的投资标准对可投资的工具进行了限制，可投资的工具仅限于由政府、国际机构和政府担保的机构发行的证券、逆回购交易（逆回购协议）以及在具有最高信用评级的银行中的存款。为了提升官方储备的收益，储备管理者会参与结构性远期价值交易，同时进行一项回购交易和一项逆回购交易（回购协议和逆回购协议）。逆回购协议的利息收益和回购协议的利息成本之间的正的差额就是净收入。

为了最大程度地保证储备的安全性，储备管理者为外汇操作制定了一套投资风险暴露限制，这些限制是根据波兰国家银行管理委员会通过的原则制定和实施的。其中包括对特定金融机构风险暴露的上限，这一上限又根据不同的交易类别进行了细分。当波兰国家银行投资伙伴的财务状况、信用评级和组织结构发生变化时，这些限制将会进行及时的调整。

储备管理中其他的重要程序包括：监控市场风险指标（对于汇率风险和利率风险）；保持合适水平的流动性；遵守投资结构和高额敞口的限制因素。

二、投资环境

1. 金融市场情况

美国经济在2000年下半年有所放缓，而在2001年，美国经济陷入了近十年来的第一次衰退。这同时也影响了包括欧盟在内的其他地区的经济体。世界主要中央银行纷纷实施宽松的货币政策以应对经济下滑。

“9·11”恐怖袭击进一步恶化了全球宏观经济形势，使得经济在2001年底之前恢复的可能性破灭。恐怖袭击还引起了金融市场尤其是美国国债市场为期数天的动荡。七国集团所采取的稳定性措施在恢复金融市场正常运转的过程中发挥了关键作用。七国集团的中央银行向市场注入了资金，并同其

---

① 这一框架详细地说明了投资模型的结构，如币种、投资工具和资产组合的修正久期（修正久期是反映利率变动1个百分点时资产组合价值变化情况的指标）。

② 官方储备币种构成的确定以由官方储备币种构成委员会起草的提案为基础。

他国家中央银行一道，自 1987 年股灾以来首次联合下调利率。

2. 市场投资指标的特性

各中央银行采取的扩张性政策使得货币市场利率有所下降，这一点在美元市场上尤为明显。3 个月期的美元伦敦同业拆借利率（LIBOR）下降了 452 个基点至 1. 88%；3 个月期的欧元伦敦同业拆借利率下降了 155 个基点至 3. 30%；英镑下降了 179 个基点至 4. 11%。利率下跌速度的不同使得 2000 年底的情况发生了反转，上年底，在波兰国家银行的储备货币中，美元获得了最高的收益。而到了 2001 年 1 月，美元利率跌到了英镑利率以下，到了 4 月，又跌到了欧元利率以下。

货币政策的放松对美国政府债券的价格产生了积极的影响，尤其是短期债券价格。“9 · 11”恐怖袭击之后，美国政府债券的价格大幅攀升。这一价格的形成主要有两个原因：官方大幅降低利率以及美国政府债券在存在普遍不确定性的环境下充当了“避风港”。当主要股指下挫时，这些金融工具的价格变得格外坚挺，尤其是在 2001 年的第一季度和第三季度。随着美国削减国债规模，美国长期国债的价格也有所上升。另外，限制政府债券上升的因素主要是机构债券和公司债券的大量供给，提供了有竞争力的收益率。

欧元政府债券市场发生了和美国政府债券市场相似的变动。引起欧元政府债券价格上升的主要因素是市场预计欧元区的基准利率将会下调，这一预期在美联储持续降息的背景下变得更为强烈。而在下半年，投资者寻找最安全的投资工具以及欧洲股票市场下挫等因素继续推动欧元政府债券价格上升。限制欧元政府债券上升的因素，尤其是在上半年，主要是欧元对美元贬值以及对欧盟国家通货膨胀压力加剧的担忧。

三、官方储备资产水平

波兰的官方储备资产，以美元计算，在 2001 年底为 266 亿美元，相比 2000 年底下降了 9 亿美元①。下降的主要原因是波兰提前偿还了巴西的

① 官方储备资产包括由波兰国家银行持有并完全控制的外国流动性资产，用于保障潜在的国际收支操作和干预波兰外汇市场。官方储备资产包括以下金融工具：（a）可兑换货币资产（证券、波兰国家银行直接持有的外汇和存放在海外银行的外汇）；（b）波兰在国际货币基金组织的储备头寸；（c）特别提款权；（d）货币性黄金；（e）其他储备资产。

债务。

四、官方储备的币种构成

官方储备的币种构成经波兰国家银行管理委员会于2000年11月批准，包括三种储备货币：美元、欧元和英镑。这些货币头寸保持在指定的相对水平，在分析当前国际金融市场形势和预测未来变动方向（主要指汇率和以储备资产币种计价的投资工具的收益率的变动）的基础上，允许一定程度的偏离。为了取得预期的结构性效果，储备管理者可能会参与外汇交易（涉及三种储备货币的外汇交易）。

五、官方储备的投资结构与期限

波兰国家银行管理委员会1998年4月通过的一项决议规定了部分外汇储备的投资结构，将外汇储备投资分为短期资产组合和长期资产组合。前者由期限不超过一年的货币市场工具（同业拆借、逆回购协议和证券）组成，其中包括了波兰国家银行的流动性储备，该储备是用于为未预期到的金融债务提供资金。长期资产组合中的证券期限最长的为10年。

2001年采取的投资策略主要基于这样一个假设：储备资产中所有货币的利率都会下降。对于证券来说，调节投资策略业绩的主要因素是预期收益率曲线会变陡（短期工具的收益率比长期工具收益率的下降幅度更大）。因此，储备资产管理者减少了货币市场工具的持有，而加大了资本市场工具的持有，这就意味着储备资产的投资期限延长了。2001年的投资策略还假设非政府证券的投资会增加，这源于人们预期这些证券的收益率和政府债券收益率之间的差异会缩小。对于同业拆借与逆回购协议，由于收益率曲线一年中的大部分时间处于倒置状态，储备资产管理者尽可能地利用这一情况在短期投资工具上获得了较高的收益。由于波兰提前向巴西偿还了债务，储备资产管理者进行了流动性调整，这也反映了对最初的投资策略的调整。“9·11”恐怖袭击也使得储备资产管理者出于储备安全性的考虑重新审视之前作出的假设。恐怖袭击发生时，市场参与者暂时收紧了其愿意承担的信用风险限度，尤其是在同业拆借市场上。

在储备的币种构成部分，我们提到了外汇交易的调节功能。除此之外，波兰共和国外债的利息支付过程中也存在外汇交易，交易中的部分对外支付由财政部的外汇账户提供资金。

六、投资收益

2001 年投资活动的总收益为 14 亿美元。2001 年实施的投资策略为外汇储备带来了 5.7% 的收益。收益最高的是证券，最低的则是逆回购协议。

七、调整外汇操作和金融分析的记录方法以符合欧盟各成员国中央银行的标准

2001 年，波兰国家银行继续大力建设现代信息技术系统以协助官方储备管理。

该信息技术系统包含了许多功能，包括风险管理、官方储备管理有效性的评估和代理行账户现金流的管理。该系统包含了波兰国家银行目前使用的金融工具的详细信息，同时还包含了欧洲中央银行指派给各成员国中央银行使用的以及推荐未来使用的金融工具的详细信息。

波兰国家银行在 2001 年的重要活动包括：投资策略的主要假设是储备资产中所有货币（美元、欧元和英镑）的利率都会下降；投资活动的总收益为 14 亿美元；外汇储备收益率为 5.7% 。

第十节　秘鲁中央储备银行[①]

一、概况

国际储备能帮助一个国家维持经济和金融稳定。在一些异常情况下，比如说在资本大规模从本国金融系统撤离或是经济遭受暂时的外部冲击时，国际储备可以提供维持稳定所需的外汇。如果不加以干预的话，这些异常情况不仅会造成实体经济失衡，反过来也会影响人们的预期。

2000 年以来，世界市场日益全球化，资本流动障碍日益减少，金融市

① 资料来源：http：//www. bcrp. gob. pe/English/Index _ eng. htm。

场、外汇市场和金属市场的波动加剧。在这种情况下，国际储备管理就显得尤为重要。

秘鲁中央储备银行的国际储备政策强调流动性和保持资本金稳定。在满足标准的情况下，秘鲁中央储备银行力争实现外汇资产收益的最大化。

秘鲁中央储备银行的国际储备管理考虑了秘鲁中央储备银行负债的来源和特性（数量、币种、期限和波动性）。市场风险会影响秘鲁中央储备银行管理的资源的价值和可得性，而这一政策旨在最小化市场风险。

根据秘鲁中央储备银行章程的第 72 条，秘鲁中央储备银行所管理的国际储备由以下资产组成：

（1）黄金和白银储备；

（2）作为国际上可接受的交易媒介的外国纸币和硬币，经董事会认定；

（3）以外币计值的银行存款（期限不超过 90 天），经董事会认定；

（4）以外币计值的银行存款凭证（期限不超过 90 天），经董事会认定；

（5）由国际组织或外国公共部门实体发行的具有最高流动性的证券，经董事会认定；

（6）银行承兑票据（期限不超过 90 天）；

（7）特别提款权（SDRs）；

（8）与对等实体签署的互惠信用协定中的债务余额；

（9）向国际货币基金组织捐献的黄金、外汇和特别提款权。

二、投资政策

（一）基准资产组合和风险管理

基准资产组合（又称“影子组合”）是国际储备管理的基本工具。基准资产组合的特性（流动性、信用状况、久期和分散程度）反映了董事会所选择的风险—收益组合。秘鲁中央储备银行的资产管理内容之一是在给定的市场波动性水平下选择风险中性和可复制的资产组合。

秘鲁中央储备银行建立了自己的基准资产组合，在投资管理中考虑了如下风险：

1. 流动性风险：秘鲁中央储备银行根据金融工具流动性程度将资产配置于三种类别以最小化流动性风险：

（1）立即可得的资产：短期投资，包括期限为1天的投资，用于履行义务和应对突发事件。

（2）流动性资产：期限在1年之内的资产，包括期限在3个月之内的银行存款和具有高度流动性的固定收益投资。为了控制流动性的程度，秘鲁中央储备银行会考虑金融工具的发行量、协议数量和买卖价差。

（3）投资性资产：期限长于1年的低流动性、高收益投资（主要是债券）。秘鲁中央储备银行对投资性资产的发行量有最低要求，以保证一定程度的流动性。

2. 信用风险：信用风险是交易对手因为无力清偿债务而不能履行对秘鲁中央储备银行义务的可能性。为了防范信用风险，资产被分散投资于以下金融工具：

（1）在评级机构（标准普尔、穆迪、费奇）给出高信用评级的国外银行的存款。

（2）由国际组织、政府和政府部门发行或支持的固定收益证券。这些证券必须具备由公认的评级机构给出的最高三类的信用评级。

（3）不允许投资于私营公司的债券或股票。

3. 外汇风险：外汇风险来自投资所使用的不同货币之间的汇率波动。由于国际储备的会计处理以美元为单位，汇率的波动可能会对其造成损失。

秘鲁中央储备银行的大部分资产是以美元计价的，反映了其负债（主要是银行的准备金和居民的特殊存款）的货币符号以及美元是秘鲁中央储备银行的干预货币这一事实。需要注意的是，秘鲁大部分对外贸易和资本流动是以美元计价的，而大部分的非美元业务是以SDR计价的。

4. 市场风险（利率风险）：市场风险来自固定收益资产收益率的意外变动，会在资产到期之前影响资产的价值。资产的期限越长，收益率变动对固定收益资产市值的影响就越大。

为了防范市场风险，秘鲁中央储备银行在确定资产的期限结构时综合考虑了负债的期限结构。因此，整个资产组合的久期低于1年，将国际利率变动对资产组合市值的影响降到了最低。

此外，秘鲁中央储备银行为长期投资制定了久期上限，同时还规定了对基准资产组合久期可允许的最大偏离。

（二）同基准资产组合的比较

在国际储备投资过程中形成的实际资产组合可能会在期限、总的银行风险和发行者信用风险等方面与基准资产组合不同。风险管理旨在最大化投资收益，同时要考虑秘鲁中央储备银行董事会授权的对基准资产组合的偏离幅度。

秘鲁中央储备银行每天会根据市场价格计算实际资产组合和基准资产组合的价值。尽管大部分投资都会持有到期，但两个资产组合的市场价值仍是衡量储备管理效率的重要指标。

第十一节 南非储备银行①

一、储备的管理

南非储备银行国际银行部负责管理南非储备银行的黄金和外汇储备。

对于任何一家中央银行来说，储备管理都是一项重要的工作。因为完善的储备管理政策能够支持国家实现一系列的目标，比如：维持人们对货币和汇率政策的信心；使国际社会相信本国有能力履行对外义务；在遭受外部冲击时提供外汇流动性；协助政府履行外汇义务。

国际储备是降低经济金融危机风险的一系列变量中的一部分。

在给定以上目标的情况下，人们最常问的问题是："什么水平的国际储备才是足够的?"一段时间以来，经济学家根据经验认为一国国际储备应足够用于支付3~4个月的进口额。这种方法主要关注一国的经常账户，其单独作为衡量储备充足性的标准在近年来越来越受到质疑。这是因为近年来资本流动大幅增加，有经济学家主张那些资本账户开放的国家应持有更多的储备，而不是更少；在判断一国国际储备充足与否时，应关注该国的资本账户而不是经常账户。

3年前，南非储备银行主席和其他市场参与者提议使用短期债务（期限

① 资料来源：http：//www.reservebank.co.za/internet/publication.nsf/WCEV/24E5827DC4D15BC442256BFF0025B6FA/？opendocument。

在1年以内的债务）作为衡量储备充足性的标准。他们的理由是，一国的国际储备应足以使国际债权人获得信心。他们认为，短期外债与国际储备的比率最能反映一国的国际储备在国际危机蔓延时期如何抵御风险，这一比例应作为衡量储备充足性的标准。这一比率的计算是以一国的国际储备除以该国12个月的外债利息支付（包括公共部门和私人部门的外债），得到的值应该大于1。

二、储备管理方法

在制定用于指导储备管理过程的储备管理政策时，南非储备银行遵循以下五个投资管理步骤：设定投资目标；建立投资政策；选择资产组合策略；选择资产；评估业绩。

为储备管理设定目标是很重要的，因为这为如何管理储备资产提供了明确的指导原则。南非储备银行储备管理的目标是保持资本金稳定、维持流动性和获得合适的收益。资本金的保值主要通过风险管理与控制来实现，确保资产价值得到保护。流动性应维持在一定的水平，在需要的时候能够以较低的成本及时地变现资产。为了实现储备资产持有成本的最小化，还应在可承受的风险限度之内取得一定的收益。

为了实现这些目标，南非储备银行制定了政策指导原则和具体的基准资产组合。南非储备银行依据这一基准组合评估实际的资产组合结构和自身的业绩。在此之前，南非储备银行将外汇储备划分为两部分——投资部分和流动性部分。投资部分的目标是通过投资于高收益资产来部分弥补持有储备的成本，而流动性部分则是用于满足南非储备银行的外汇流动性要求，比如外国融资便利的支付。在每部分内，储备资产被进一步细分为不同的资产组合。一些资产组合由南非储备银行自己管理，另一些则交由外部管理人管理。

为了保证资金在外部管理人的管理之下仍相对安全，南非储备银行在起草的投资管理协议及指导原则中规定了严格的法律程序，这两份文件设定了南非储备银行风险—收益态度的相关参数。

在设定了目标、建立了投资政策框架和选择了组合策略之后，南非储备银行就会为相关的资产组合选择证券。南非储备银行采用了一种改进的指数策略来管理储备资产。这一策略是积极管理和消极管理的混合体，是一种中低风险的资产管理策略，与南非储备银行较为保守的目标相适应。不同资产组合的业绩将在每月末得到评估。

风险管理与上述的投资程序有机地结合了起来。行长委员会在批准政策指导原则和基准资产组合的时候就决定了南非储备银行的风险态度。南非储备银行采用的是一种风险厌恶型的储备管理策略。

储备管理部门的工作人员都有金融、会计或数学背景。在基金管理者和其他代理行的协助下，南非储备银行经常性地对其员工进行金融、银行业和风险管理等方面的培训。

南非储备银行管理储备资产的做法与国际货币基金组织于 2001 年 9 月公布的《外汇储备管理指南》（国际货币基金组织，华盛顿特区，2001）相吻合，这一指南向成员国概述了合理的储备管理措施。